세상 예쁜 손뜨개 인형옷과 소품 24
니트로 완성하는
인형옷 스타일링

지은이 공은경, 정영경
펴낸이 정규도
펴낸곳 황금시간

초판 1쇄 발행 2019년 12월 31일
초판 2쇄 발행 2020년 1월 15일

편집 권명희, 신소연
디자인 ALL designgroup
사진 박창완
도안 일러스트 정영경
그림 이다빈

황금시간
Golden Time

주소 경기도 파주시 문발로 211
전화 (02)736-2031(내선 360)
팩스 (02)6677-7775

출판등록 제406-2007-00002호
공급처 (주)다락원
구입문의 전화 (02)736-2031(내선 250~252)
           팩스 (02)732-2037

Copyright ⓒ 2019, 공은경, 정영경

저자 및 출판사의 허락 없이 이 책의 일부 또는 전부를 무단 복제·전재·발췌할 수 없습니다. 구입 후 철회는 회사 내규에 부합하는 경우에 가능하므로 구입문의처에 문의하시기 바랍니다. 분실·파손 등에 따른 소비자 피해에 대해서는 공정거래위원회에서 고시한 소비자 분쟁 해결 기준에 따라 보상 가능합니다. 잘못된 책은 바꿔 드립니다.

값 20,000원
ISBN 979-11-87100-81-2 13590

http://www.darakwon.co.kr
- 다락원 홈페이지를 통해 주문하시면 자세한 정보와 함께 다양한 혜택을 받으실 수 있습니다.
- 기타 문의사항은 황금시간 편집부로 연락 주십시오.

니트로 완성하는
인형옷 스타일링

세상 예쁜 손뜨개 인형옷과 소품 24

공은경, 정영경 지음

Cardigan

Pullover

Skirt & Cape

Fashion Accessories

How to make

Basics

 greetings

인형과 인형옷을 뜰 때가 가장 행복한 사람입니다. 꼬맹이 시절부터 그랬으니, 셀 수 없는 나날들을 인형과 함께해 왔네요. 제 행복의 비밀을 더 많은 분들과 공유하고 싶어 이 책을 쓰게 되었습니다.

모쪼록 인형을 모으고 꾸미기를 좋아하는 모든 콜렉터 분들께 꼭 필요한 책이 되길 바랍니다. 특히 이 책에 소개한 톱다운 방식으로 뜨는 카디건, 풀오버 등은, 인형옷은 물론 어른이나 아이를 위한 톱다운 니트를 만드는 데에도 도움이 될 거예요. 누구나 입고 싶은 일상복 위주로 작업했지만 요정 망토 등 특별한 날을 위한 옷도 빼놓지 않았습니다. 인형놀이란, 내 마음을 담아 펼쳐 보는 즐거운 상상이기도 하니까요.

땀 흘리며 함께 작업한 정영경 선생님, 모델을 제공해 주시거나 촬영을 허락해 주신 인형작가님들, 베이스 의상에 많은 도움 주신 스위트피 송미선 님, 황금시간 권명희 편집자 님께 감사드립니다. 조언과 격려를 아끼지 않은 내 친구 영에게도 특별히 고마운 마음을 전합니다.

공은경(꼼실네)

저의 뜨개 입문은 중학교 때였어요. 솜씨 좋으신 어머니, 나이 차이가 있는 언니들이 뜨개를 즐겨했거든요. 어깨 너머로 배워 마론인형 옷을 만들고는 꽤나 신나 했던 기억이 지금도 생생합니다.
뜨개와 인형이 좋아서, 잘 다니던 방송국 미술팀에 사표를 내고 손뜨개 회사에서 강의를 하고, 시각디자인 전공을 살려 손뜨개 책 도안 일러스트 작업도 하고, 지금은 뜨개 공방을 운영하면서 책까지 쓰게 되었네요.

이 책에서는 후드 떡볶이코트와 루스핏 카디건 외에 모자와 가방, 케이프 등 패션 소품을 담당했어요. 이런저런 소품을 디자인하고 실물로 구현하는 과정을 참 좋아하거든요. 독자들의 인형놀이에 활력과 재미를 선물하고 싶다는 바람으로 열심히 작업했습니다.

책을 만드는 동안 바쁜 엄마를 기다려 준 우리 막둥이와 가족들, 공저자이신 공은경 선생님, 응원해 주신 많은 선생님들, 황금시간 출판사 관계자 분들, 그리고 이 책을 선택해 주시는 독자 분들께 감사의 말씀 드립니다.

정영경(코코쥴리)

인사말	**004**
작품 미리보기	**008**

How to make 만드는 법

CARDIGAN : 걸치기만 해도 분위기 업!

세일러 카디건	**041**
넘버링 카디건	**048**
베이식 롱 카디건	**053**
허스키 카디건	**057**
플라워 배색 카디건	**062**
오픈 카디건1, 2	**066**
루스핏 카디건	**070**
후드 떡볶이코트	**077**

PULLOVER : 심플하고도 감성적인 스웨터

모헤어 풀오버	**089**
줄무늬 풀오버	**093**
옆트임 롱 베스트	**096**
V넥 꽈배기 니트	**103**

SKIRT & CAPE : 사랑스러운 페미닌룩

레이스 롱 원피스	**111**
꽃자수 케이프	**115**
요정 망토	**119**
타이트 원피스	**123**

FASHION ACCESSORIES : 멋 낼까 기분 낼까

꽈배기 방울모자	**134**
비니	**140**
귀달이모자와 레그워머	**142**
토끼모자와 엄지장갑	**150**
리본 챙모자	**158**
복조리 가방	**162**
네트백	**165**
재스민 핸드백	**168**

BASICS 뜨기법과 정보

일러두기	**178**
도구와 재료	**180**
대바늘 뜨기 기법	**182**
코바늘 뜨기 기법	**209**
도안 보는 법	**218**
인형 모델 소개	**222**
특별 부록 종이인형 옷 입히기	**224**

세일러 카디건

퍼프소매와 리본으로 여성스러운 느낌을 더한 세일러 카디건이에요.
1.5mm 바늘을 사용해 좀 더 크게 뜨면 아이로아, 브라이스,
퓨어니모 XS바디에도 잘 맞습니다.

how to make 41P

how to make 48P

넘버링 카디건
한쪽은 넘버링 스웨터, 또 다른 한쪽은 카디건, 양쪽으로 입을 수 있어요.
이렇게 헤븐리키즈용이라면 타입 넘버를 무늬로 넣어 보세요.

베이식 롱 카디건

캐주얼한 옷차림으로도, 단아한 원피스와 함께일 때도
찰떡 같이 어울리는 베이식 카디건입니다.
햇빛 좋고 바람 차가운 늦가을에는 이런 카디건 하나쯤은 필수겠죠.

네트백

요즘 인기 만점인 네트백이에요. 짧은뜨기와
한길긴뜨기 기법을 이용해 코바늘로 쉽게 뜰 수 있어요.

허스키 카디건

시베리안 허스키 무늬가 근사한 카디건이에요. 허스키 얼굴 방향은 원하는 쪽으로 선택해 뜰 수 있어요.
소맷단과 아랫단의 줄무늬도 멋스러워요.

플라워 배색 카디건

꽃무늬가 귀엽고 깜찍한 요크 배색 카디건이에요. 돌마켓에서 인기 만점인 아이템이랍니다. 여성스러우면서 화려한 카디건이므로 하의는 단색으로 매치하세요.

how to make
62P

오픈 카디건1

원피스나 청바지와 함께 입기 좋은 기본 스타일 카디건입니다.
목둘레와 소매에 줄무늬를 넣어 단조롭지 않게 디자인했어요.

how to make 66P

how to make
134P

루스핏 카디건(그러데이션)

품이 넓어 캐주얼하면서도 세련된 느낌의 루스핏 카디건이에요. 그러데이션 실로 떠서 단조롭지 않고 멋스러워요.

꽈배기 방울모자

변형 교차 무늬로 포인트를 살렸어요. 모자 끝에 큼지막한 방울을 달아 저세상 귀여움을 표현해 보아요.

how to make
70P

루스핏 카디건(민트색)
그러데이션 루스핏 카디건(16, 17쪽)과 색상/길이를 살짝 달리한 버전이에요.

비니
어떤 캐주얼에도 잘 어울리는 기본 비니예요. 비니 하나만 갖춰도 다양한 패션 연출이 가능해요.

후드 떡볶이코트

뜨기가 까다롭지만 만들고 나면 뿌듯한 인생 코트예요.
소매며 후드까지 빠짐없이 교차 무늬를 넣고 예쁜 떡볶이 단추로
고급스럽게 마무리했어요.

재스민 핸드백

캐주얼한 옷차림에 어울리는 원형 핸드백이에요.
재스민 스티치로 꽃무늬를 살리고, 배색 실로 단추를 만들어 달아
깜찍한 느낌을 더했어요.

how to make **77P**

모헤어 풀오버

가을에서 봄까지 청바지나 레깅스에 맞춰 입기 좋은 기본 풀오버입니다.
모헤어 실을 사용해서 포근포근 몽환적인 느낌이 특징이에요.
1.75mm 바늘을 써서 조금 크게 뜨면 아이로아,
브라이스, 퓨어니모 XS바디에도 잘 맞습니다.

how to make **89P**

줄무늬 풀오버

포근하고 반짝이는 실크 모헤어 실로 뜬 풀오버예요.
청바지와 입으면 활동적인 느낌,
치마와 입으면 훈녀 분위기를 낼 수 있어요.
엉덩이를 덮을 정도로 단을 더해 길게 떠서 입고
스타킹만 신어도 돼요.

옆트임 롱 베스트

앞판과 뒤판의 길이가 달라 다양하게 레이어드하기 좋은 조끼입니다. 트임 부분의 단추가 특히 멋스러워요. 원피스 위에 걸쳐도 좋고 레깅스나 청바지에도 잘 어울려요.

how to make 96P

V넥 꽈배기 니트

청바지나 주름스커트랑 잘 어울리는 V넥 니트예요.
스쿨 룩 느낌을 내기에 좋고,
겨울 패딩에 이너로 입어도 잘 어울려요.

how to make 103P

how to make
115P

꽃자수 케이프

단색 블라우스나 원피스에 매치하기 좋은 꽃자수 케이프예요.
목에 두르면 여성스럽고 화려한 느낌을 낼 수 있어요.
하나 떠서 두루두루 사용해 보세요.

레이스 롱 원피스

하늘하늘 사랑스러운 스타일의 롱 원피스 드레스입니다.
세 파트로 나눠 레이스 무늬를 다르게 뜬 치마 부분이 포인트예요.
액세서리를 더해 좀 더 드레시하고 화려하게 연출해도 좋아요.

how to make 111P

요정 망토

순백으로 눈부신 롱 망토예요.
드레스 위에 슬쩍 걸치면 요정이
따로 없지요. 모헤어 실로 조직을
성기게 떠서 잠자리 날개처럼
하늘하늘한 느낌을 살렸어요.

how to make
119P

how to make
123P

타이트 원피스

몸매를 살려 주는 타이트 원피스예요.
하이넥 스타일로 가을이나 겨울에
트렌치코트 안에 입기 좋아요.
조금 심심하다면 허리에 가는
체인을 둘러 포인트를 더해 보세요.

오픈 카디건2

오픈 카디건1(15쪽)의 변형 버전이에요.
단추를 달지 않고 칼라를 세워 떠서
귀엽게 연출했어요.

how to make
66P

귀달이모자와 레그워머

두 가지 색 실로 무늬를 짜 넣은 모자와 레그워머 세트예요.
레그워머에 운동화나 부츠를 신으면 니삭스 느낌도 나요.

how to make
142P

토끼모자와 엄지장갑

how to make
150P

더 이상 귀여울 수 없는 토끼모자와 엄지장갑 세트예요. 머리를 폭 감싸는 형태여서
보온력도 만점이랍니다. 이정도면 바로 눈싸움을 시작해도 되겠죠?

리본 챙모자

코바늘로 뜬 모자입니다. 리본 장식을 더해 여성스러운 느낌으로 마무리했어요. 시원스런 여름 옷차림에 매치해 보세요.

복조리 가방

역시 코바늘로 뜬 복조리 모양의 귀여운 가방이에요.
펄이 들어간 실과 성긴 조직으로 화려하면서도
시원한 느낌이에요.

HOW TO MAKE
Cardigan

걸치기만 해도 분위기 업!

세일러 카디건
넘버링 카디건
베이식 롱 카디건
허스키 카디건
플라워 배색 카디건
오픈 카디건
루스핏 카디건
후드 떡볶이코트

HAND KNITTED DOLL CLOTHES

세일러 카디건

난이도 : ★★★★★ | PHOTO P.8

실의 신축성이 좋아서 꽃지(다래, 살구 등), 헤븐리키즈, 도란도란, 클라라, 카카롯, 알로카 등 다양한 1/6사이즈 인형에 잘 맞는다. 소매 길이를 1cm 줄이면 철이, 아이로아 모모, 벨라보니카, 로제토이즈의 로지에게도 입힐 수 있다.

모델	꽃지 다래
크기	길이 5.2cm, 가슴둘레 10.2cm, 소매 길이 7cm
사용한 실	랑 메리노 400 레이스 얀 (Lang Merino 400 lace yarn) 흰색, 파란색. 다른 2합사(2ply 실)로 대체 가능.
바늘	1.25mm 줄바늘, 1.25mm 막대바늘 4개
기타 준비물	시침핀, 가위, 돗바늘, 마커, 바느질실과 바늘, 4mm 단추 4개, 4mm 실크리본 파란색
게이지	메리야스뜨기 65코×80단(1.25mm 바늘)
도구와 기법	180~217쪽 참조. 기법은 설명 부분 등 일부를 제외하고는 아래와 같이 약자로, 콧수와 횟수는 숫자로 표기.

① 겉 ← 겉뜨기 ② 안 ← 안뜨기 ③ 오L ← 오른코 늘리기
④ 왼L ← 왼코 늘리기 ⑤ 앞뒤L ← 앞뒤로 늘리며 뜨기
⑥ 바O ← 바늘 비우기 ⑦ 왼D ← 왼코 줄이기
⑧ 안2T ← 안뜨기로 2코 모아뜨기

HOW TO MAKE

- 목둘레부터 시작해서 아래로 내려가는 톱다운(top down) 방식으로 뜬다.
- 몸판의 허리 부분은 가터뜨기로 라인을 살리고 코 줄이기로 잘록한 허리 라인을 만들며, 밑단은 다시 코 늘리기 하여 A라인으로 퍼지게 뜬다.
- 세일러 칼라는 따로 떠서 몸판 목둘레에 감침질로 연결한다.
- 세일러 칼라를 달아야 하므로 앞 몸판은 옆 목선을 기준으로 코 늘리기 하여 사선이 되게 뜬다.
- 단추 단을 따로 뜨지 않고 단춧구멍(바늘 비우기, 왼코 줄이기, 겉뜨기)만 일정하게 내어 반대쪽에 단추를 단다.
- 소매는 중간 이후 코 늘리기 하여 퍼프 모양으로 뜨고, 소매 끝단은 가터뜨기로 구분선을, 배색으로 줄무늬를 넣는다.

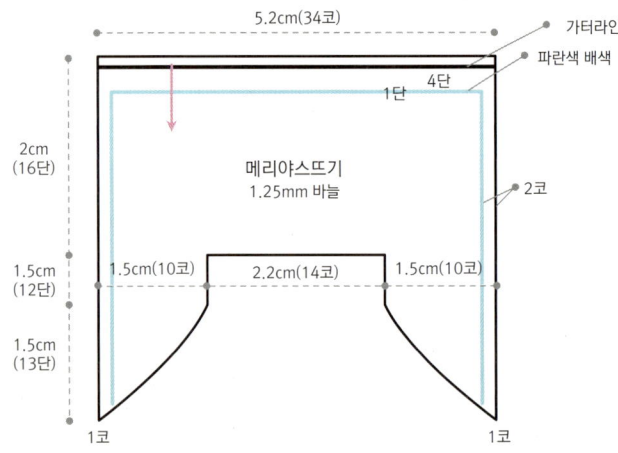

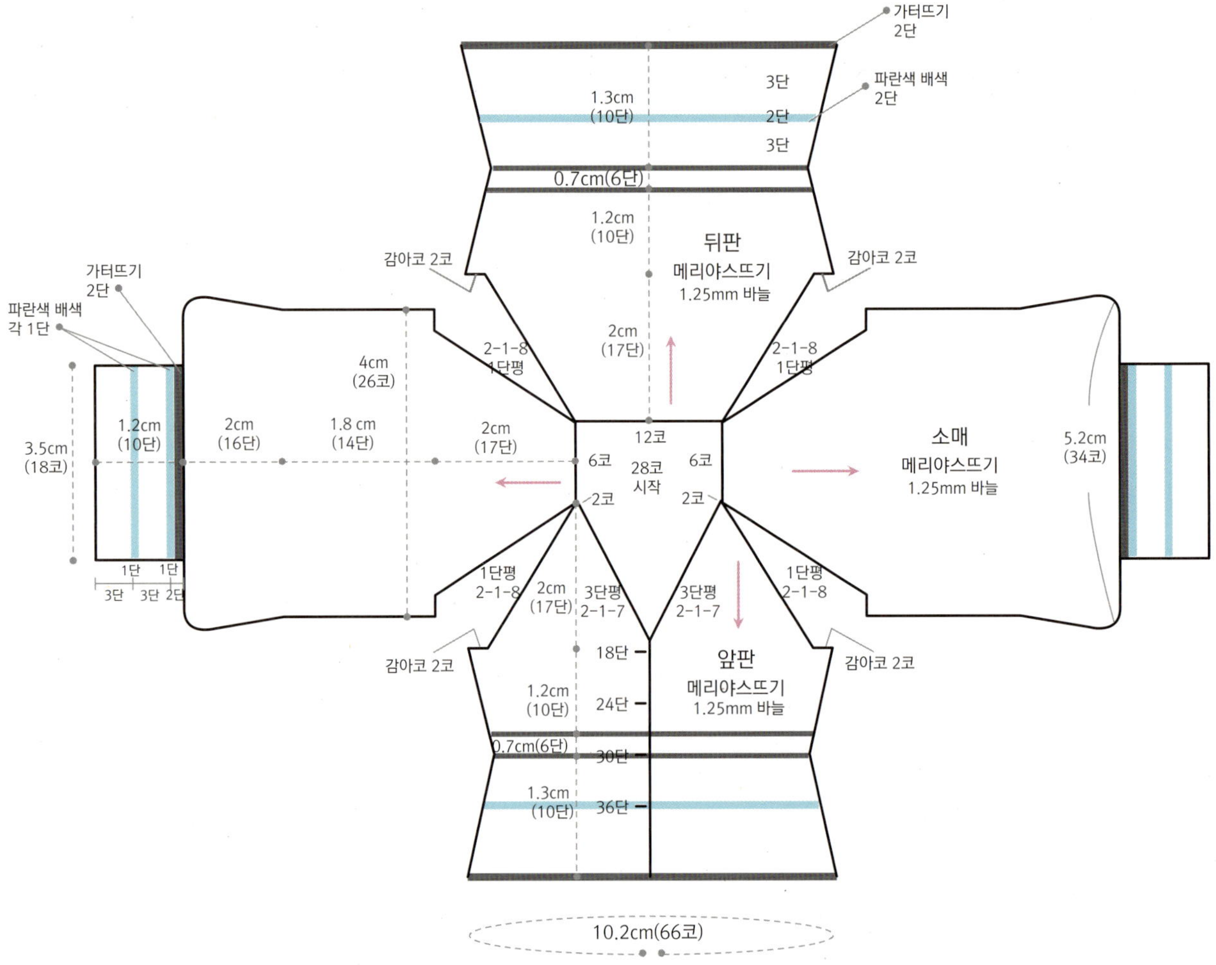

|몸판 1|

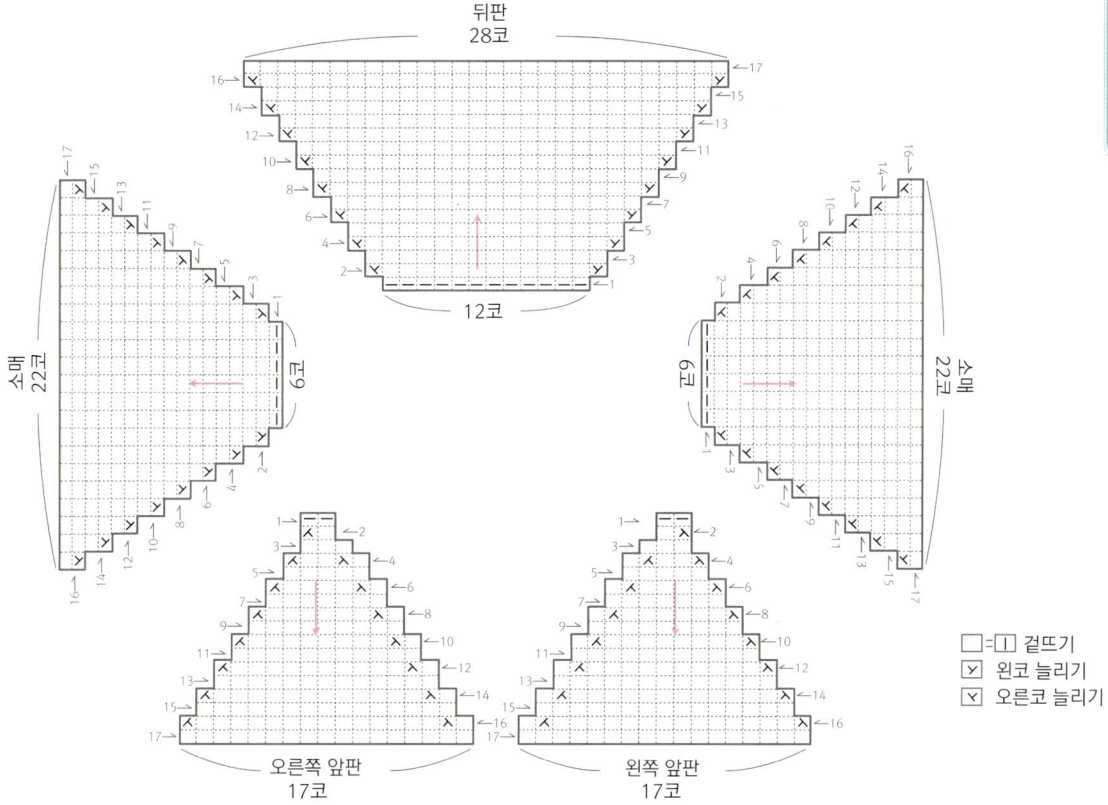

몸판

1.25mm 줄바늘과 흰색 실로 28코를 만든다.

1단	겉뜨기.
2단	겉면에서 겉 1, 오L 1, 겉 2, 왼L 1, 겉 4, 오L 1, 겉 2, 왼L 1, 겉 10, 오L 1, 겉 2, 왼L 1, 겉 4, 오L 1, 겉 2, 왼L 1, 겉 1(총 36코).
3단	안뜨기**(이후 17단까지 홀수 단 동일)**.
4단	겉 1, 왼L 1, 오L 1, 겉 2, 왼L 1, 겉 6, 오L 1, 겉 2, 왼L 1, 겉 12, 오L 1, 겉 2, 왼L 1, 겉 6, 오L 1, 겉 2, 왼L 1, 오L 1, 겉 1(총 46코).
6단	겉 1, 왼L 1, 겉 3, 오L 1, 겉 2, 왼L 1, 겉 8, 오L 1, 겉 2, 왼L 1, 겉 14, 오L 1, 겉 2, 왼L 1, 겉 8, 오L 1, 겉 2, 왼L 1, 겉 3, 오L 1, 겉 1(총 56코).
8단	겉 1, 왼L 1, 겉 5, 오L 1, 겉 2, 왼L 1, 겉 10, 오L 1, 겉 2, 왼L 1, 겉 16, 오L 1, 겉 2, 왼L 1, 겉 10, 오L 1, 겉 2, 왼L 1, 겉 5, 오L 1, 겉 1(총 66코).
10단	겉 1, 왼L 1, 겉 7, 오L 1, 겉 2, 왼L 1, 겉 12, 오L 1, 겉 2, 왼L 1, 겉 18, 오L 1, 겉 2, 왼L 1, 겉 12, 오L 1, 겉 2, 왼L 1, 겉 7, 오L 1, 겉 1(총 76코).
12단	겉 1, 왼L 1, 겉 9, 오L 1, 겉 2, 왼L 1, 겉 14, 오L 1, 겉 2, 왼L 1, 겉 20, 오L 1, 겉 2, 왼L 1, 겉 14, 오L 1, 겉 2, 왼L 1, 겉 9, 오L 1, 겉 1(총 86코).
14단	겉 1, 왼L 1, 겉 11, 오L 1, 겉 2, 왼L 1, 겉 16, 오L 1, 겉 2, 왼L 1, 겉 22, 오L 1, 겉 2, 왼L 1, 겉 16, 오L 1, 겉 2, 왼L 1, 겉 11, 오L 1, 겉 1(총 96코).
16단	겉 1, 왼L 1, 겉 13, 오L 1, 겉 2, 왼L 1, 겉 18, 오L 1, 겉 2, 왼L 1, 겉 24, 오L 1, 겉 2, 왼L 1, 겉 18, 오L 1, 겉 2, 왼L 1, 겉 13, 오L 1, 겉 1(총 106코).
17단	안뜨기.

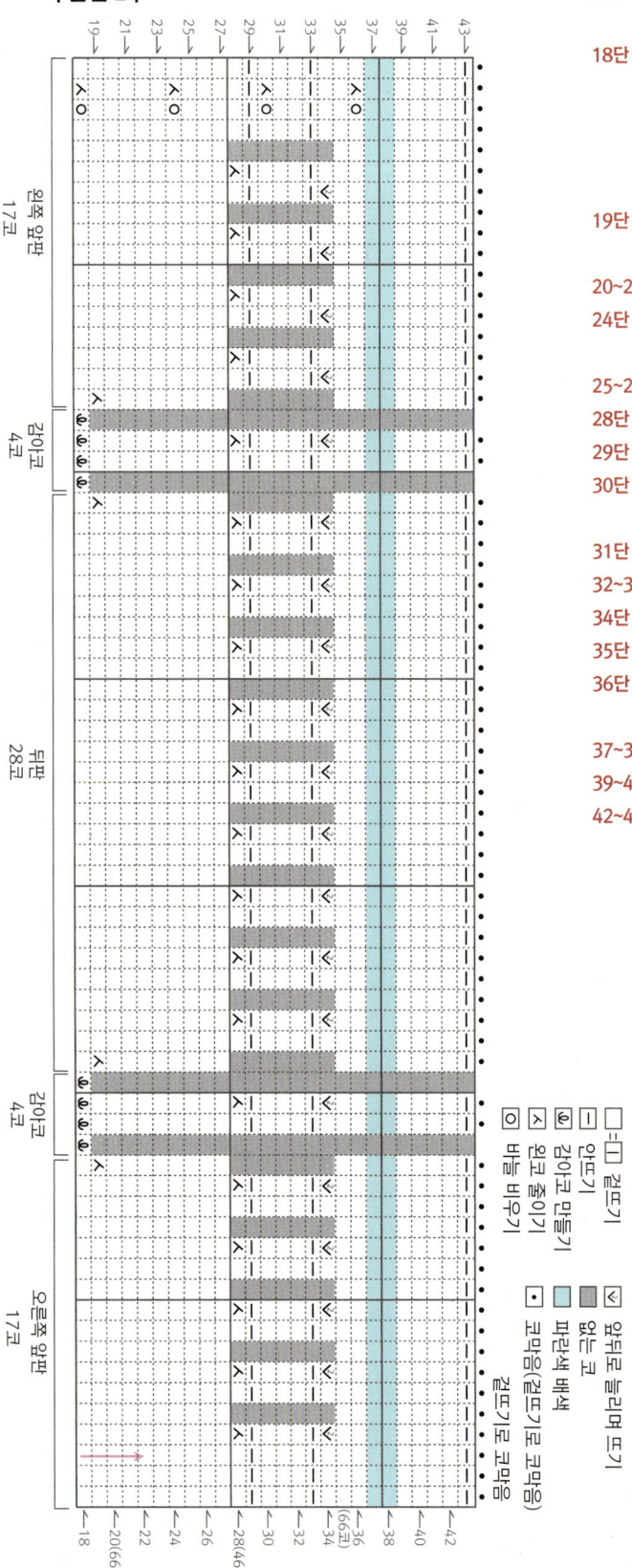

몸판에서 소매 부분을 나눈다.

18단 (단춧구멍 단) 겉뜨기 17코, 소매용 22코를 별도의 실에 빼두고 감아코 만들기 4코, 겉뜨기 28코, 소매용 22코를 별도의 실에 빼두고 감아코 만들기 4코, 겉뜨기 14코, 바늘 비우기 1회, 왼코 줄이기 1회, 겉뜨기 1코 (총 70코).

19단 안 16, 안2T 1, 안 2, 안2T 1, 안 26, 안2T 1, 안 2, 안2T 1, 안 16(총 66코).

20~23단 겉뜨기로 시작하는 메리야스뜨기 4단.

24단 (단춧구멍 단) 마지막 3코 전까지 겉뜨기, 바O 1, 왼D 1, 겉 1(총 66코).

25~27단 안뜨기로 시작하는 메리야스뜨기 3단.

28단 겉 3, (왼D 1, 겉 1)×20, 겉 3(총 46코).

29단 겉뜨기.

30단 (단춧구멍 단) 마지막 3코 전까지 겉뜨기, 바O 1, 왼D 1, 겉 1(총 46코).

31단 안뜨기.

32~33단 겉뜨기 2단.

34단 겉 3, (앞뒤L 1, 겉 1)×20, 겉 3(총 66코).

35단 안뜨기.

36단 (단춧구멍 단) 마지막 3코 전까지 겉뜨기, 바O 1, 왼D 1, 겉 1(총 66코).

37~38단 파란색 실로 바꿔 안뜨기로 시작하는 메리야스뜨기 2단.

39~41단 흰색 실로 바꿔 안뜨기로 시작하는 메리야스뜨기 3단.

42~43단 겉뜨기 2단. 겉뜨기로 코막음.

| 소매(원형뜨기) |

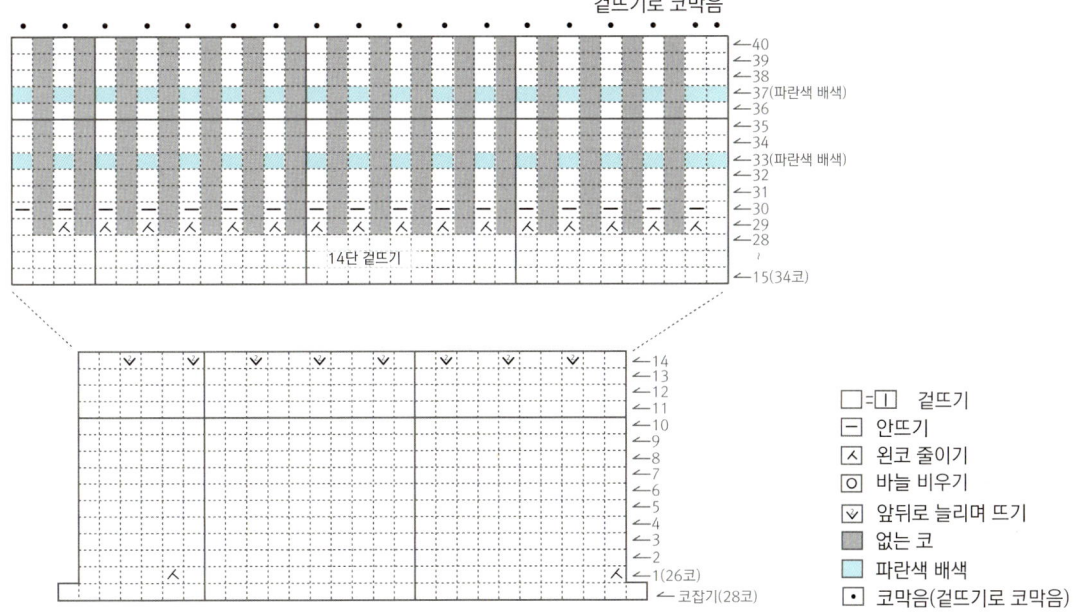

| 소매 코잡기 |

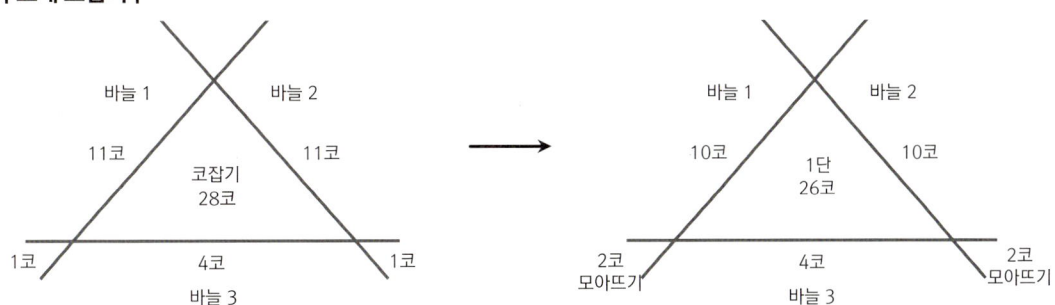

소매

1.25mm 막대바늘 4개로 원형뜨기 한다. 별도의 실에 걸어두었던 22코를 바늘1에 11코, 바늘2에 11코로 나누고, 바늘3에는 바늘2의 마지막 코와 감아코 사이에서 1코를 줍고, 감아코는 겉뜨기로 4코를 뜬 후, 바늘1의 첫코 아래에서 1코를 주워 총 6코를 줍는다(원형뜨기).

코잡기   총 28코(11+11+6).
1단   총 26코(11+11+4).
         바늘1- 첫코와 바늘3의 마지막 코 모아뜨기(왼코 줄이기) 1, 겉 10(11코).
         바늘2- 겉 10, 마지막 코와 바늘3의 첫코 모아뜨기(왼코 줄이기) 1(11코).
         바늘3- 겉뜨기(4코).

2~13단   겉뜨기 12단.
14단   (겉 2, 앞뒤L 1)을 마지막 2코 전까지 반복, 겉 2(총 34코).
15~28단   겉뜨기 14단.
29단   겉1, 왼D 16, 겉 1(총 18코).
30단   안뜨기.
31~32단   겉뜨기 2단.
33단   파란색 실로 바꿔 겉뜨기.
34~36단   흰색 실로 바꿔 겉뜨기 3단.
37단   파란색 실로 바꿔 겉뜨기.
38~40단   흰색 실로 바꿔 겉뜨기 3단. 겉뜨기로 코막음.

| 세일러 칼라 |

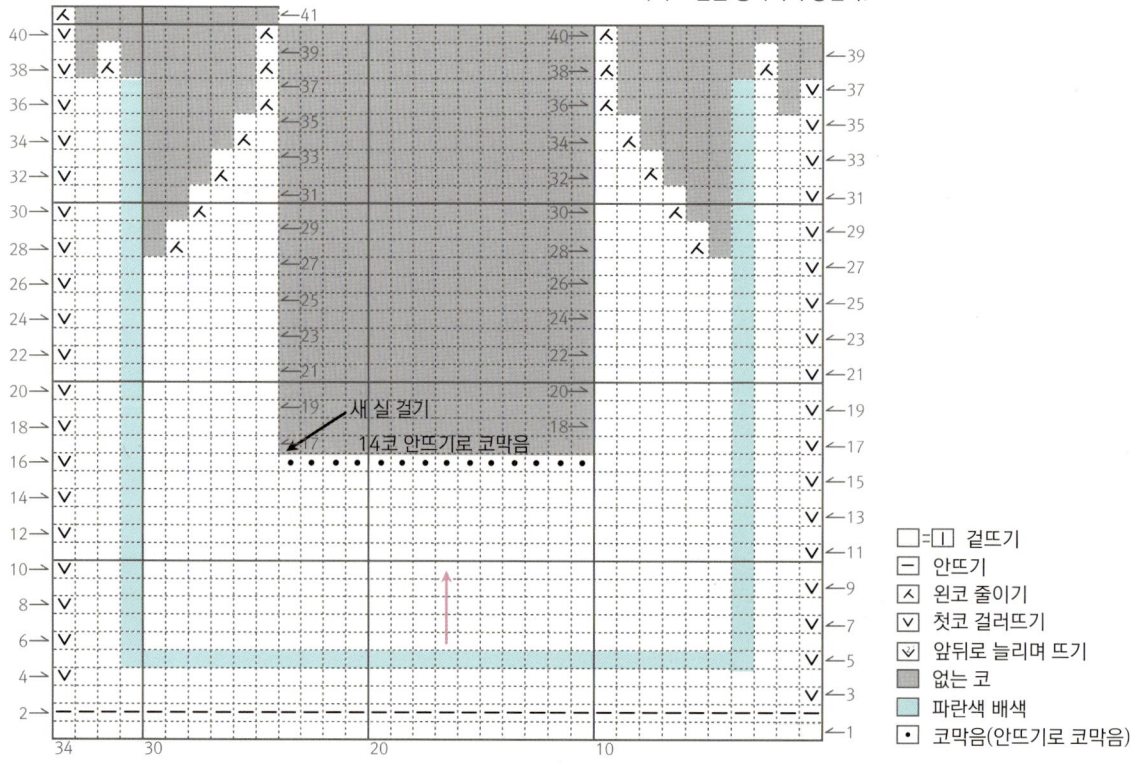

세일러 칼라

1.25mm 바늘과 흰색 실로 34코를 만든다. (흰: 흰색 실, 파: 파란색 실)

1~2단	겉뜨기 2단.
3단	첫코 걸러뜨기, 나머지 코 겉뜨기(총 34코).
4단	첫코 걸러뜨기, 나머지 코 안뜨기.
5단	흰색 실로 첫코 걸러뜨기, 겉뜨기로 흰 2, 파 28, 흰 3.
6단	흰색 실로 첫코 걸러뜨기, 안뜨기로 흰 2, 파 1, 흰 26, 파 1, 흰 3.
7단	흰색 실로 첫코 걸러뜨기, 겉뜨기로 흰 2, 파 1, 흰 26, 파 1, 흰 3.
8~15단	6~7단과 같이 4회 반복 8단.
16단	흰색 실로 첫코 걸러뜨기, 안뜨기로 흰 2, 파 1, 흰 6, 안뜨기로 코막음 14코, 안뜨기로 흰 6, 파 1, 흰 3.

칼라를 나눈다. 첫 10코로 한쪽 칼라를 뜬다. 나머지 10코는 다른 바늘을 끼워 쉼코로 둔다.

17단	흰색 실로 첫코 걸러뜨기, 겉뜨기로 흰 2, 파 1, 흰 6(총 10코).
18단	안뜨기로 흰 6, 파 1, 흰 3.
19단	흰색 실로 첫코 걸러뜨기, 겉뜨기로 흰 2, 파 1, 흰 6(총 10코).
20~27단	18~19단과 같이 4회 반복 8단.
28단	안뜨기로 흰 4, 안2T 1, 안뜨기로 파 1, 흰 3(총 9코).
29단	흰색 실로 첫코 걸러뜨기, 겉뜨기로 흰 2, 파 1, 흰 5(총 9코).
30단	안뜨기로 흰 3, 안2T 1, 안뜨기로 파 1, 흰 3(총 8코).
31단	흰색 실로 첫코 걸러뜨기, 겉뜨기로 흰 2, 파 1, 흰 4(총 8코).

32단	안뜨기로 흰 2, 안2T 1, 안뜨기로 파 1, 흰 3(총 7코).
33단	흰색 실로 첫코 걸러뜨기, 겉뜨기로 흰 2, 파 1, 흰 3(총 7코).
34단	안뜨기로 흰 1, 왼D 1, 안뜨기로 파 1, 흰 3(총 6코).
35단	흰색 실로 첫코 걸러뜨기, 겉뜨기로 흰 2, 파 1, 흰 2(총 6코).
36단	흰 왼D 1, 안뜨기로 파 1, 흰 안2T 1, 안뜨기로 흰 1(총 4코).
37단	흰색 실로 첫코 걸러뜨기, 겉뜨기로 흰 1, 파 1, 흰 1(총 4코).
38단	흰색 실로 안2T 2(총 2코).
39단	흰색 실로 겉뜨기.
40단	흰색 실로 안2T 1. 실 자르고 코 사이로 통과시켜 마무리.

쉼코로 둔 10코의 첫코에 새 실을 걸어 반대쪽 칼라를 뜬다.

17단	겉뜨기로 흰 6, 파 1, 흰 3(총 10코).
18단	흰색 실로 첫코 걸러뜨기, 안뜨기로 흰 2, 파 1, 흰 6(총 10코).
19단	겉뜨기로 흰 6, 파 1, 흰 3.
20~27단	18~19단과 같이 4회 반복 8단.
28단	흰색 실로 첫코 걸러뜨기, 안뜨기로 흰 2, 파 1, 흰 안2T 1, 흰 4(총 9코).
29단	겉뜨기로 흰 5, 파 1, 흰 3.
30단	흰색 실로 첫코 걸러뜨기, 안뜨기로 흰 2, 파 1, 흰 안2T 1, 안뜨기로 흰 3(총 8코).
31단	겉뜨기로 흰 4, 파 1, 흰 3.
32단	흰색 실로 첫코 걸러뜨기, 안뜨기로 흰 2, 파 1, 흰 안2T 1, 겉뜨기로 흰 2(총 7코).
33단	겉뜨기로 흰 3, 파 1, 흰 3.
34단	흰색 실로 첫코 걸러뜨기, 안뜨기로 흰 2, 파 1, 흰 안2T 1, 겉뜨기로 흰 1(총 6코).
35단	겉뜨기로 흰 2, 파 1, 흰 3.
36단	흰색 실로 첫코 걸러뜨기, 안뜨기로 흰 2, 파 1, 흰 안2T 1(총 5코).
37단	겉뜨기로 흰 1, 파 1, 흰 3.
38단	흰색 실로 첫코 걸러뜨기, 안2T 2(총 3코).
39단	흰색 실로 겉뜨기(총 3코).
40단	흰색 실로 첫코 걸러뜨기, 안2T 1(총 2코).
41단	흰색 실로 왼D 1. 실 자르고 코 사이로 통과시켜 마무리.

마무리

1. 떠놓은 칼라와 몸판을 다림질한다.
2. 몸판의 안쪽 면과 칼라의 겉면을 마주대고, 목둘레에 칼라 위치를 잡아 시침핀으로 고정한 후 감침질로 연결한다.
3. 뜨개판의 겉면을 위쪽으로 두고 단추 위치를 고려하여 높이를 맞춘 다음 다리미로 누른다.
4. 단춧구멍의 위치에 맞춰 단추를 단다. 단추는 니트의 부피만큼 실기둥을 만들어 달아야 단추를 잠갔을 때 벌어지지 않고 자연스럽다.

HAND KNITTED DOLL CLOTHES

넘버링 카디건

난이도 : ★★★☆☆ | PHOTO P.9

헤브리키즈, 아이로아 모모, 카카롯, 알로카 등에 잘 맞는다.

모델	헤브리키즈
크기	길이 6.4cm, 가슴둘레 9.7cm, 소매 길이 2.5cm
사용한 실	랑 야볼 삭스 얀(Lang Jawoll Socks yarn) 흰색, 샤헨마이어 파인 울(Schachenmayr Fine Wool) 파란색. 다른 3합사(3ply 실)로 대체 가능.
바늘	1.5mm 줄바늘, 1.5mm 막대바늘 4개, 1.75mm 대바늘, 2mm 대바늘
기타 준비물	모사용 코바늘 2호, 시침핀, 가위, 돗바늘, 마커, 바느질실과 바늘, 5mm 단추 4개
게이지	메리야스뜨기 49코×60단(1.5mm 바늘), 47코×58단(1.75mm 바늘)

도구와 기법 180~217쪽 참조. 기법은 설명 부분 등 일부를 제외하고는 아래와 같이 약자로, 콧수와 횟수는 숫자로 표기.

① 겉 ← 겉뜨기 ② 안 ← 안뜨기 ③ 오L ← 오른코 늘리기
④ 왼L ← 왼코 늘리기 ⑤ 앞뒤L ← 앞뒤로 늘리며 뜨기
⑥ 바O ← 바늘 비우기 ⑦ 오D ← 오른코 줄이기
⑧ 왼D ← 왼코 줄이기 ⑨ 안2T ← 안뜨기로 2코 모아뜨기
⑩ L겉 ← 끌어올려 겉뜨기로 늘리기

HOW TO MAKE

- 목둘레부터 시작해서 허리선으로 내려가는 톱다운 방식으로 뜬다.
- 숫자 무늬 넣기는 50쪽 모눈 도안 참조.
- 소맷단과 목둘레 단은 배색하며 1코 고무뜨기 한다.

| 몸판 |

| 목둘레 단 |

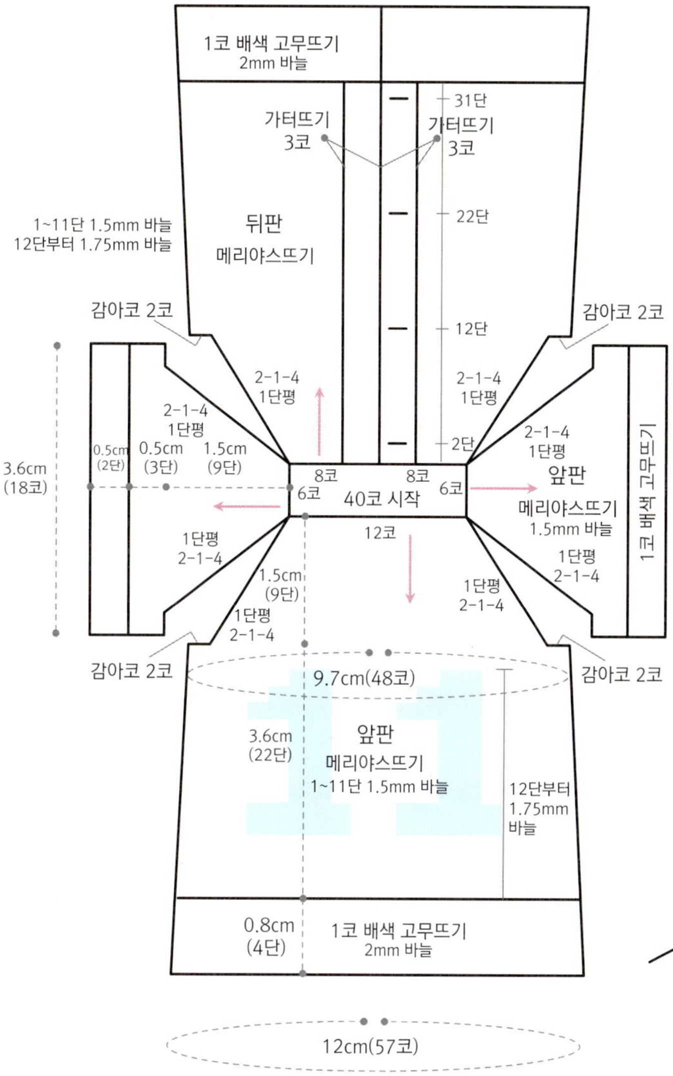

사슬코를 풀어가며 40코를 잡아
1코 배색 고무뜨기로 2단을 뜨고
흰색실로 1코 고무단 돗바늘 마무리.

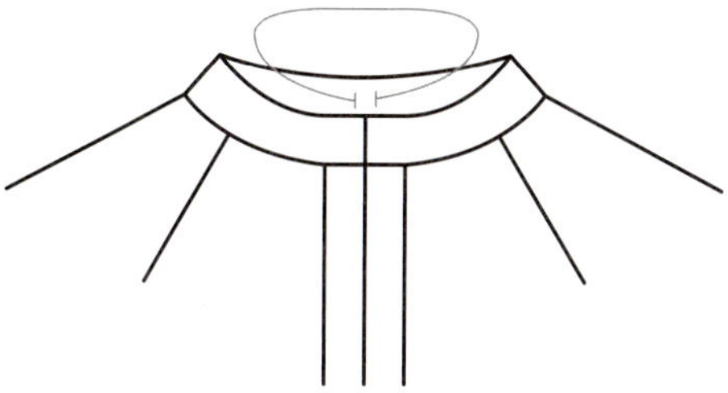

| 소매 코잡기 |

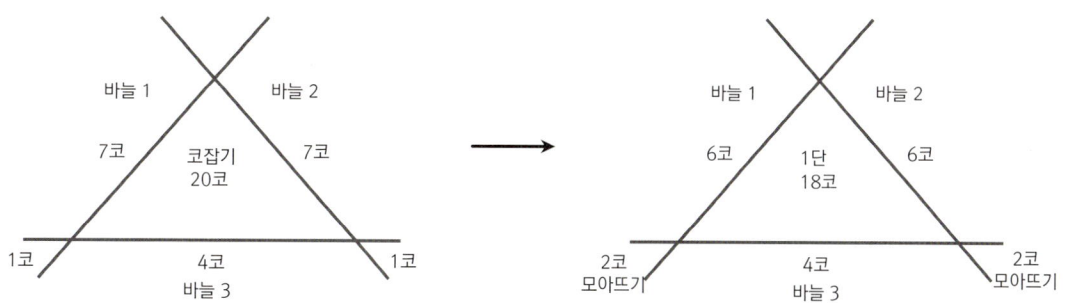

| 숫자 무늬 |

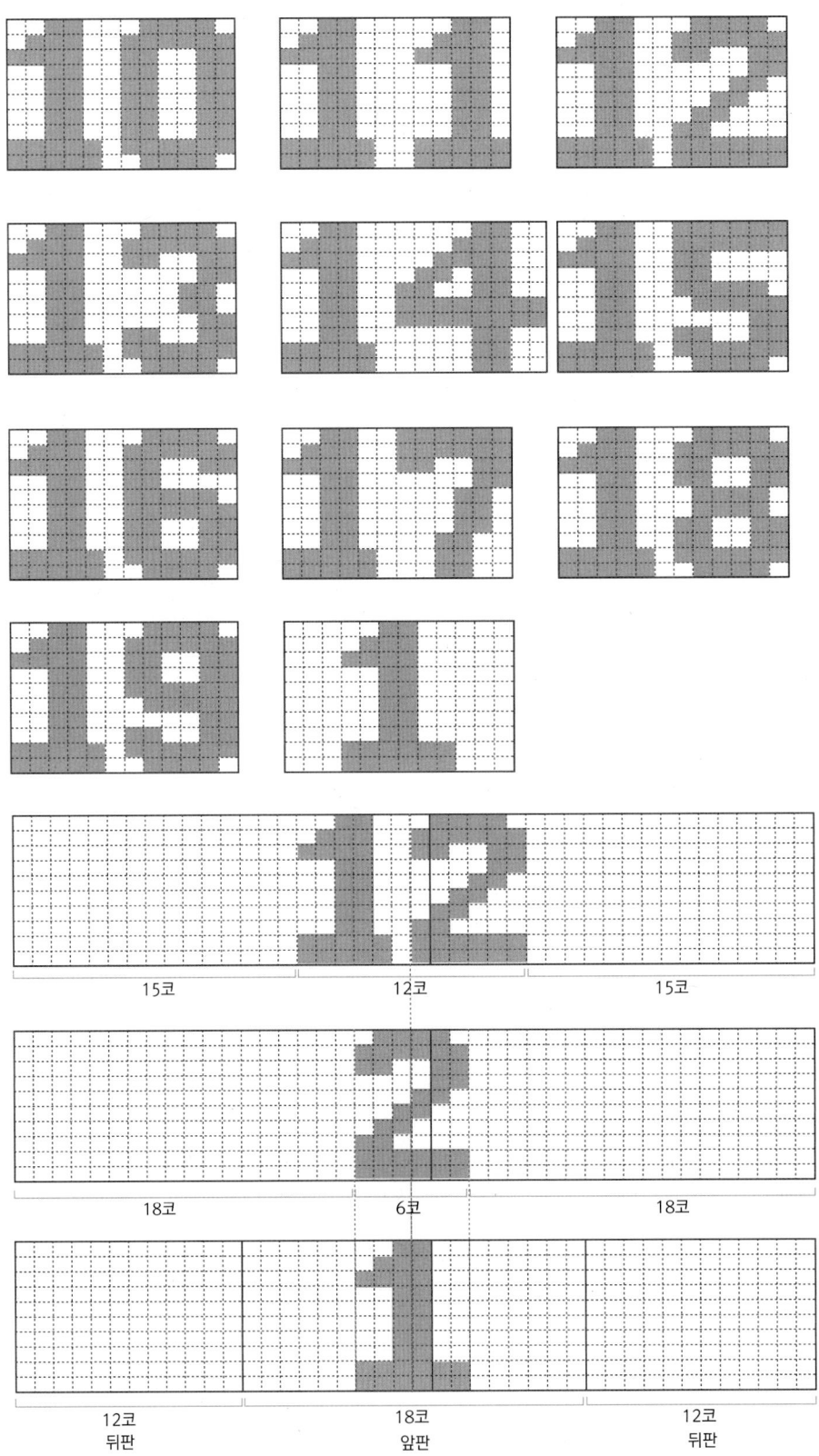

| 몸판(소매 분리 후 아랫부분) |

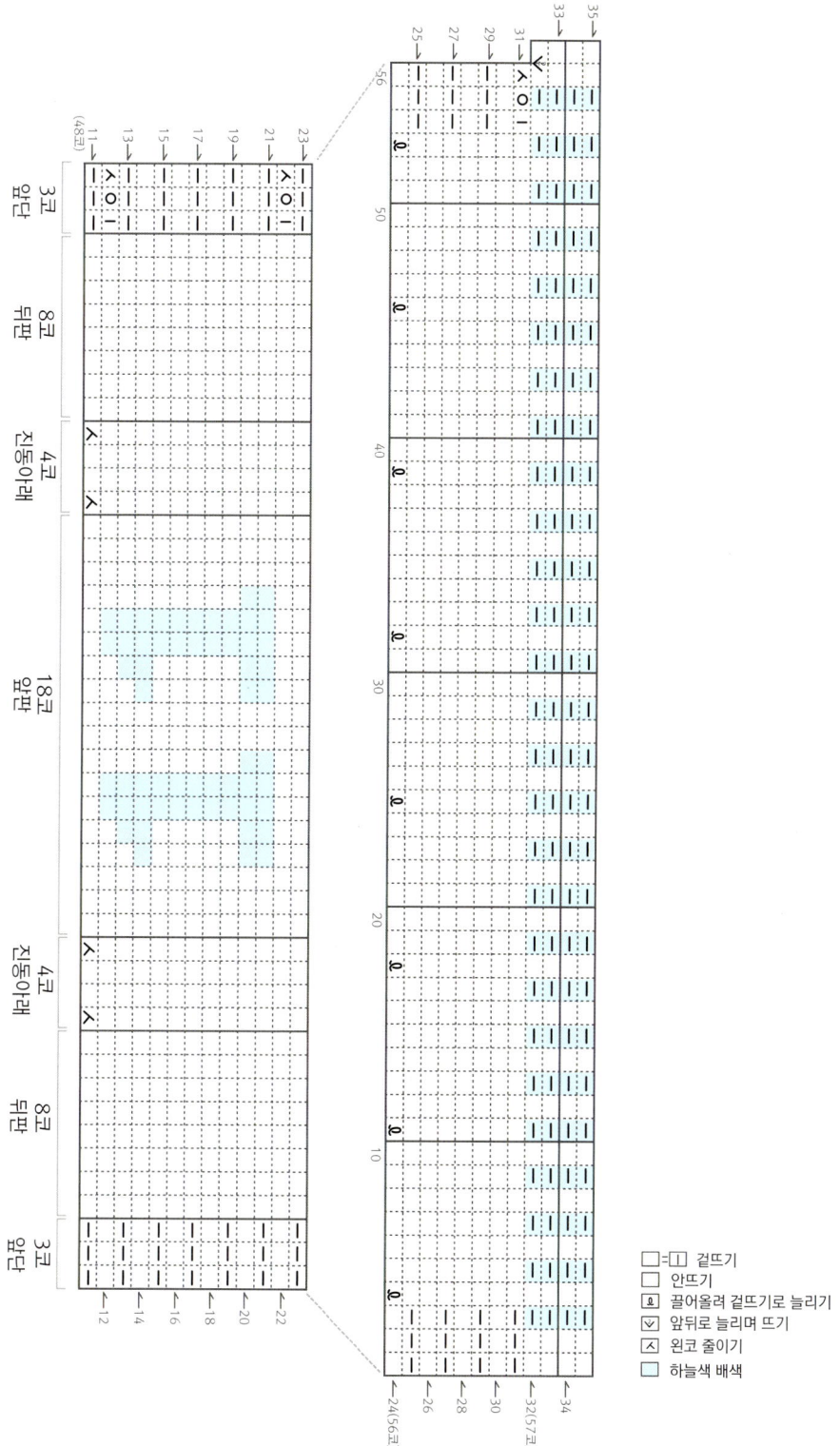

몸판

파란색 실로 모사용 코바늘 2호를 사용해 사슬코 40코를 만든다(나중에 풀어낼 코 만들기). 1.5mm 대바늘로 사슬코의 산에서 40코를 줍는다.

1단	겉뜨기.
2단	(단춧구멍 단) 흰색 실로 바꿔서 겉 7, 앞뒤L 2, 겉 4, 앞뒤L 2, 겉 10, 앞뒤L 2, 겉 4, 앞뒤L 2, 겉 5, 바O 1, 오D 1(총 48코).
3단	겉 3, 마지막 3코 전까지 안뜨기, 겉 3**(이후 9단까지 홀수단 동일).**
4단	겉 8, 오L 1, 겉 2, 왼L 1, 겉 6, 오L 1, 겉 2, 왼L 1, 겉 12, 오L 1, 겉 2, 왼L 1, 겉 6, 오L 1, 겉 2, 왼L 1, 겉 8(총 56코).
6단	겉 9, 오L 1, 겉 2, 왼L 1, 겉 8, 오L 1, 겉 2, 왼L 1, 겉 14, 오L 1, 겉 2, 왼L 1, 겉 8, 오L 1, 겉 2, 왼L 1, 겉 9(총 64코).
8단	겉 10, 오L 1, 겉 2, 왼L 1, 겉 10, 오L 1, 겉 2, 왼L 1, 겉뜨기 16, 오L 1, 겉 2, 왼L 1, 겉 10, 오L 1, 겉 2, 왼L 1, 겉 10(총 72코).
9단	3단과 동일.

몸판에서 소매 부분을 나눈다. (흰: 흰색 실, 파: 파란색 실)

10단	겉뜨기 12코, 소매용 14코를 별도의 실에 빼두고, 오른쪽 바늘에 감아코 만들기 4코, 겉뜨기 20코, 소매용 14코를 별도의 실에 빼두고, 오른쪽 바늘에 감아코 만들기 4코, 겉뜨기 12코(총 52코).
11단	겉 3, 안 8, 안2T 1, 안 2, 안2T 1, 안 18, 안2T 1, 안 2, 안2T 1, 안 8, 겉 3(총 48코).
12단	(단춧구멍 단) **1.75mm 바늘로 바꿔** 겉 15, 숫자 배색하며 겉 12, 마지막 2코 전까지 겉뜨기, 바O 1, 왼D 1(총 48코).
13~21단	[가터뜨기 3, 마지막 3코 전까지 앞판 중심을 기준으로 숫자를 배색(12코)하면서 메리야스뜨기(50쪽 숫자 무늬 도안 참조), 가터뜨기 3] 9단(총 48코).
22단	(단춧구멍 단) 마지막 2코 전까지 겉뜨기, 바O 1, 왼D 1.
23단	겉 3, 마지막 3코 전까지 안뜨기, 겉 3.
24단	겉 3, (끌어올려 겉뜨기로 늘리기 1, 겉 3)×8(총 56코).
25단	겉 3, 안 50, 겉 3.
26~30단	(가터뜨기 3, 마지막 3코 전까지 메리야스뜨기, 가터뜨기 3) 5단.
31단	(단춧구멍 단) 안2T 1, 바O 1, 겉 1, 안 50, 겉 3.
32단	**2mm 대바늘로 바꿔** 흰 겉 1, (흰 겉 1, 파 안 1)× 27, 흰 앞뒤L 1(총 57코).
33단	흰 안 1, (흰 안 1, 파 겉 1)×27, 흰 안 2(총 57코).
34단	흰 겉 1, (흰 겉 1, 파 안 1)×27, 흰 겉 2.
35단	흰 안 1, (흰 안 1, 파 겉 1)×27회, 흰 안 2. 흰색 실로 1코 고무단 돗바늘 마무리.

소매

1.5mm 막대바늘 4개로 원형뜨기 한다. 별도의 실에 걸어두었던 14코를 바늘1에 7코, 바늘2에 7코로 나누고, 바늘3에는 새실을 걸어 바늘2의 마지막 코와 감아코 사이에서 1코를 줍고, 감아코는 겉뜨기로 4코를 뜬 후, 바늘 1의 첫코 아래에서 1코를 주워 총 6코를 줍는다. (흰: 흰색 실, 파: 파란색 실)

코잡기	총 20코(7+7+6).
1단	총 18코(7+6+5). **바늘1**: 바늘1의 첫코와 바늘3의 마지막 코 모아뜨기(왼코 줄이기) 1, 겉 6(7코). **바늘2**: 겉뜨기(6코). **바늘3**: 바늘2의 마지막 코와 바늘3의 첫코 모아뜨기(왼코 줄이기) 1, 겉 4(5코).
2~3단	겉뜨기 2단(총 18코).
4~5단	1코 고무뜨기(흰 겉 1, 파 안 1) 2단. 흰색 실로 1코 고무단 돗바늘 마무리.

목둘레 단

사슬코를 풀어내면서 40코를 줍는다.
(흰: 흰색 실, 파: 파란색 실)

1~2단	**1.5mm 바늘로** 1코 고무뜨기(흰 겉 1, 파 안 1) 2단. 흰색 실로 1코 고무단 돗바늘 마무리.

마무리

1. 뜨개판을 펴서 다림질한다.
2. 단춧구멍 위치에 맞추어 반대쪽 단추 단에 단추를 단다.

HAND KNITTED DOLL CLOTHES

베이식 롱 카디건

난이도 : ★★★☆☆ | PHOTO P.10

아이로아(엘리, 쥬디, 로아 등)나 몽당이(퓨어니모 XS바디), 사라래(사라래헤드, 오비츠 24바디), 브라이스 등 상대적으로 큰 1/6 인형에 맞는 패턴이다. 클라라, 카카롯, 알로카 등 일반적인 1/6사이즈 인형들에게도 오버핏으로 입힐 수 있다.

모델	아이로아 엘리
크기	길이 11cm, 가슴둘레 10cm, 소매 길이 6.6cm
사용한 실	랑 메리노 400 레이스 얀 (Lang Merino 400 lace yarn) 회색. 다른 2합사(2ply 실)로 대체 가능.
바늘	1.5mm 막대바늘 4개, 1.5mm 대바늘
기타 준비물	시침핀, 가위, 돗바늘, 마커, 펜, 바느질실과 바늘, 5mm 카키색 단추 7개
게이지	메리야스뜨기 55코×75단(1.5mm 바늘)
도구와 기법	180~217쪽 참조. 기법은 설명 부분 등 일부를 제외하고는 아래와 같이 약자로, 콧수와 횟수는 숫자로 표기.

① 겉 ← 겉뜨기 ② 안 ← 안뜨기 ③ 오L ← 오른코 늘리기
④ 왼L ← 왼코 늘리기 ⑤ 앞뒤L ← 앞뒤로 늘리며 뜨기
⑥ 바O ← 바늘 비우기 ⑦ 오D ← 오른코 줄이기
⑧ 왼D ← 왼코 줄이기 ⑨ 안2T ← 안뜨기로 2코 모아뜨기

HOW TO MAKE

- 목둘레부터 시작해서 아래로 내려가는 톱다운 방식으로 뜬다.
- 몸판의 시작과 끝부분에서 코 늘리기 하여 앞부분에 자연스런 V라인을 만든다.

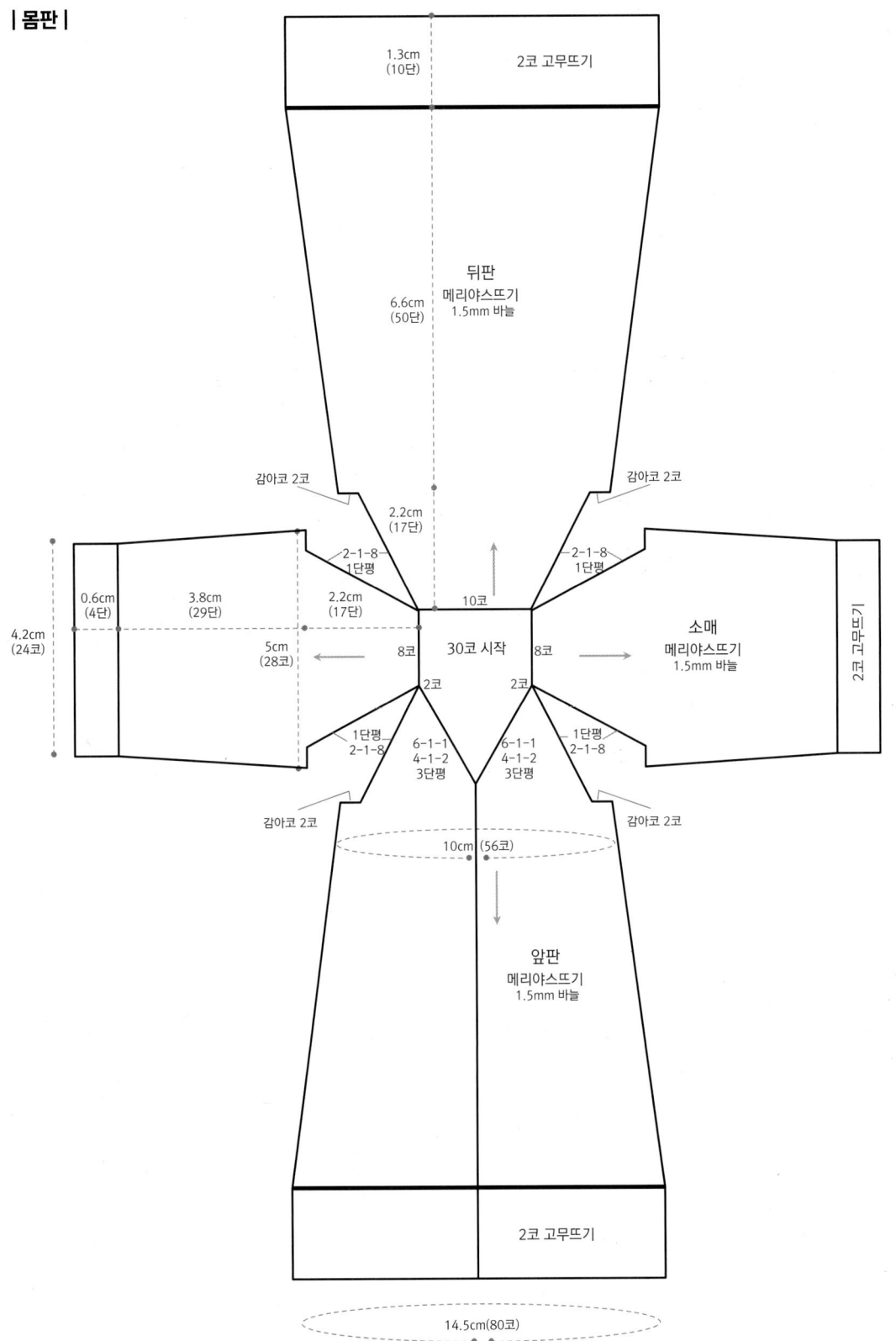

몸판

1.5mm 대바늘과 회색 실로 30코를 만든다.

1단	안뜨기.
2단	겉 1, 오L 1, 겉 2, 윈L 1, 겉 6, 오L 1, 겉 2, 윈L 1, 겉 8, 오L 1, 겉 2, 윈L 1, 겉 6, 오L 1, 겉 2, 윈L 1, 겉 1(총 38코).
3단	안뜨기**(이후 17단까지 홀수 단 동일)**.
4단	겉 2, 오L 1, 겉 2, 윈L 1, 겉 8, 오L 1, 겉 2, 윈L 1, 겉 10, 오L 1, 겉 2, 윈L 1, 겉 8, 오L 1, 겉 2, 윈L 1, 겉 2(총 46코).
6단	겉 1, 오L 1, 겉 2, 오L 1, 겉 2, 윈L 1, 겉 10, 오L 1, 겉 2, 윈L 1, 겉 12, 오L 1, 겉 2, 윈L 1, 겉 10, 오L 1, 겉 2, 윈L 1, 겉 2, 윈L 1, 겉 1(총 56코).
8단	겉 5, 오L 1, 겉 2, 윈L 1, 겉 12, 오L 1, 겉 2, 윈L 1, 겉 14, 오L 1, 겉 2, 윈L 1, 겉 12, 오L 1, 겉 2, 윈L 1, 겉 5(총 64코).
10단	겉 1, 오L 1, 겉 5, 오L 1, 겉 2, 윈L 1, 겉 14, 오L 1, 겉 2, 윈L 1, 겉 16, 오L 1, 겉 2, 윈L 1, 겉 14, 오L 1, 겉 2, 윈L 1, 겉 5, 윈L 1, 겉 1(총 74코).
12단	겉 8, 오L 1, 겉 2, 윈L 1, 겉 16, 오L 1, 겉 2, 윈L 1, 겉 18, 오L 1, 겉 2, 윈L 1, 겉 16, 오L 1, 겉 2, 윈L 1, 겉 8(총 82코).
14단	겉 1, 오L 1, 겉 8, 오L 1, 겉 2, 윈L 1, 겉 18, 오L 1, 겉 2, 윈L 1, 겉 20, 오L 1, 겉 2, 윈L 1, 겉 18, 오L 1, 겉 2, 윈L 1, 겉 8, 윈L 1, 겉 1(총 92코).
16단	겉 11, 오L 1, 겉 2, 윈L 1, 겉 20, 오L 1, 겉 2, 윈L 1, 겉 22, 오L 1, 겉 2, 윈L 1, 겉 20, 오L 1, 겉 2, 윈L 1, 겉 11(총 100코).
17단	안뜨기.

몸판에서 소매 부분을 나눈다.

18단	겉 13, 소매용 24코를 별도의 실에 빼두고, 오른쪽 바늘에 감아코 만들기 4, 겉 26, 소매용 24코를 별도의 실에 빼두고, 오른쪽 바늘에 감아코 만들기 4, 겉 13(총 60코).
19단	안 12, 안2T 1, 안 2, 안2T 1, 안 24, 안2T 1, 안 2, 안2T 1, 안 12(총 56코).
20~33단	겉뜨기로 시작하는 메리야스뜨기 14단.
34단	겉 1, (겉 5, 오L 1, 겉 4)×6, 겉 1(총 62코).
35~41단	안뜨기로 시작하는 메리야스뜨기 7단.
42단	겉 1, (겉 5, 오L 1, 겉 5)×6, 겉 1(총 68코).
43~53단	안뜨기로 시작하는 메리야스뜨기 11단.
54단	겉 1, (겉 5, 오L 1, 겉 6)×6, 겉 1(총 74코).
55~66단	안뜨기로 시작하는 메리야스뜨기 11단.
67단	겉 1, (겉 6, 오L 1, 겉 6)×6, 겉 1(총 80코).

밑단을 시작한다.

68단	겉 3, (안 2, 겉 2)를 마지막 전 코까지 반복, 겉 1.
69단	안 3, (겉 2, 안 2)를 마지막 전 코까지 반복, 안 1.
70~77단	위의 68~69단과 같이 4회 반복 8단. 겉뜨기코는 겉뜨기로, 안뜨기코는 안뜨기로 뜨면서 고무단 덮어씌워 코막음(느슨하게)으로 마무리.

단춧구멍 만들기

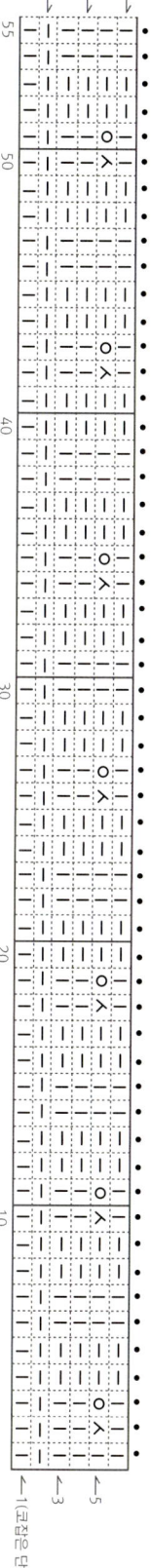

베이식 울 카디건

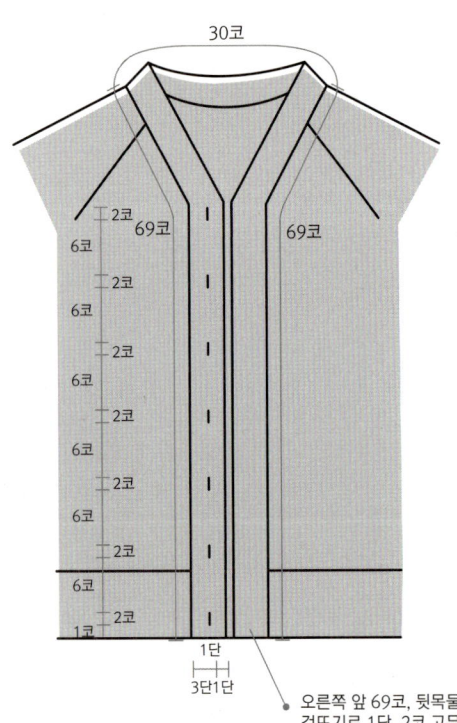

앞단과 목둘레 단

단	
1단	오른쪽 앞단에서 겉뜨기로 코줍기 69코, 뒷목에서 겉뜨기로 코줍기 30코, 왼쪽 앞단에서 겉뜨기로 코줍기 69코(총 168코).
2단	겉뜨기.
3단	겉 3, (안 2, 겉 2)를 마지막 전 코까지 반복, 겉 1(총 168코).
4단	안 3, (겉 2, 안 2)를 마지막 전 코까지 반복, 안 1.
5단	(단춧구멍 단) 겉 1, 왼D 1, 바O 1, (안 2, 겉 2, 안 2, 바O 1, 왼D 1)×6, (안 2, 겉 2)를 마지막 전 코까지 반복, 겉 1.
6단	안 3, (겉 2, 안 2)를 마지막 전 코까지 반복, 안 1. 겉뜨기코는 겉뜨기로, 안뜨기코는 안뜨기로 뜨면서 고무단 덮어씌워 코막음으로 마무리.

오른쪽 앞 69코, 뒷목둘레 30코, 왼쪽 앞 69코를 잡아 겉뜨기로 1단, 2코 고무뜨기로 4단을 뜬 후(양끝은 겉뜨기 3코) 겉뜨기코는 겉뜨기로, 안뜨기코는 안뜨기로 뜨면서 고무단 덮어씌워 코막음을 한다.

소매 코잡기

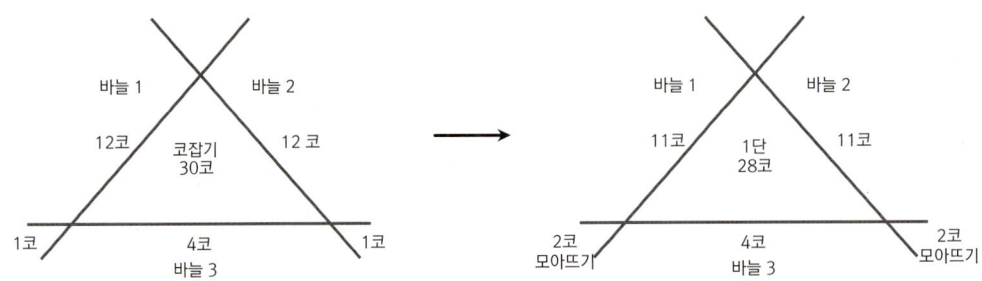

소매

1.5mm 막대바늘 4개로 원형뜨기 한다. 별도의 실에 걸어두었던 24코를 바늘1에 12, 바늘2에 12코로 나누고, 바늘3에는 새 실을 걸어 바늘2의 마지막 코와 감아코 사이에서 1코를 줍고, 감아코는 겉뜨기로 4코를 뜬 후, 바늘1의 첫코 아래에서 1코를 주워 총 6코를 줍는다.

코잡기	총 30코(12+12+6).
1단	총 28코(12+11+5).
	바늘1: 바늘1의 첫코와 바늘3의 마지막 코 모아뜨기 (왼코 줄이기) 1, 겉뜨기 11(12코).
	바늘2: 겉뜨기(11코).
	바늘3: 바늘2의 마지막 코와 바늘3의 첫코 모아뜨기 (왼코 줄이기) 1, 겉뜨기 4(5코).
2~16단	겉뜨기로 15단. 시작 부분이나 끝부분에 마커로 표시해두면 계산하기 편하다.
17단	(겉 5, 오D 1)을 반복(총 24코).
18~29단	겉뜨기로 12단.
30~33단	2코 고무뜨기 4단. 겉뜨기코는 겉뜨기로, 안뜨기코는 안뜨기로 뜨면서 고무단 덮어씌워 코막음으로 마무리.

허스키 카디건

난이도 : ★★★★★ | PHOTO P.12

비얀코, 꽃지(다래, 살구 등), 아이로아 모모에게 잘 맞는다. 소매 길이를 줄이면 도란도란, 클라라, 카카롯, 알로카, 벨라보니카 로제토이즈의 로지 등에도 입힐 수 있다.

모델	비얀코
크기	길이 5.8cm, 가슴둘레 11.2cm, 소매 길이 5.1cm
사용한 실	샤헨마이어 레기아 2합사 (Schachenmayr Regia 2ply) 검은색, 랑 메리노 400 레이스 얀((Lang Merino 400 lace yarn) 회색, 청색. 다른 2합사로 대체 가능.
바늘	1.25mm 막대바늘 4개, 1.5mm 대바늘
기타 준비물	시침핀, 가위, 돗바늘, 마커, 펜, 바느질실과 바늘, 4mm 단추 4개
게이지	메리야스뜨기 65코×80단(1.25mm 바늘)
도구와 기법	180~217쪽 참조. 기법은 설명 부분 등 일부를 제외하고는 아래와 같이 약자로, 콧수와 횟수는 숫자로 표기.

① 겉 ← 겉뜨기 ② 안 ← 안뜨기 ③ 오L ← 오른코 늘리기
④ 왼L ← 왼코 늘리기 ⑤ 앞뒤L ← 앞뒤로 늘리며 뜨기
⑥ 바O ← 바늘 비우기 ⑦ 오D ← 오른코 줄이기
⑧ 왼D ← 왼코 줄이기 ⑨ 안2T ← 안뜨기로 2코 모아뜨기

HOW TO MAKE

- 목둘레부터 시작해서 아래로 내려가는 톱다운 방식으로 뜬다.
- 몸통 배색 부분은 59쪽 모눈 도안을 참조한다.

| 몸판 |

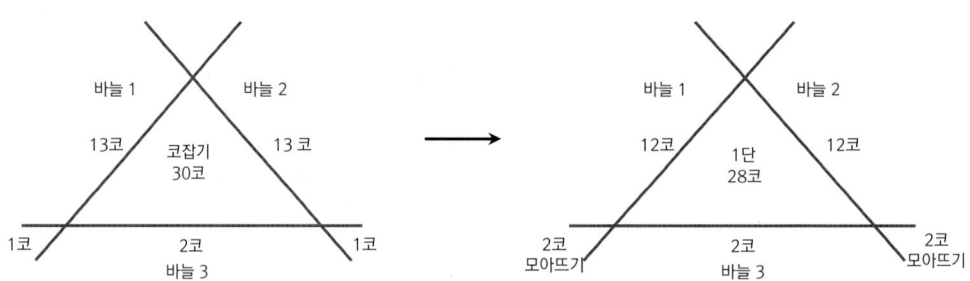

| 소매 코잡기 |

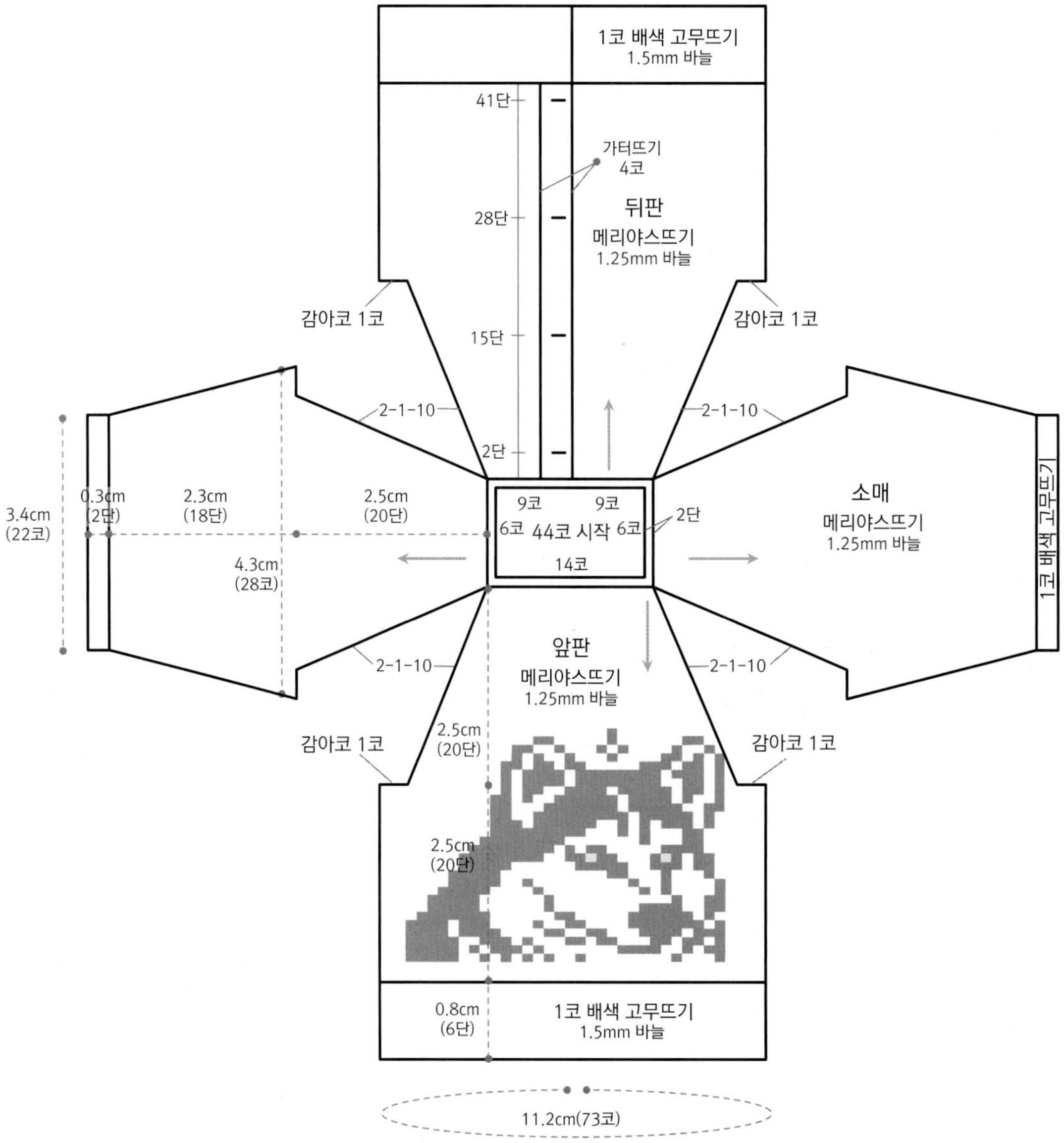

| 허스키 무늬 배색 1 |

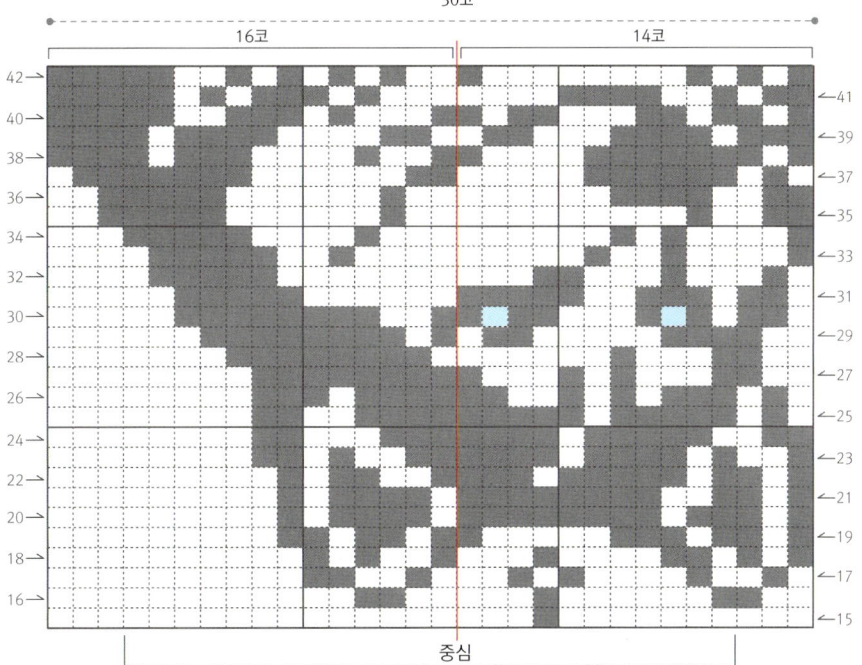

앞판 24코

| 허스키 무늬 배색 2 |

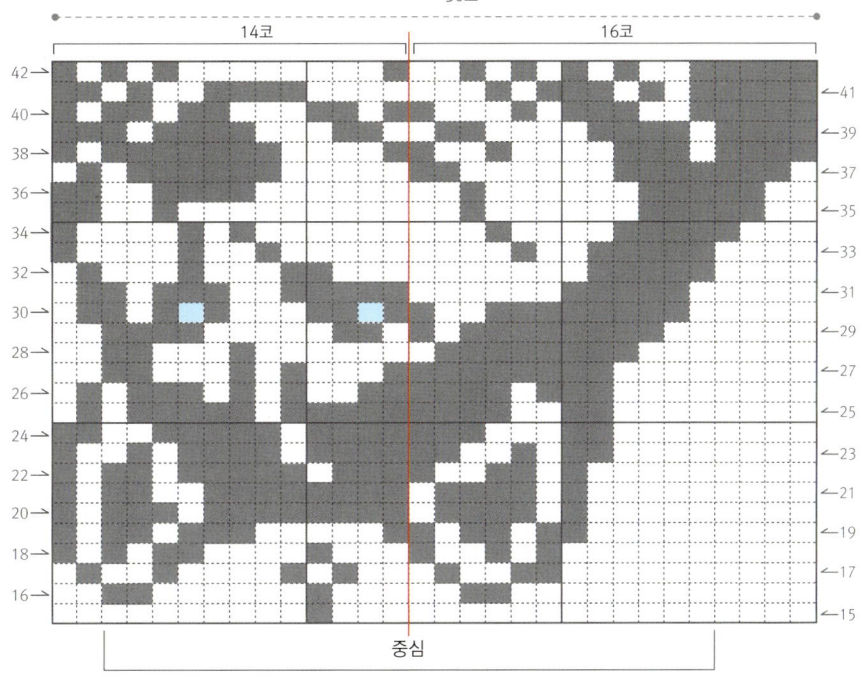

앞판 24코

> **몸판**

1.25mm 막대바늘과 회색실로 44코를 만든다. 이 가운데 4코는 앞단용이다.

1단	겉뜨기.
2단	(단춧구멍 단) 마지막 3코 전까지 겉뜨기, 바O 1, 왼D 1, 겉 1.
3단	겉 8, 오L 1, 겉 2, 왼L 1, 겉 4, 오L 1, 겉 2, 왼L 1, 겉 12, 오L 1, 겉 2, 왼L 1, 겉 4, 오L 1, 겉 2, 왼L 1, 겉 8(총 52코).
4단	마지막 4코 전까지 안뜨기, 겉 4**(이후 14단까지 짝수단 동일)**.
5단	겉 9, 오L 1, 겉 2, 왼L 1, 겉 6, 오L 1, 겉 2, 왼L 1, 겉 14, 오L 1, 겉 2, 왼L 1, 겉 6, 오L 1, 겉 2, 왼L 1, 겉 9(총 60코).
7단	겉 10, 오L 1, 겉 2, 왼L 1, 겉 8, 오L 1, 겉 2, 왼L 1, 겉 16, 오L 1, 겉 2, 왼L 1, 겉 8, 오L 1, 겉 2, 왼L 1, 겉 10(총 68코).
9단	겉 11, 오L 1, 겉 2, 왼L 1, 겉 10, 오L 1, 겉 2, 왼L 1, 겉 18, 오L 1, 겉 2, 왼L 1, 겉 10, 오L 1, 겉 2, 왼L 1, 겉 11(총 76코).
11단	겉 12, 오L 1, 겉 2, 왼L 1, 겉 12, 오L 1, 겉 2, 왼L 1, 겉 20, 오L 1, 겉 2, 왼L 1, 겉 12, 오L 1, 겉 2, 왼L 1, 겉 12(총 84코).
13단	겉 13, 오L 1, 겉 2, 왼L 1, 겉 14, 오L 1, 겉 2, 왼L 1, 겉 22, 오L 1, 겉 2, 왼L 1, 겉 14, 오L 1, 겉 2, 왼L 1, 겉 13(총 92코).
14단	4단과 동일.

허스키 무늬를 넣고 소매 부분을 늘려갈 차례다. 15~42단까지 총 28단에 허스키 무늬를 넣는다. 설명은 '허스키 무늬 배색 2'를 기준으로 한다. (회: 회색 실, 검: 검은색 실)

15단	(단춧구멍 단) (회) 겉 1, 왼D 1, 바O 1, 겉 11, 오L 1, 겉 2, 왼L 1, 겉 16, 오L 1, 겉 2, 왼L 1, 겉 15, (검) 겉 1, (회) 겉 8, 오L 1, 겉 2, 왼L 1, 겉 16, 오L 1, 겉 2, 왼L 1, 겉 14(총 100코).
16단	(회) 안 37, (검) 안 2, (회) 안 6, (검) 안 1, (회) 안 5, (검) 안 2, (회) 마지막 4코 전까지 안뜨기, 겉 4(총 100코).
17단	(회) 겉 15, 오L 1, 겉 2, 왼L 1, 겉 18, 오L 1, 겉 2, 왼L 1, 겉 7, (검) 겉 2, (회) 겉 2, (검) 겉 1, (회) 겉 3, (검) 겉 1, (회) 겉 1, (검) 겉 1, (회) 겉 4, (검) 겉 1, (회) 겉 2, (검) 겉 1, (회) 오L 1, 겉 2, 왼L 1, 겉 18, 오L 1, 겉 2, 왼L 1, 겉 15(총 108코).
18단	(회) 안 39, (검) 안 1, (회) 안 1, (검) 안 1, (회) 안 1, (검) 안 2, (회) 안 4, (검) 안 1, (회) 안 3, (검) 안 1, (회) 안 2, (검) 안 1, (회) 안 1, (검) 안 1, (회) 마지막 4코 전까지 안뜨기, 겉 4(총 108코).
19단	(회) 겉 16, 오L 1, 겉 2, 왼L 1, 겉 20, 오L 1, 겉 2, 왼L 1, 겉 7, (검) 겉 2, (회) 겉 1, (검) 겉 2, (회) 겉 1, (검) 겉 2, (회) 겉 5, (검) 겉 3, (회) 겉 1, (검) 겉 2, (회) 겉 1, (회) 오L 1, 겉 2, 왼L 1, 겉 20, 오L 1, 겉 2, 왼L 1, 겉 16(총 116코).
20단	(회) 안 43, (검) 안 1, (회) 안 1, (검) 안 3, (회) 안 1, (검) 안 8, (회) 안 1, (검) 안 4, (회) 안 1, (검) 안 1, (회) 마지막 4코 전까지 안뜨기, 겉 4(총 116코).
21단	(회) 겉 17, 오L 1, 겉 2, 왼L 1, 겉 22, 오L 1, 겉 2, 왼L 1, 겉 8, (검) 겉 1, (회) 겉 1, (검) 겉 4, (회) 겉 1, (검) 겉 8, (회) 겉 2, (검) 겉 2, (회) 겉 1, (검) 겉 1, (회) 오L 1, 겉 2, 왼L 1, 겉 22, 오L 1, 겉 2, 왼L 1, 겉 17(총 124코).
22단	(회) 안 47, (검) 안 1, (회) 안 1, (검) 안 2, (회) 안 1, (검) 안 5, (회) 안 1, (검) 안 4, (회) 안 2, (검) 안 2, (회) 안 1, (검) 안 1, (회) 마지막 4코 전까지 안뜨기, 겉 4(총 124코).

몸판에서 소매 부분을 나눈다.

23단	(회) 겉 19, 소매용 26코를 별도의 실에 걸어두고, 오른쪽 바늘에 감아코 만들기 2, 겉 9, (회) 겉 2, (회) 겉 1, (검) 겉 1, (회) 겉 2, (검) 겉 6, (회) 겉 1, (검) 겉 4, (회) 겉 1, (검) 겉 1, (회) 겉 2, (검) 겉 1, (회) 겉 3, (회) 소매용 26코를 별도의 실에 걸어두고, 오른쪽 바늘에 감아코 만들기 2, 겉 19(총 76코).
24단	(회) 안 18, 안2T 2, (회) 안 2, (검) 안 2, (회) 안 2, (검) 안 5, (회) 안 1, (검) 안 7, (회) 안 3, (검) 안 2, (회) 안 8, (회) 안2T 2, 안 18(총 72코).
25단	(회) 겉 28, (검) 겉 2, (회) 겉 2, (검) 겉 9, (회) 겉 1, (검) 겉 5, (회) 겉 1, (검) 겉 1, (회) 겉 23(총 72코).
26단	(회) 안 23, (검) 안 1, (회) 안 1, (검) 안 3, (회) 안 1, (검) 안 1, (회) 안 1, (검) 안 1, (회) 안 2, (검) 안 6, (회) 안 1, (검) 안 3, (회) 마지막 4코 전까지 안뜨기, 겉 4(총 72코).
27단	(회) 겉 28, (검) 겉 9, (회) 겉 3, (검) 겉 1, (회) 겉 1, (검) 겉 1, (회) 겉 3, (검) 겉 2, (회) 겉 24(총 72코).
28단	(단춧구멍 단) (회) 안 24, (검) 안 2, (회) 안 3, (검) 안 1, (회) 안 7, (검) 안 8, (회) 마지막 4코 전까지 안뜨기, 겉 1, 바O 1, 왼D 1, 겉 1(총 72코).
29단	(회) 겉 26, (검) 겉 8, (회) 겉 1, (검) 겉 1, (검) 겉 2, (회) 겉 5, (검) 겉 4, (회) 겉 24(총 72코).

30단	(회) 안 23, (검) 안 2, (회) 안 1, (검) 안 1, 파랑 안 1, (검) 안 1, (회) 안 3, (검) 안 2, 파랑 안 1, (회) 안 2, (검) 안 8, (회) 마지막 4코 전까지 안뜨기, 겉 4(총 72코).
31단	(회) 겉 25, (검) 겉 5, (회) 겉 4, (검) 겉 1, (회) 겉 1, (검) 겉 5, (회) 겉 2, (검) 겉 3, (회) 겉 1, (검) 겉 2, (회) 겉 23(총 72코).
32단	(회) 안 23, (검) 안 1, (회) 안 3, (검) 안 1, (회) 안 3, (검) 안 2, (회) 안 10, (검) 안 5, (회) 마지막 4코 전까지 안뜨기, 겉 4(총 72코).
33단	(회) 겉 24, (검) 겉 5, (회) 겉 2, (검) 겉 1, (회) 겉 9, (검) 겉 1, (회) 겉 2, (검) 겉 1, (회) 겉 4, (검) 겉 1, (회) 겉 22(총 72코).
34단	(회) 안 22, (검) 안 1, (회) 안 4, (검) 안 1, (회) 안 1, (검) 안 1, (회) 안 9, (검) 안 1, (회) 안 4, (검) 안 5, (회) 마지막 4코 전까지 안뜨기, 겉 4(총 72코).
35단	(회) 겉 22, (검) 겉 5, (회) 겉 6, (검) 겉 1, (회) 겉 11, (검) 겉 1, (회) 겉 2, (검) 겉 2, (회) 겉 22(총 72코).
36단	(회) 안 22, (검) 안 2, (회) 안 2, (검) 안 4, (회) 안 8, (검) 안 1, (회) 안 6, (검) 안 5, (회) 마지막 4코 전까지 안뜨기, 겉 4(총 72코).
37단	(회) 겉 21, (검) 겉 7, (회) 겉 6, (검) 겉 2, (회) 겉 5, (검) 겉 6, (회) 겉 1, (검) 겉 1, (회) 겉 23.
38단	(회) 안 22, (검) 안 1, (회) 안 1, (검) 안 7, (회) 안 4, (검) 안 2, (회) 안 2, (검) 안 1, (회) 안 4, (검) 안 3, (회) 안 1, (검) 안 4, (회) 마지막 4코 전까지 안뜨기, 겉 4.
39단	(회) 겉 20, (검) 겉 4, (회) 겉 1, (검) 겉 4, (회) 겉 4, (검) 겉 2, (회) 겉 2, (검) 겉 2, (회) 겉 3, (검) 겉 4, (회) 겉 1, (검) 겉 3, (회) 겉 22.
40단	(회) 안 22, (검) 안 1, (회) 안 1, (검) 안 2, (회) 안 1, (검) 안 2, (회) 안 3, (검) 안 2, (회) 안 1, (검) 안 2, (회) 안 3, (검) 안 1, (회) 안 1, (검) 안 3, (회) 안 2, (검) 안 5, (회) 마지막 4코 전까지 안뜨기, 겉 4.
41단	(단춧구멍 단) (회) 겉 1, 왼D 1, 바O 1, 겉 17, (검) 겉 5, (회) 겉 1, (검) 겉 1, (회) 겉 1, (검) 겉 3, (회) 겉 1, (검) 겉 1, (회) 겉 7, (검) 겉 2, (검) 겉 1, (회) 겉 1, (검) 겉 2, (회) 겉 22.
42단	(회) 안 20, (검) 안 1, (회) 안 1, (검) 안 1, (회) 안 1, (검) 안 1, (회) 안 8, (검) 안 1, (회) 안 2, (검) 안 1, (회) 안 1, (검) 안 1, (회) 안 1, (검) 안 1, (회) 안 1, (검) 안 1, (회) 안 2, (검) 안 5, (회) 마지막 4코 전까지 안뜨기, 겉 4(총 72코).

1.5mm 대바늘로 바꿔서 허리 밴드 배색 고무단을 뜬다.

43단	(회) 겉 1, (회 겉 1, 검 안 1)을 마지막 코 전까지 반복, (회) 앞뒤L 1(총 73코).
44단	첫코 걸러뜨기, (회 안 1, 검 겉 1)을 마지막 2코 전까지 반복, (회) 안 2(총 73코).
45단	첫코 걸러뜨기, (회 겉 1, 검 안 1)을 마지막 2코 전까지 반복, (회) 겉 2.
46~47단	위의 44~45단처럼 반복 2단.
48단	첫코 걸러뜨기, (회 안 1, 검 겉 1)을 마지막 2코 전까지 반복, (회) 안 2. 회색 실로 고무단 덮어씌워 코막음.

소매

1.25mm 막대바늘 4개로 원형뜨기 한다. 별도의 실에 두었던 26코를 바늘 1에 13, 바늘2에 13코로 나누고, 바늘3에는 새 실을 걸어 바늘 2의 마지막 코와 감아코 사이에서 1코를 줍고, 감아코는 겉뜨기로 2코를 뜬 후, 바늘1의 첫코 아래에서 1코를 주워 총 4코를 줍는다.

코잡기	총 30코(13+13+4).
1단	총 28코(13+12+3). 바늘1: 바늘1의 첫코와 바늘3의 마지막 코 모아뜨기 (왼코 줄이기) 1, 겉 12(13코). 바늘2: 겉뜨기(12코). 바늘3: 바늘2의 마지막 코와 바늘3의 첫코 모아뜨기 (왼코 줄이기) 1, 겉 2(3코).
2~5단	겉뜨기 4단.
6단	왼D 1, 겉 20, 오D 1, 겉 4(총 26코).
7~10단	겉뜨기 4단.
11단	왼D 1, 겉 18, 오D 1, 겉 4(총 24코).
12~15단	겉뜨기 4단.
16단	왼D 1, 겉 16, 오D 1, 겉 4(총 22코).
17~18단	겉뜨기 2단.

손목 둘레 배색 고무단을 뜨기 시작한다.

19~20단	(회 겉 1, 검 안 1)을 끝까지 반복(총 22코). 회색 실로 1코 고무단 돗바늘 마무리.

마무리

1. 겉면에서 다림질한다.
2. 단춧구멍 위치에 맞춰 단추를 단다.

HAND KNITTED DOLL CLOTHES

플라워 배색 카디건

난이도 : ★★★★☆ | PHOTO P.14

꽃지(다래, 살구 등), 아이로아 모모, 헤븐리키즈, 철이, 클라라, 카카롯, 알로카, 로제토이즈 로지, 벨라보니카 등에 두루두루 잘 맞고, 브라이스에게는 7부로 입힐 수 있다. 소매를 1cm 길게 뜨면 아이로아(엘리, 쥬디, 로아 등), 몽당이(퓨어니모 XS바디)에게도 예쁘게 맞는다.

모델	아이로아 모모
크기	길이 6.1cm, 가슴둘레 12.6cm, 소매 길이 5.7cm
사용한 실	샤헨마이어 레기아 2합사 (Schachenmayr Regia 2ply) 진회색, 크림색, 회색, 빨간색, 애플톤(Appletons) 울 자수사 552번 노란색, 831번 초록색. 다른 2합사로 대체 가능.
바늘	1.25mm 막대바늘 4개, 1.5mm 막대바늘4개, 1.5mm 대바늘
기타 준비물	시침핀, 가위, 돗바늘, 마커, 바느질실과 바늘, 4mm 단추 5개
게이지	메리야스뜨기 60코×65단(1.25mm 바늘), 무늬뜨기 60코×74단(1.5mm 바늘)

도구와 기법 180~217쪽 참조. 기법은 설명 부분 등 일부를 제외하고는 아래와 같이 약자로, 콧수와 횟수는 숫자로 표기.

① 겉 ← 겉뜨기 ② 안 ← 안뜨기 ③ 오L ← 오른코 늘리기
④ 왼L ← 왼코 늘리기 ⑤ 앞뒤L ← 앞뒤로 늘리며 뜨기
⑥ 바O ← 바늘 비우기 ⑦ 오D ← 오른코 줄이기
⑧ 왼D ← 왼코 줄이기 ⑨ 안2T ← 안뜨기로 2코 모아뜨기
⑩ L안 ← 끌어올려 안뜨기로 늘리기
⑪ L겉 ← 끌어올려 겉뜨기로 늘리기

HOW TO MAKE

- 목둘레부터 시작해서 아래로 내려가는 톱다운 방식으로 뜬다.
- 요크 꽃무늬 배색 부분은 모눈 도안(64쪽)을 참조한다.

| 몸판 |

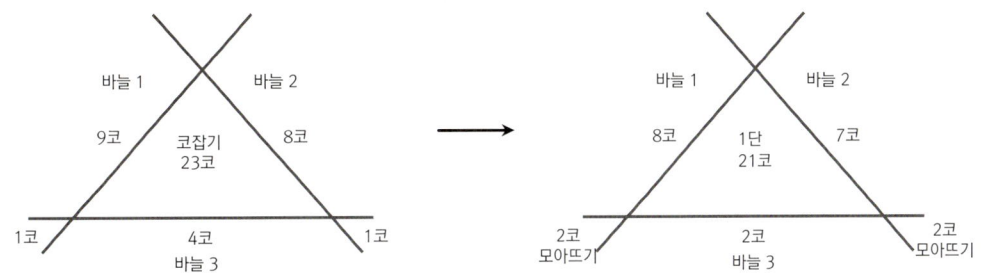

| 소매 코잡기 |

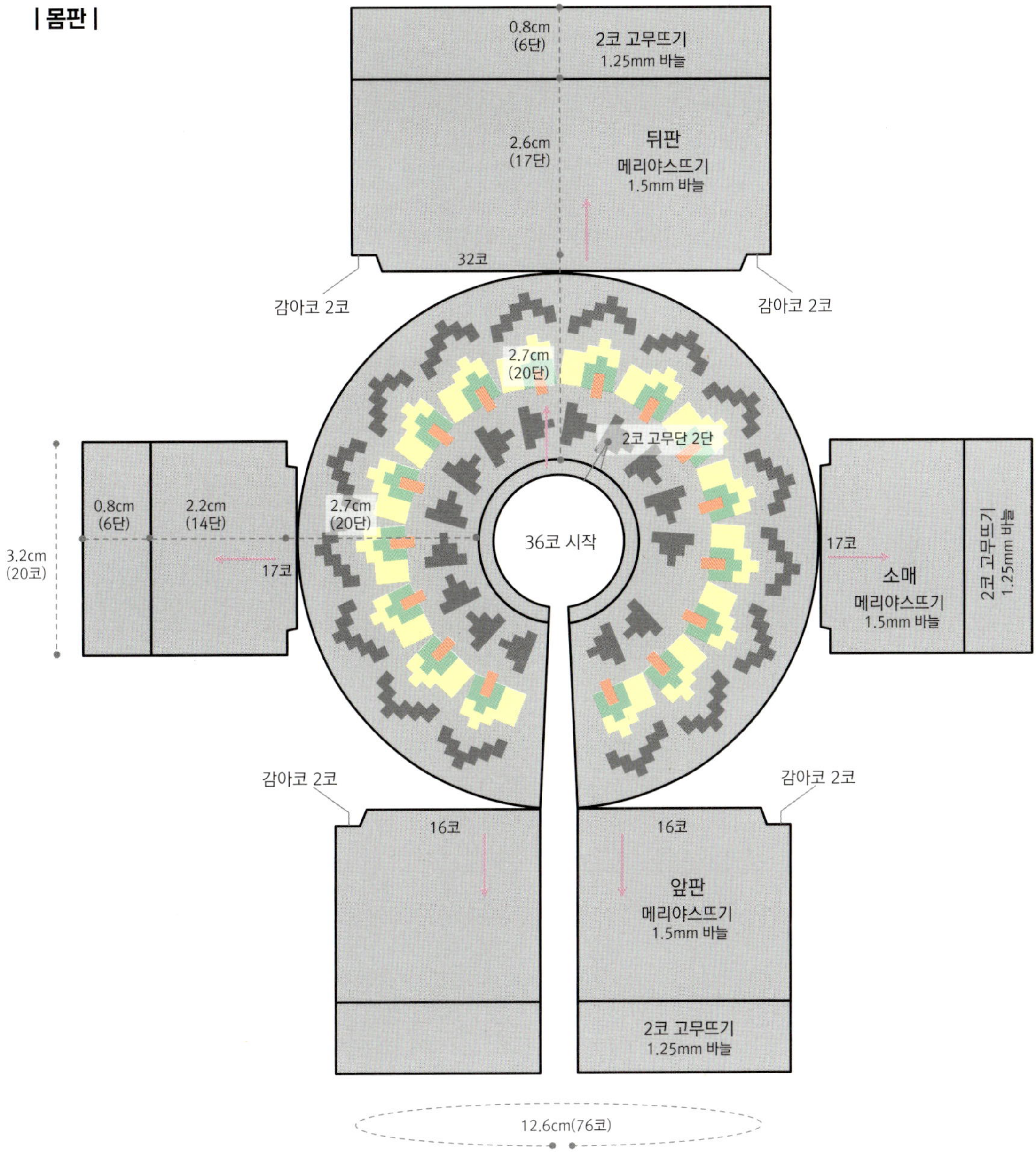

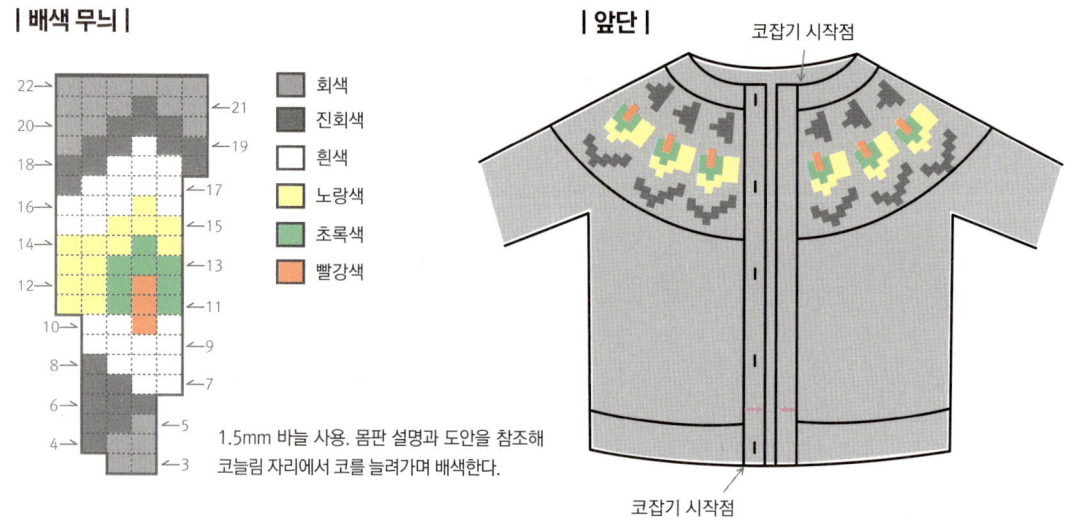

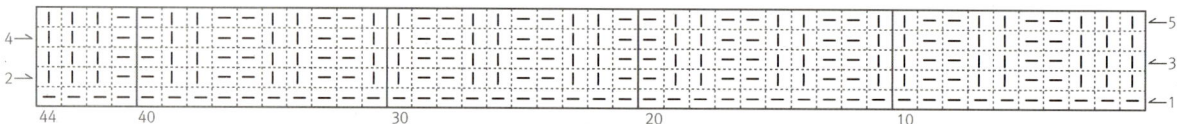

몸판

1.25mm 막대바늘과 진회색 실로 36코를 만든다.

1단 겉 3, (안 2, 겉 2)를 마지막 5코 전까지 반복, 안 2, 겉 3.
2단 안 3, (겉 2, 안 2)를 마지막 5코 전까지 반복, 겉 2, 안 3.

1.5mm 대바늘로 바꿔서 무늬를 넣는다. (회: 회색 실, 진: 진회색 실, 미: 미색(크림색) 실, 노: 노란색 실, 초: 초록색 실, 빨: 빨간색 실)

3단 (회) 왼D 1, 마지막 2코 전까지 겉뜨기, 왼D 1(총 34코).
4단 (진) 안 1, (진 L안 1, 회 안 2)×16, (회) 안 1(총 50코).
5단 (회) 겉 1, (회 겉 1, 진 겉 2)×16, (회) 겉 1(총 50코).
6단 (진) 안뜨기.
7단 (미) 겉 1, (미 L겉 1, 미 겉 1, 진 겉 2)×16, (진) 겉 1(총 66코).
8단 (진) 안 1, (진 안 1, 미 안 3)×16, (미) 안 1.
9단 (미) 겉뜨기.
10단 (미) 안 1, (미 안 2, 빨 안 1, 미 안 1)×16, (미) 안 1.
11단 (초) 겉 1, (겉뜨기로 초 1, 빨 1, 초 1, 노 1, 노 L겉 1)×16, (노) 겉 1(총 82코).
12단 (노) 안 1, (노 안 2, 초 안 1, 빨 안 1, 초 안 1)×16, 안 1.
13단 (초) 겉 1, (초 겉 3, 노 겉 2)×16, (노) 겉 1.
14단 (노) 안 1, (노 안 3, 초 안 1, 노 안 1)×16, (노) 안 1.
15단 (노) 겉 1, (노 겉 3, 미 겉 2)×16, (미) 겉 1.
16단 (미) 안 1, (미 안 3, 노안 1, 미 안 1)×16, (미) 안 1.

17단	(미) 겉 1, (미 겉 4, 진 겉 1)×16, (진) 겉 1.
18단	(진) 안 1, (진 안 2, 미 안 3, 진 L안 1)×16, (진) 안 1 (총 98코).
19단	(진) 겉 1, (진 겉 2, 미 안 1, 진 겉 2, 회 겉 1)×16, (회) 겉 1.
20단	(회) 안 1, (회 안 2, 진 안 3, 회 안 1)×16, (회) 안 1.
21단	(회) 겉 1, (회 겉 2, 진 겉 1, 회 겉 3)×16, (회) 겉 1.
22단	(회) 안뜨기(총 98코).

몸판에서 소매 부분을 나눈다.

23단	회색 실로 겉뜨기 16코, 소매용 17코를 별도의 실에 빼두고, 감아코 만들기 4코, 겉뜨기 32코, 소매용 17코를 별도의 실에 빼두고, 감아코 만들기 4코, 겉뜨기 16코 (총 72코).
24단	안 15, 안2T 1, 안 2, 안2T 1, 안 30, 안2T 1, 안 2, 안2T 1, 안 15(총 68코).
25~38단	겉뜨기로 시작하는 메리야스뜨기 14단.
39단	**1.25mm 막대바늘로 바꿔** 겉 2, (겉 3, 앞뒤L 1, 겉 4) ×8, 겉 2(총 76코).
40단	진회색 실로 바꿔서 안 3, (겉 2, 안 2)×17, 겉 2, 안 3.
41단	겉 3, (안 2, 겉 2)×17, 안 2, 겉 3.
42~45단	위의 40~41단과 같이 2회 반복 4단.
46단	안 3, (겉 2, 안 2)×17, 겉 2, 안 3. 겉뜨기코는 겉뜨기로, 안뜨기코는 안뜨기로 뜨면서 고무단 덮어씌워 코막음.

앞단

앞단을 뜨기 전에, 배색한 실을 돗바늘에 끼워 코 사이로 숨기면서 정리하고 다림질하면 앞판에서 코줍기가 쉽다.
먼저 진회색 실과 1.25mm 막대바늘을 써서 왼쪽 앞판의 모서리에서 겉뜨기로 44코를 줍는다. 앞판 단수는 46단이므로, 양끝이 딱 맞아떨어지도록 간격을 균등하게 유지하며 코를 주워 나간다.

1단	(안쪽 면) 겉뜨기.
2단	겉 3, (안 2, 겉 2)를 마지막 5코 전까지 반복, 안 2, 겉 3.
3단	안 3, (겉 2, 안 2)를 마지막 5코 전까지 반복, 겉 2, 안 3.
4~5단	위의 2~3단과 같이 반복. 겉뜨기코는 겉뜨기로, 안뜨기코는 안뜨기로 뜨면서 고무단 덮어씌워 코막음.

다음으로 진회색 실과 1.25mm 막대바늘을 써서 오른쪽 앞판의 모서리에서 겉뜨기로 44코를 줍는다.

1단	(안쪽 면) 겉뜨기.
2단	겉 3, (안 2, 겉 2)를 마지막 5코 전까지 반복, 안 2, 겉 3.
3단	안 3, (겉 2, 안 2)를 마지막 5코 전까지 반복, 겉 2, 안 3.
4단	(단춧구멍 단) 겉 1, 왼D 1, 바O 1, 안 2, 겉 2, 안 2, 겉 2, 안2T 1, 바O 1, 겉 2, 안 2, 겉 2, 안 2, 안2T 1, 바O 1, 겉 2, 안 2, 겉 2, 안 2, 안2T 1, 바O 1, 겉 2, 안 2, 바O 1, 안2T 1, 겉 1.
5단	안 3, (겉 2, 안 2)를 마지막 5코 전까지 반복, 겉 2, 안 3. 겉뜨기코는 겉뜨기로, 안뜨기코는 안뜨기로 뜨면서 고무단 덮어씌워 코막음.

소매

1.5mm 막대바늘 4개로 원형뜨기 한다. 별도의 실에 걸어두었던 17코를 바늘1에 9코, 바늘2에 8코로 나누고, 바늘3에는 회색 실을 걸어 바늘2의 마지막 코와 감아코 사이에서 1코를 줍고 감아코는 겉뜨기로 4코를 뜬 후, 바늘 1의 첫코 아래에서 1코를 주워 총 6코를 줍는다.

코잡기	총 23코(9+8+6).
1단	총 21코(9+7+5). **바늘1**: 바늘1의 첫코와 바늘3의 마지막 코 모아뜨기 (왼코 줄이기) 1, 겉 8(9코). **바늘2**: 겉뜨기(7코). **바늘3**: 바늘2의 마지막 코와 바늘3의 첫코 모아뜨기 (왼코 줄이기) 1, 겉 4(5코).
2~13단	겉뜨기 12단. 시작 부분이나 끝부분에 마커로 표시해두면 계산하기 편하다.
14단	겉 19, 왼D 1(총 20코). 진회색 실과 1.25mm 막대바늘을 사용해 2코 고무단으로 소매 단을 뜬다.
15~20단	(겉 2, 안 2)를 끝까지 반복. 겉뜨기코는 겉뜨기로, 안뜨기코는 안뜨기로 뜨면서 고무단 덮어씌워 코막음.

마무리

1. 겉면에서 다림질하여 배색 부분을 잘 편다.
2. 단춧구멍 위치에 맞춰 단추 5개를 단다.

HAND KNITTED DOLL CLOTHES

오픈 카디건1, 2

난이도 : ★★★☆☆ | PHOTO P.15, 34

오픈 카디건1, 2 모두 다양한 1/6사이즈 인형에 입힐 수 있다. 오픈 카디건1이 잘 맞는 인형은 클라라, 카카롯, 알로카, 벨라보니카, 로제토이즈의 로지 등이다. 오픈 카디건2는 꽃지(다래, 살구 등), 아이로아 모모에게 잘 맞고 웬만한 1/6사이즈 인형이라면 7부 느낌으로 입힐 수 있다.

모델	카카롯, 아이로아 모모
크기	길이는 카디건1 7.3cm, 카디건2 8.2cm, 가슴둘레 10.9cm, 소매 길이는 카디건1 6.3cm, 카디건2 5.7cm
사용한 실	헤아(Hea) 울 12/2 분홍색, 랑 메리노 400 레이스 얀(Lang Merino 400 lace yarn) 흰색(이상 오픈 카디건1), 베이지색(오픈 카디건2). 다른 2합사(2ply 실) 울사로 대체 가능.
바늘	1.5mm 막대바늘 4개, 1.75mm 대바늘, 2mm 대바늘
기타 준비물	시침핀, 가위, 돗바늘, 마커, 펜, 레이스용 코바늘 2호, 바느질실과 바늘, 5mm 단추 6개
게이지	메리야스뜨기 55코×75단(1.5mm 바늘), 53코×70단(1.75mm 바늘)

도구와 기법 180~217쪽 참조. 기법은 설명 부분 등 일부를 제외하고는 아래와 같이 약자로, 콧수와 횟수는 숫자로 표기.

① 겉 ← 겉뜨기 ② 안 ← 안뜨기 ③ 오L ← 오른코 늘리기
④ 왼L ← 왼코 늘리기 ⑤ 앞뒤L ← 앞뒤로 늘리며 뜨기
⑥ 바O ← 바늘 비우기 ⑦ 오D ← 오른코 줄이기
⑧ 왼D ← 왼코 줄이기 ⑨ 안2T ← 안뜨기로 2코 모아뜨기

HOW TO MAKE

- 목둘레부터 시작해서 아래로 내려가는 톱다운 방식으로 뜬다.
- 몸판의 시작과 끝부분에 1코 고무뜨기 7코로 앞단을 만든다.
- 사라래(오비츠 24바디), 리틀초, 몽당이(퓨어니모 XS바디), 브라이스용이면 34단부터 1.75mm 대바늘로 바꿔 뜬다.
- 오픈 카디건2는 오픈 카디건1보다 조금 짧게 뜬다.
- 실 색상은 오픈 카디건1을 기준으로 설명했다. 오픈 카디건2는 베이지색 단색으로 뜨면 된다.

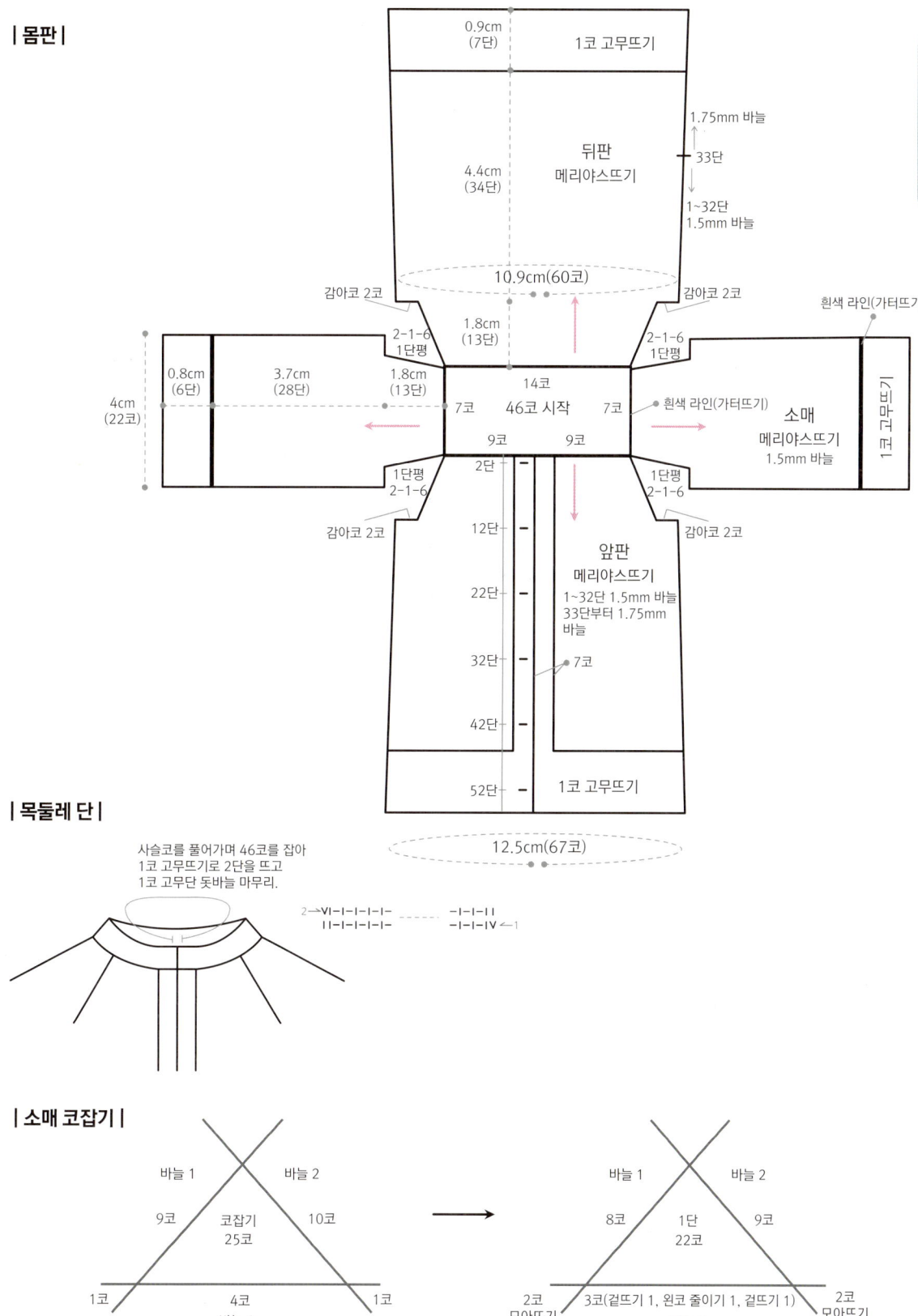

몸판

레이스용 코바늘 2호로 사슬 46코를 만들고(나중에 풀어낼 코 만들기), 1.5mm 막대바늘을 사용해 사슬코의 산에서 흰색 실로 46코를 줍는다.

1단	흰색 실로 겉뜨기.
2단	(단춧구멍 단) 분홍색 실로 바꿔서 겉 2, 안 1, 겉 1, 안 1, 겉 1, 안 1, 겉 1, 앞뒤L 2, 겉 5, 앞뒤L 2, 겉 12, 앞뒤L 2, 겉 5, 앞뒤L 2, 겉 1, 안 1, 겉 1, 안 1, 바O 1, 안2T 1, 겉 2(총 54코).
3단	첫코 걸러뜨기, 안 1, 겉 1, 안 1, 겉 1, 안 1, 겉 1, 마지막 7코 전까지 안뜨기, 겉 1, 안 1, 겉 1, 안 1, 안 2(이후 13단까지 홀수 단 동일).
4단	첫코 걸러뜨기, 겉 1, 안 1, 겉 1, 안 1, 겉 1, 안 1, 겉 2, 오L 1, 겉 2, 왼L 1, 겉 7, 오L 1, 겉 2, 왼L 1, 겉 14, 오L 1, 겉 2, 왼L 1, 겉 7, 오L 1, 겉 2, 왼L 1, 겉 2, 안 1, 겉 1, 안 1, 겉 1, 안 1, 겉 2(총 62코).
6단	첫코 걸러뜨기, 겉 1, 안 1, 겉 1, 안 1, 겉 1, 안 1, 겉 3, 오L 1, 겉 2, 왼L 1, 겉 9, 오L 1, 겉 2, 왼L 1, 겉뜨기 16코, 오L 1, 겉 2, 왼L 1, 겉 9, 오L 1, 겉 2, 왼L 1, 겉 3, 안 1, 겉 1, 안 1, 겉 1, 안 1, 겉 2(총 70코).
8단	첫코 걸러뜨기, 겉 1, 안 1, 겉 1, 안 1, 겉 1, 안 1, 겉 4, 오L 1, 겉 2, 왼L 1, 겉 11, 오L 1, 겉 2, 왼L 1, 겉 18, 오L 1, 겉 2, 왼L 1, 겉 11, 오L 1, 겉 2, 왼L 1, 겉 4, 안 1, 겉 1, 안 1, 겉 1, 안 1, 겉 2(총 78코).
10단	첫코 걸러뜨기, 겉 1, 안 1, 겉 1, 안 1, 겉 1, 안 1, 겉 5, 오L 1, 겉 2, 왼L 1, 겉 13, 오L 1, 겉 2, 왼L 1, 겉 20, 오L 1, 겉 2, 왼L 1, 겉 13, 오L 1, 겉 2, 왼L 1, 겉 5, 안 1, 겉 1, 안 1, 겉 1, 안 1, 겉 2(총 86코).
12단	(단춧구멍 단) 첫코 걸러뜨기, 겉 1, 안 1, 겉 1, 안 1, 겉 1, 안 1, 겉 6, 오L 1, 겉 2, 왼L 1, 겉 15, 오L 1, 겉 2, 왼L 1, 겉뜨기 22, 오L 1, 겉 2, 왼L 1, 겉 15, 오L 1, 겉 2, 왼L 1, 겉 6, 안 1, 겉 1, 안 1, 바O 1, 안2T 1, 겉 2(총 94코).
13단	3단과 동일.

몸판에서 소매 부분을 나눈다.

14단	첫코 걸러뜨기, 겉 1, 안 1, 겉 1, 안 1, 겉 1, 안 1, 겉 8, 소매용 19코를 별도의 실에 걸어두고, 오른쪽 바늘에 감아코 만들기 4코, 겉뜨기 26코, 소매용 19코를 별도의 실에 걸어두고, 오른쪽 바늘에 감아코 만들기 4코, 겉 8, 안 1, 겉 1, 안 1, 겉 1, 안 1, 겉 2.
15단	첫코 걸러뜨기, 안 1, 겉 1, 안 1, 겉 1, 안 1, 겉 1, 안 7코, 안2T 1, 안 2, 안2T 1, 안 24, 안2T 1, 안 2, 안2T
	1, 안 7, 겉 1, 안 1, 겉 1, 안 1, 겉 1, 안 2(총 60코).
16단	첫코 걸러뜨기, 겉 1, 안 1, 겉 1, 안 1, 겉 1, 안 1, 마지막 7코 전까지 겉뜨기, 안 1, 겉 1, 안 1, 겉 1, 안 1, 겉 2.
17단	첫코 걸러뜨기, 안 1, 겉 1, 안 1, 겉 1, 안 1, 겉 1, 마지막 7코 전까지 안뜨기, 겉 1, 안 1, 겉 1, 안 1, 겉 1, 안 2.
18~21단	위의 16~17단과 같이 2회 반복 4단.
22단	(단춧구멍 단) 첫코 걸러뜨기, 겉 1, 안 1, 겉 1, 안 1, 겉 1, 안 1, 마지막 7코 전까지 겉뜨기, 안 1, 겉 1, 안 1, 바O 1, 안2T 1, 겉 2.
23단	첫코 걸러뜨기, 안 1, 겉 1, 안 1, 겉 1, 안 1, 겉 1, 마지막 7코 전까지 안뜨기, 겉 1, 안 1, 겉 1, 안 1, 겉 1, 안 2.
24~31단	위의 16~17단과 같이 4회 반복 8단.
32단	(단춧구멍 단) 첫코 걸러뜨기, 겉 1, 안 1, 겉 1, 안 1, 겉 1, 안 1, (겉 5, 앞뒤L 1)×7, 겉 4, 안 1, 겉 1, 안 1, 바O 1, 안2T 1, 겉 2(총 67코).
33단	**1.75mm 바늘로 바꿔서** 첫코 걸러뜨기, 안 1, 겉 1, 안 1, 겉 1, 안 1, 겉 1, 마지막 7코 전까지 안뜨기, 겉 1, 안 1, 겉 1, 안 1, 겉 1, 안 2.
34단	첫코 걸러뜨기, 겉 1, 안 1, 겉 1, 안 1, 겉 1, 안 1, 마지막 7코 전까지 겉뜨기, 안 1, 겉 1, 안 1, 겉 1, 안 1, 겉 2.
35~38단	위의 33~34단과 같이 2회 반복 4단.
39단	첫코 걸러뜨기, 안 1, 겉 1, 안 1, 겉 1, 안 1, 겉 1, 마지막 7코 전까지 안뜨기, 겉 1, 안 1, 겉 1, 안 1, 겉 1, 안 2.

40단 이하 오픈 카디건1의 몸판은 아래와 같이 뜬다.

40단	첫코 걸러뜨기, 겉 1, 안 1, 겉 1, 안 1, 겉 1, 안 1, 마지막 7코 전까지 겉뜨기, 안 1, 겉 1, 안 1, 겉 1, 안 1, 겉뜨기 2.
41단	첫코 걸러뜨기, 안 1, 겉 1, 안 1, 겉 1, 안 1, 겉 1, 마지막 7코 전까지 안뜨기, 겉 1, 안 1, 겉 1, 안 1, 겉 1, 안2.
42단	(단춧구멍 단) 첫코 걸러뜨기, 겉 1, 안 1, 겉 1, 안 1, 겉 1, 안 1, 마지막 7코 전까지 겉뜨기, 안 1, 겉 1, 안 1, 바O 1, 안2T 1, 겉뜨기 2.
43~46단	위의 39~40단과 같이 2회 반복 4단.
47단	첫코 걸러뜨기, 안 1, 겉 1, 안 1, 겉 1, 안 1, 겉 1, 마지막 7코 전까지 안뜨기, 겉 1, 안 1, 겉 1, 안 1, 겉 1, 안2.
48단	첫코 걸러뜨기, (겉 1, 안 1)을 마지막 2코 전까지 반복, 겉 2.
49단	첫코 걸러뜨기, (안 1, 겉 1)을 마지막 2코 전까지 반복, 안 2.
50~51단	위의 48~49단과 같이 2단.
52단	(단춧구멍 단) 첫코 걸러뜨기, (겉 1, 안 1)을 마지막 4코 전까지 31회 반복, 바O 1, 안2T 1, 겉 2.
53단	첫코 걸러뜨기, (안 1, 겉 1)을 마지막 2코 전까지 반복, 안 2(총 67코). 돗바늘로 1코 고무단 마무리.

40단 이하 오픈 카디건2의 몸판은 아래와 같이 고무뜨기 한다.

40단	첫코 걸러뜨기, (겉 1, 안 1)을 마지막 2코 전까지 반복, 겉 2(총 67코).
41단	첫코 걸러뜨기, (안 1, 겉 1)을 마지막 2코 전까지 반복, 안 2.
42단	(단춧구멍 단) 첫코 걸러뜨기, (겉 1, 안 1)을 마지막 4코 전까지 31회 반복, 바O 1, 안2T 1, 겉 2.
43단	첫코 걸러뜨기, (안 1, 겉 1)을 마지막 2코 전까지 반복, 안 2.
44단	첫코 걸러뜨기, (겉 1, 안 1)을 마지막 2코 전까지 반복, 겉 2.
45단	첫코 걸러뜨기, (안 1, 겉 1)을 마지막 2코 전까지 반복, 안 2(총 67코). 1코 고무단 돗바늘 마무리.

오픈 카디건1 목둘레

목둘레 사슬코를 풀어내면서 46코를 주워 1.5mm 막대바늘에 건다. 앞단의 1코 고무단을 유지하면서 뜬다.

1단	겉면에서 첫코 걸러뜨기, (겉 1, 안 1)×21, 앞뒤L 1, 겉 2(총 47코).
2단	첫코 걸러뜨기, (안 1, 겉 1)×22, 안 2(총 47코). 돗바늘로 1코 고무단 마무리.

오픈 카디건2 목둘레(스탠딩 칼라)

목둘레 사슬코를 풀어내면서 46코를 주워 1.5mm 막대바늘에 건다. 앞단의 1코 고무단을 유지하면서 뜬다.

1단	겉면에서 첫코 걸러뜨기, (겉 1, 안 1)×21, 앞뒤L 1, 겉 뜨기 2(총 47코).
2단	첫코 걸러뜨기, (안 1, 겉 1)×22, 안 2.
3단	겉면에서 첫코 걸러뜨기, (겉 1, 안 1)×22, 겉 2.
4단	첫코 걸러뜨기, (안 1, 겉 1)×22, 안 2.
5~8단	**1.75mm 대바늘로 바꿔** 위의 3~4단과 같이 2회 반복 4단.
9~10단	**2mm 대바늘로 바꿔** 위의 3~4단과 같이 반복. 1코 고무단 돗바늘 마무리.

소매

1.5mm 막대바늘 4개로 원형뜨기 한다. 별도의 실에 두었던 19코를 바늘1에 9코, 바늘2에 10코로 나누고, 바늘3에는 새 실을 걸어 바늘2의 마지막 코와 감아코 사이에서 1코를 줍고, 감아코는 겉뜨기로 4코를 뜬 후, 바늘1의 첫코 아래에서 1코를 주워 총 6코를 줍는다. (베: 오픈 카디건 2)

코잡기	총 25코(9+10+6).
1단	총 22코(9+9+4).
	바늘1: 바늘1의 첫코와 바늘3의 마지막 코 모아뜨기 (왼코 줄이기) 1, 겉뜨기 8(9코).
	바늘2: 겉뜨기(9코).
	바늘3: 바늘2의 마지막 코와 바늘3의 첫코 모아뜨기 (왼코 줄이기) 1, 겉뜨기 1, 왼코 줄이기 1, 겉뜨기 1(4코).
2~27단(베 2~22단)	겉뜨기 26단(베 21단).
28단(베 23단)	흰색 실로 바꿔 안뜨기 1단(베 겉뜨기 1단).
29~34단(베 24~29단)	분홍색 실로 바꿔 1코 고무뜨기 6단. 1코 고무단 돗바늘 마무리.

마무리

1. 뜨개판을 정리해서 다림질한다.
2. 단춧구멍 단에 맞춰 단추를 단다. 오픈 카디건 2처럼 단추를 안 달고 입어도 멋스럽다.

HAND KNITTED DOLL CLOTHES

루스핏 카디건

난이도 : ★★★☆☆ | PHOTO P.16, 18

사라래(오비츠 24바디), 리틀초 외에 몽당이(퓨어니모 XS바디) 아이로아(엘리, 쥬디, 로아 등), 브라이스에게 잘 맞는다.

루스핏 카디건 그러데이션 회색

루스핏 카디건 민트색

모델	사라래(사라래 헤드, 오비츠 24바디), 리틀초
크기	길이는 회색 11.3cm, 민트색 12.8cm, 가슴둘레 18cm, 소매 길이 3.2cm
사용한 실	미스 바틱(Miss Batik) 그러데이션 회색, 필 소프트(Phil Soft) 민트색, 아이보리색. 다른 2합사(2ply) 실로 대체 가능.
바늘	1.75mm, 2mm 대바늘, 2mm 막대바늘 4개
기타 준비물	흰색 단추 6개, 보라색 단추 5개, 가위, 돗바늘
게이지	메리야스뜨기 35코×56단(2mm 바늘)
도구와 기법	180~217쪽 참조. 기법은 설명 부분 등 일부를 제외하고는 아래와 같이 약자로, 콧수와 횟수는 숫자로 표기.

① 겉 ← 겉뜨기 ② 안 ← 안뜨기 ③ 오L ← 오른코 늘리기
④ 왼L ← 왼코 늘리기 ⑤ 바O ← 바늘 비우기
⑥ 오D ← 오른코 줄이기 ⑦ 왼D ← 왼코 줄이기
⑧ 안2T ← 안뜨기로 2코 모아뜨기

HOW TO MAKE

- 바텀업(bottom up) 방식으로 뜬다. 즉 밑에서부터 떠 올라가며 어깨를 연결한 후, 진동 둘레에서 코를 잡아 소매를 떠 내려가는 방식이다.
- 뜨는 순서, 방법 설명은 그러데이션 회색 카디건 기준이다. 회색 카디건이나 민트색 카디건이나 만드는 방법은 같고 길이만 다르다(민트색 카디건이 1cm 더 길다). 민트색 카디건은 밑단과 앞단을 아이보리색으로 배색했다.

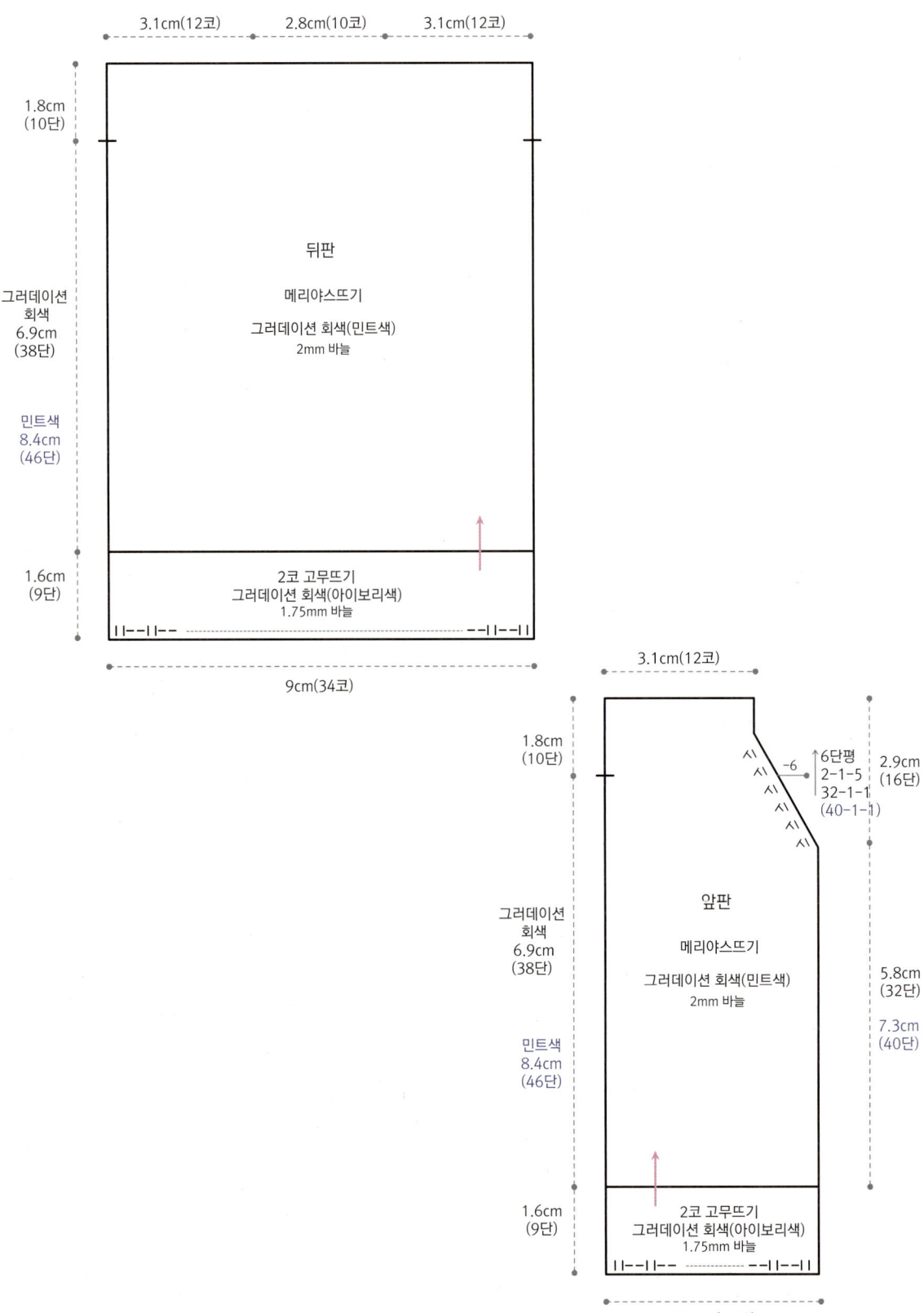

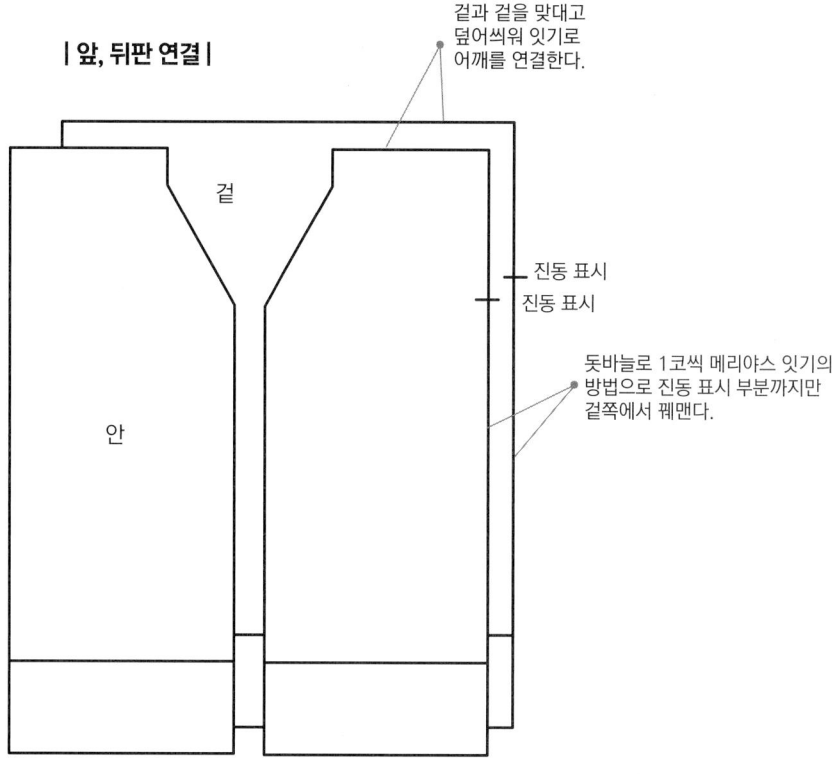

| 앞, 뒤판 연결 |

겉과 겉을 맞대고 덮어씌워 잇기로 어깨를 연결한다.

진동 표시
진동 표시

돗바늘로 1코씩 메리야스 잇기의 방법으로 진동 표시 부분까지만 겉쪽에서 꿰맨다.

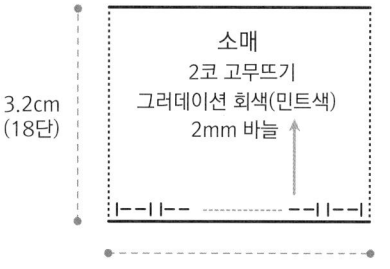

3.2cm
(18단)

소매
2코 고무뜨기
그러데이션 회색(민트색)
2mm 바늘

3.5cm(12코-몸판에서 코를 잡아 원형뜨기)

앞단 코잡기(그러데이션 회색)

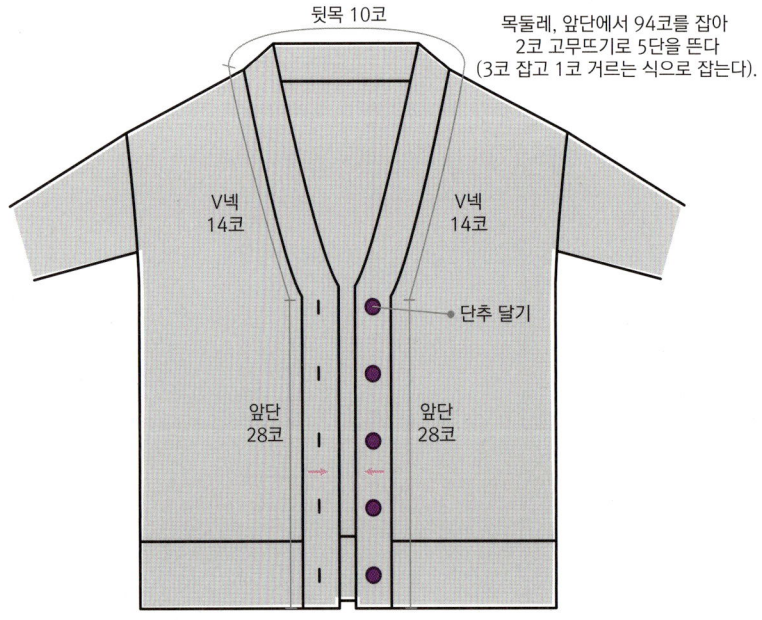

목둘레, 앞단에서 94코를 잡아
2코 고무뜨기로 5단을 뜬다
(3코 잡고 1코 거르는 식으로 잡는다).

단춧구멍(그러데이션 회색)

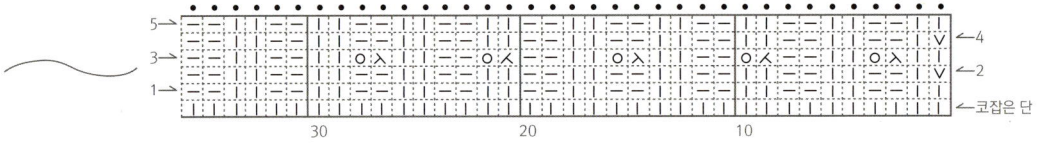

겉뜨기코는 겉뜨기로, 안뜨기코는
안뜨기로 뜨면서 덮어씌워 코막음 마무리

- ⎸ 겉뜨기
- — 안뜨기
- ⅄ 왼코 줄이기
- ⅄ 오른코 줄이기
- ○ 바늘 비우기
- ∨ 걸러뜨기

소매

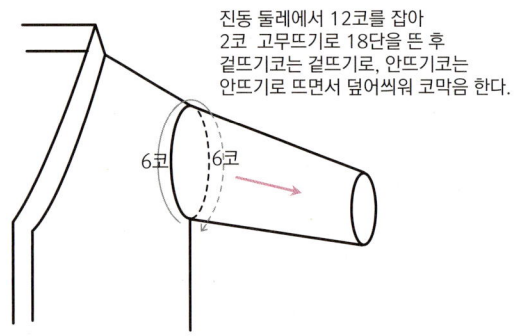

진동 둘레에서 12코를 잡아
2코 고무뜨기로 18단을 뜬 후
겉뜨기코는 겉뜨기로, 안뜨기코는
안뜨기로 뜨면서 덮어씌워 코막음 한다.

| 앞단 코잡기(민트색) |

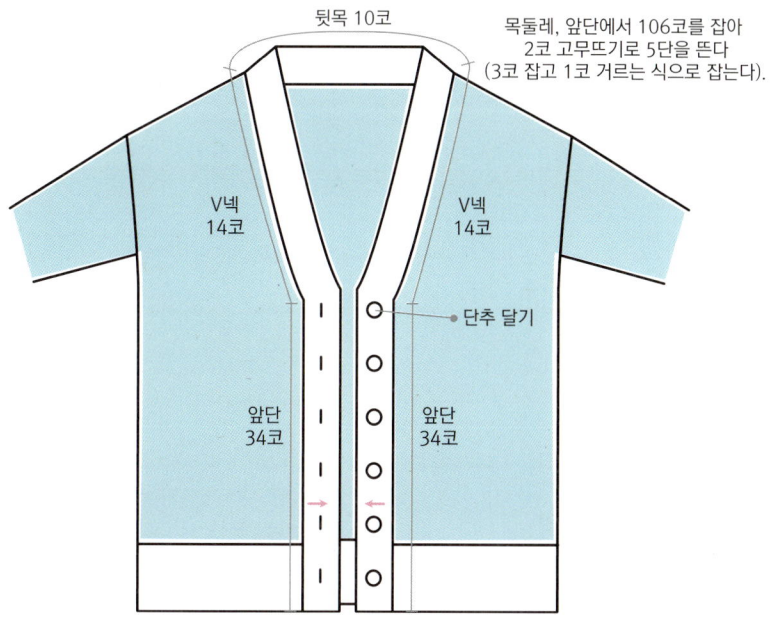

뒷목 10코
목둘레, 앞단에서 106코를 잡아 2코 고무뜨기로 5단을 뜬다
(3코 잡고 1코 거르는 식으로 잡는다).

V넥 14코
V넥 14코
단추 달기
앞단 34코
앞단 34코

| 단춧구멍(민트색) |

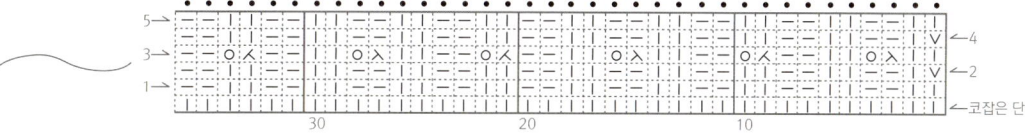

겉뜨기코는 겉뜨기로, 안뜨기코는 안뜨기로 뜨면서 덮어씌워 코막음 마무리

코잡은 단

| │ | 겉뜨기
| ─ | 안뜨기
| ㅅ | 왼코 줄이기
| ㅅ | 오른코 줄이기
| O | 바늘 비우기
| V | 걸러뜨기

| 소매 |

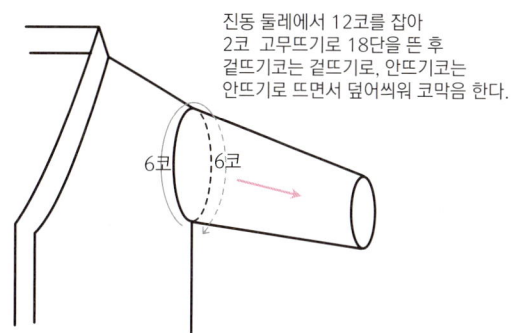

진동 둘레에서 12코를 잡아
2코 고무뜨기로 18단을 뜬 후
겉뜨기코는 겉뜨기로, 안뜨기코는
안뜨기로 뜨면서 덮어씌워 코막음 한다.

6코 6코

뒤판

1.75mm 대바늘을 사용해 일반코잡기로 34코를 잡는다(민: 민트색 카디건).

단	내용
1단	(안 2, 겉 2)×8, 안 2.
2단	(겉 2, 안 2)×8, 겉 2.
3단~8단	1~2단과 같이 3회 반복 6단.
9단	(안 2, 겉 2)×8, 안 2.
10단	**2mm 대바늘로 바꿔** 겉뜨기.
11단	안뜨기.
12~47단(민 55단)	10~11단과 같이 18회 반복 36단(민 22회 반복 44단). 마커로 양쪽 진동 부분에 표시를 해둔다.
48~57단(민 56~65단)	10~11단과 같이 5회 반복 10단. 남은 코는 다른 대바늘에 꿰어 쉼코로 둔다.

* 민트색 카디건은 앞판과 뒤판의 1~9단을 아이보리색 실로 뜬다.

앞, 뒤판 연결

1. 그림과 같이 앞판과 뒤판의 겉과 겉을 맞대고 앞뒤 어깨코 2코씩을 한꺼번에 겉뜨기로 뜨면서 덮어씌워 잇기(오른쪽 어깨 12코, 뒷목 10코, 왼쪽 어깨 12코)로 연결한다.
2. 옆선은 겉쪽에서 마커로 표시해둔 진동 부분까지만 돗바늘로 1코씩 메리야스 잇기 방법으로 꿰맨다.

소매

카디건 몸판의 앞 진동에서 6코, 뒤 진동에서 6코(총 12코)를 잡아 원형뜨기 한다.

단	내용
1~18단	막대바늘 3개에 각 4코씩 나눈 후 (겉 2, 안 2)를 반복 18단. 겉뜨기코는 겉뜨기로, 안뜨기코는 안뜨기로 뜨면서 고무단 덮어씌워 코막음. 다른 한쪽 소매도 같은 방법으로 마무리.

마무리

1. 단춧구멍의 위치에 맞춰 단추를 단다.
2. 안쪽에서 실을 정리하여 마무리한다.

앞판

1.75mm 대바늘을 사용해 일반코잡기로 18코를 잡는다(민: 민트색 카디건).

단	내용
1단	(안 2, 겉 2)×8, 안 2.
2단	(겉 2, 안 2)×8, 겉 2.
3~8단	1~2단과 같이 3회 반복 6단.
9단	(안 2, 겉 2)×8, 안 2.
10단	**2mm 대바늘로 바꿔** 겉뜨기.
11단	안뜨기.
12~41단(민 49단)	10~11단과 같이 15회 반복 30단(민 19회 반복 38단).
42단(민 50단)	겉 1, 왼D 1, 마지막까지 겉뜨기(총 17코).
43단(민 51단)	안뜨기.
44~53단(민 52~61단)	42~43단(민 50~51단)과 같이 5회 반복 10단. 이때 47단(민 55단)은 마커로 진동 표시를 해둔다.
54단(민 62단)	겉뜨기.
55단(민 63단)	안뜨기.
56~57단(민 64~65단)	54~55단(민 62~63단)과 같이 반복 2단. 남은 코는 바늘에 꿰어 쉼코로 둔다. 같은 방법으로 다른 한쪽을 대칭이 되게 뜬다.

앞단

1.75mm 대바늘을 써서 앞단의 전체 둘레에서 3코마다 1코씩 거르며 94코(106코)를 잡는다.

단	내용
1단	걸러뜨기 1, 안 1, 겉 2, (안 2, 겉 2)를 반복, 안 2.
2단	걸러뜨기 1, 겉 1, 안 2, (겉 2, 안 2)를 반복, 겉 2.
3단	걸러뜨기 1, 안 1, 겉 2, (안 2, 겉 2)를 반복, 28코가 남으면 바O 1, 왼D 1, 안 2, 겉 2, 바O 1, 안2T 1, 겉 2, 안 2, 바O 1, 왼D 1, 안 2, 겉 2, 바O 1, 안2T 1, 겉 2, 안 2, 바O 1, 왼D 1, 안 2. (민: 34코가 남으면 바O 1, 안2T 1, 겉 2, 안 2, 바O 1, 왼D 1, 안 2, 겉 2, 바O 1, 안2T 1, 겉 2, 안 2, 바O 1, 왼D 1, 안 2, 겉 2, 바O 1, 안2T 1, 겉 2, 안 2, 바O 1, 왼D 1, 안 2.)
4단	걸러뜨기 1, 겉 1, 안 2, (겉 2, 안 2)를 반복, 겉 2.
5단	걸러뜨기 1, 안 1, 겉 2, (안 2, 겉 2)를 반복, 안 2. 겉뜨기코는 겉뜨기로, 안뜨기코는 안뜨기로 뜨면서 덮어씌워 코막음.

HAND KNITTED DOLL CLOTHES

후드 떡볶이코트

난이도 : ★★★★★ | PHOTO P.20

아이로아(엘리, 쥬디, 로아 등)와 몽당이(퓨어니모 XS바디), 브라이스에게 잘 맞는다.

모델	아이로아 쥬디
크기	길이 12cm, 가슴둘레 12cm, 소매 길이 6.8cm
사용한 실	랑 메리노 400 레이스 얀 (Lang Merino 400 lace yarn) 회색. 다른 2합사(2ply 실)로 대체 가능.
바늘	1.5mm, 1.75mm 대바늘
기타 준비물	떡볶이 단추 6개, 꽈배기바늘, 가위, 돗바늘
게이지	무늬뜨기 63코×70단(1.75mm 바늘)
도구와 기법	180~217쪽 참조. 기법은 설명 부분 등 일부를 제외하고는 아래와 같이 약자로, 콧수와 횟수는 숫자로 표기.

① 겉 ← 겉뜨기 ② 안 ← 안뜨기 ③ 오l ← 오른코 늘리기
④ 왼l ← 왼코 늘리기 ⑤ 안오l ← 안뜨기로 오른코 늘리기
⑥ 안왼l ← 안뜨기로 왼코 늘리기
⑦ 안2T ← 안뜨기로 2코 모아뜨기
⑧ 11왼C ← 1대1 왼코 위 교차뜨기
⑨ 11오C ← 1대1 오른코 위 교차뜨기
⑩ 21왼C ← 2대1 왼코 위 교차뜨기
⑪ 21오C ← 2대1 오른코 위 교차뜨기
⑫ 22왼C ← 2대2 왼코 위 교차뜨기

HOW TO MAKE

• 아래에서 위로 떠올라가며, 목둘레에서 코를 잡아 후드를 만든다.
• 소매는 따로 떠서 연결한다.

| 몸판 |

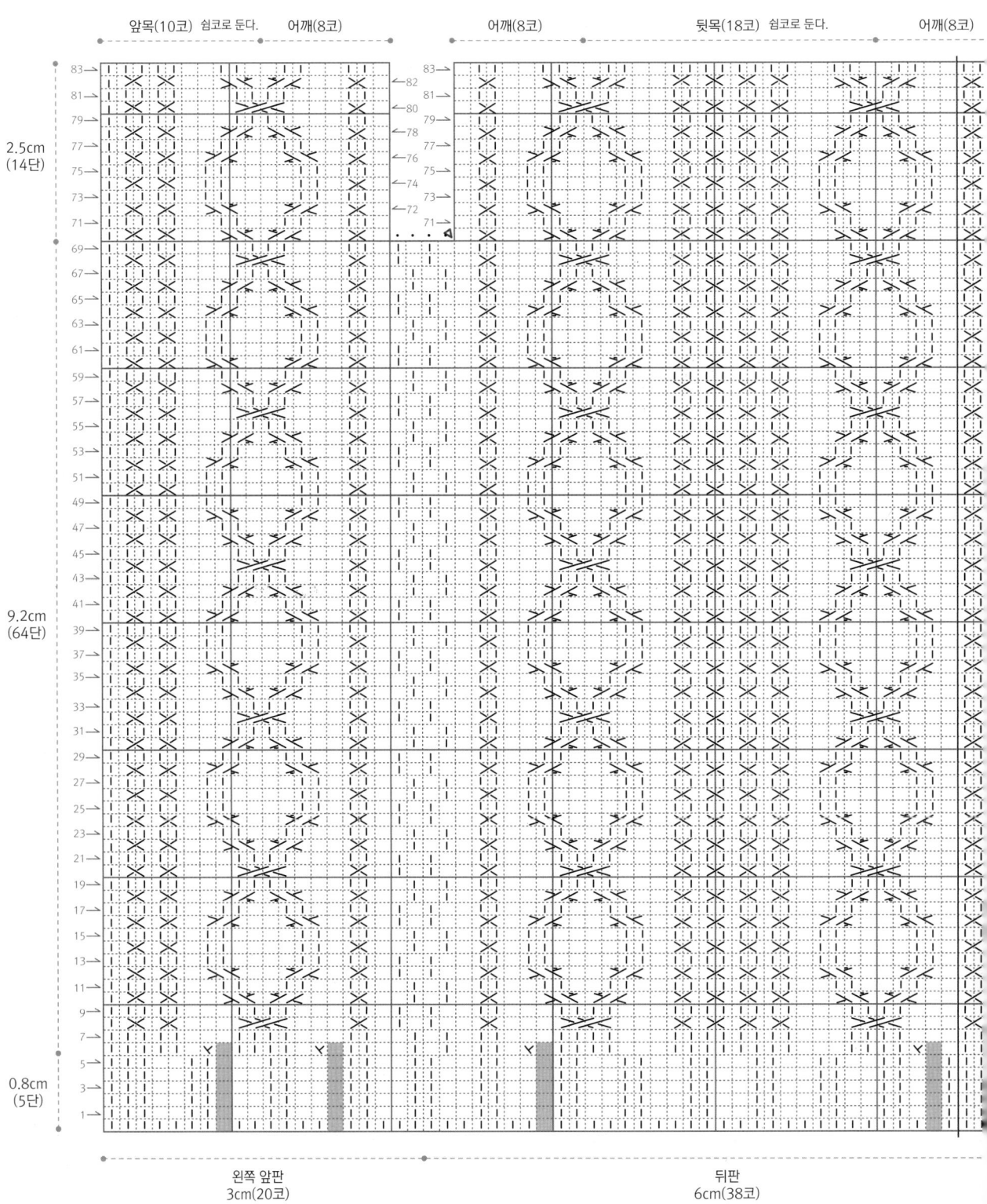

▶ 새 실 걸기

몸판

1.5mm 바늘을 사용하여 일반코잡기로 72코를 잡는다.

1단   안 3, 겉 2, (안 2, 겉 2)×16, 안 3.

2단   겉 3, 안 2, (겉 2, 안 2)×16, 겉 3.

3~4단   1~2단 반복.

5단   안 3, 겉 2, (안 2, 겉 2)×16, 안 3.

6단   **1.75mm 바늘로 바꿔** 겉 5, 안오L 1, 안 2, 겉 4, 안 1, 안오L 1, 안 1, 겉 2, 안 1, 겉 1, 안 1(오른쪽 앞판 총 20코).

겉 1, 안 2, 겉 2, 안 1, 안오L 1, 안 1, 겉 4, 안 3, 겉 8, 안 3, 겉 4, 안오L 1, 안 2, 겉 2, 안 1, 겉 1, 안 1(뒤판 총 38코).

겉 1, 안 2, 겉 2, 안오L 1, 안 2, 겉 4, 안오L 1, 안 2, 겉 5(왼쪽 앞판 총 20코).

7단   안 5, 겉 3, 안 4, 겉 3, 안 2, 겉 2, 안 1(왼쪽 앞판 총 20코).

겉 1, 안 1, 겉 1, 안 2, 겉 3, 안 4, 겉 3, 안 8, 겉 3, 안 4, 겉 3, 안 2, 겉 2, 안 1(뒤판 총 38코).

겉 1, 안 1, 겉 1, 안 2, 겉 3, 안 4, 겉 3, 안 5(오른쪽 앞판 총 20코).

8단   겉 1, 11원C 1, 11오C 1, 안 3, 22원C 1, 안 3, 11오C 1, 안 2, 겉 1(오른쪽 앞판 총 20코).

안 1, 겉 1, 안 1, 11원C 1, 안 3, 22원C 1, 안 3, 11원C 1, 11오C 1, 11원C 1, 11오C 1, 안 3, 22원C 1, 안 3, 11원C 1, 안 2, 겉 1(뒤판 총 38코).

안 1, 겉 1, 안 1, 11원C 1, 안 3, 22원C 1, 안 3, 11원C 1, 11오C 1, 겉 1(왼쪽 앞판 총 20코).

9단   안 5, 겉 3, 안 4, 겉 3, 안 2, 겉 1, 안 1, 겉 1(왼쪽 앞판 총 20코).

안 1, 겉 2, 안 2, 겉 3, 안 4, 겉 3, 안 8, 겉 3, 안 4, 겉 3, 안 2, 겉 1, 안 1, 겉 1(뒤판 총 38코).

안 1, 겉 2, 안 2, 겉 3, 안 4, 겉 3, 안 5(오른쪽 앞판 총 20코).

10단   겉 1, 11오C 1, 11원C 1, 안 2, 21원C 1, 21오C 1, 안 2, 11원C 1, 안 1, 겉 1, 안 1(오른쪽 앞판 총 20코).

겉 1, 안 2, 11원C 1, 안 2, 21원C 1, 21오C 1, 안 2, 11오C 1, 11원C 1, 11오C 1, 11원C 1, 안 2, 21원C 1, 21오C 1, 안 2, 11원C 1, 안 1, 겉 1, 안 1(뒤판 총 38코).

11단	겉 1, 안 2, 11원C 1, 안 2, 21원C 1, 21오C 1, 안 2, 11오C 1, 11원C 1, 겉 1(왼쪽 앞판 총 20코).
	안 5, 겉 2, 안 2, 겉 2, 안 2, 겉 2, 안 2, 안 1(왼쪽 앞판 총 20코).
	겉 1, 안 1, 겉 1, 안 2, 겉 2, 안 2, 겉 2, 안 2, 겉 2, 안 8, 겉 2, 안 2, 겉 2, 안 2, 겉 2, 안 2, 겉 2, 안 1(뒤판 총 38코).
	겉 1, 안 1, 겉 1, 안 2, 겉 2, 안 2, 겉 2, 안 2, 겉 2, 안 5(오른쪽 앞판 총 20코).
12단	겉 1, 11원C 1, 11오C 1, 안 1, 21원C 1, 안 2, 21오C 1, 안 1, 11원C 1, 안 2, 겉 1(오른쪽 앞판 총 20코).
	안 1, 겉 1, 안 1, 11원C 1, 안 1, 21원C 1, 안 2, 21오C 1, 안 1, 11원C 1, 11오C 1, 11원C 1, 11오C 1, 안 1, 21원C 1, 안 2, 21오C 1, 안 1, 11원C 1, 안 2, 겉 1(뒤판 총 38코).
	안 1, 겉 1, 안 1, 11원C 1, 안 1, 21원C 1, 안 2, 21오C 1, 안 1, 11원C 1, 11오C 1, 겉 1(왼쪽 앞판 총 20코).
13단	안 5, 겉 1, 안 2, 겉 4, 안 2, 겉 1, 안 2, 겉 1, 안 1, 겉 1(왼쪽 앞판 총 20코).
	안 1, 겉 2, 안 2, 겉 1, 안 2, 겉 4, 안 2, 겉 1, 안 8, 겉 1, 안 2, 겉 4, 안 2, 겉 1, 안 2, 겉 1, 안 1, 겉 1(뒤판 총 38코).
	안 1, 겉 2, 안 2, 겉 1, 안 2, 겉 4, 안 2, 겉 1, 안 5(오른쪽 앞판 총 20코).
14단	겉 1, 11오C 1, 11원C 1, 안 1, 겉 2, 안 4, 겉 2, 안 1, 11원C 1, 안 1, 겉 1, 안 1(오른쪽 앞판 총 20코).
	겉 1, 안 2, 11원C 1, 안 1, 겉 2, 안 4, 겉 2, 안 1, 11오C 1, 11원C 1, 11오C 1, 11원C 1, 안 1, 겉 2, 안 4, 겉 2, 안 1, 11원C 1, 안 1, 겉 1, 안 1(뒤판 총 38코).
	겉 1, 안 2, 11원C 1, 안 1, 겉 2, 안 4, 겉 2, 안 1, 11오C 1, 11원C 1, 겉 1(왼쪽 앞판 총 20코).
15단	안 5, 겉 1, 안 2, 겉 4, 안 2, 겉 1, 안 2, 겉 2, 안 1(왼쪽 앞판 총 20코).
	겉 1, 안 1, 겉 1, 안 2, 겉 1, 안 2, 겉 2, 안 4, 겉 2, 안 1, 겉 8, 겉 1, 안 2, 겉 4, 안 2, 겉 1, 안 2, 겉 2, 안 1(뒤판 총 38코).
	겉 1, 안 1, 겉 1, 안 2, 겉 1, 안 2, 겉 4, 안 2, 겉 1, 안 5(오른쪽 앞판 총 20코).
16단	겉 1, 11원C 1, 11오C 1, 안 1, 겉 2, 21오C 1, 안 2, 21원C 1, 안 1, 11원C 1, 안 2, 겉 1(오른쪽 앞판 총 20코).
	안 1, 겉 1, 안 1, 11원C 1, 안 1, 21오C 1, 안 2, 21원C 1, 안 1, 11원C 1, 11오C 1, 11원C 1, 11오C 1, 안 1, 21오C 1, 안 2, 21원C 1, 안 1, 11원C 1, 안 2, 겉 1(뒤판 총 38코).
	안 1, 겉 1, 안 1, 11원C 1, 안 1, 21오C 1, 안 2, 21원C 1, 안 1, 11원C 1, 11오C 1, 겉 1(왼쪽 앞판 총 20코).
17단	안 5, 겉 2, 안 2, 겉 2, 안 2, 겉 2, 안 2, 겉 1, 안 1, 겉 1(왼쪽 앞판 총 20코).
	안 1, 겉 2, 안 2, 겉 2, 안 2, 겉 2, 안 2, 겉 2, 안 8, 겉 2, 안 2, 겉 2, 안 2, 겉 2, 안 2, 겉 1, 안 1, 겉 1(뒤판 총 38코).
	안 1, 겉 2, 안 2, 겉 2, 안 2, 겉 2, 안 2, 겉 2, 안 5(오른쪽 앞판 총 20코).
18단	겉 1, 11오C 1, 11원C 1, 안 2, 21오C 1, 21원C 1, 안 2, 11원C 1. 안 1, 겉 1, 안 1(오른쪽 앞판 총 20코).
	겉 1, 안 2, 11원C 1, 안 2, 21오C 1, 21원C 1, 안 2, 11오C 1, 11원C 1, 11오C 1, 11원C 1, 안 2, 21오C 1, 21원C 1, 안 2, 11원C 1, 안 1, 겉 1, 안 1(뒤판 총 38코).
	겉 1, 안 2, 11원C 1, 안 2, 21오C 1, 21원C 1, 안 2, 11오C 1, 11원C 1, 겉 1(왼쪽 앞판 총 20코).
19단	안 5, 겉 3, 안 4, 겉 3, 안 2, 겉 2, 안 1(왼쪽 앞판 총 20코).
	겉 1, 안 1, 겉 1, 안 2, 겉 3, 안 4, 겉 3, 안 8, 겉 3, 안 4, 겉 3, 안 2, 겉 2, 안 1(뒤판 총 38코).
	겉 1, 안 1, 겉 1, 안 2, 겉 3, 안 4, 겉 3, 안 5(오른쪽 앞판 총 20코).
20~67단	8~19단과 같이 4회 반복 48단.
68단	겉 1, 11원C 1, 11오C 1, 안 3, 22원C 1, 안 3, 11원C 1, 안 2, 겉 1(오른쪽 앞판 총 20코).
	안 1, 겉 1, 안 1, 11원C 1, 안 3, 22원C 1, 안 3, 11원C 1, 11오C 1, 11원C 1, 11오C 1, 안 3, 22원C 1, 안 3, 11원C 1, 안 2, 겉 1(뒤판 총 38코).
	안 1, 겉 1, 안 1, 11원C 1, 안 3, 22원C 1, 안 3, 11원C 1, 11오C 1, 겉 1(왼쪽 앞판 총 20코).
69단	안 5, 겉 3, 안 4, 겉 3, 안 2, 겉 1, 안 1, 겉 1(왼쪽 앞판 총 20코).
	안 1, 겉 2, 안 2, 겉 3, 안 4, 겉 3, 안 8, 겉 3, 안 4, 겉 3, 안 2, 겉 1, 안 1, 겉 1(뒤판 총 38코).
	안 1, 겉 2, 안 2, 겉 3, 안 4, 겉 3, 안 5(오른쪽 앞판 총 20코).
70단	겉 1, 11오C 1, 11원C 1, 안 2, 21원C 1, 21오C 1, 안 2, 11원C 1, 안 1(오른쪽 앞판 18코).
	나머지 60코는 다른 바늘에 걸어 쉼코로 두고 오른쪽 앞판 18코만 가지고 뜬다.
71단	겉 1, 안 2, 겉 2, 안 2, 겉 2, 안 2, 겉 2, 안 5.
72단	겉 1, 11원C 1, 11오C 1, 안 1, 21원C 1, 안 2, 21오C 1, 안 1, 11원C 1, 안 1.
73단	겉 1, 안 2, 겉 1, 안 2, 겉 4, 안 2, 겉 1, 안 5.
74단	겉 1, 11오C 1, 11원C 1, 안 1, 겉 2, 안 4, 겉 2, 안 1, 11원C 1, 안 1.

75단	겉 2, 안 2, 겉 1, 안 2, 겉 4, 안 2, 겉 1, 안 5.
76단	겉 1, 11원C 1, 11오C 1, 안 1, 21오C 1, 안 2, 21원C 1, 안 1, 11원C 1, 안 1.
77단	겉 1, 안 2, 겉 2, 안 2, 겉 2, 안 2, 겉 2, 안 5.
78단	겉 1, 11오C 1, 11원C 1, 안 2, 21오C 1, 21원C 1, 안 2, 11원C 1, 안 1.
79단	겉 1, 안 2, 겉 3, 안 4, 겉 3, 안 5.
80단	겉 1, 11원C 1, 11오C 1, 안 3, 22원C 1, 안 3, 11원C 1, 안 1.
81단	겉 1, 안 2, 겉 3, 안 4, 겉 3, 안 5.
82단	겉 1, 11오C 1, 11원C 1, 안 2, 21원C 1, 21오C 1, 안 2, 11원C 1, 안 1.
83단	겉 1, 안 2, 겉 2, 안 2, 겉 2, 안 2, 겉 2, 안 5. 남은 18코는 바늘에 걸어 쉼코로 둔다.

쉼코로 두었던 60코의 첫코에 새 실을 걸어 겉뜨기하며 4코를 겉뜨기로 코막음 한다.

70단	안 1, 11원C 1, 안 2, 21원C 1, 21오C 1, 안 2, 11오C 1, 11원C 1, 11오C 1, 11원C 1, 안 2, 21원C 1, 21오C 1, 안 2, 11원C 1, 안 1(뒤판 34코). 나머지 22코는 다른 바늘에 걸어 쉼코로 두고 뒤판 34코만 가지고 뜬다.
71단	겉 1, 안 2, 겉 2, 안 2, 겉 2, 안 2, 겉 2, 안 8, 겉 2, 안 2, 겉 2, 안 2, 겉 2, 안 2, 겉 1.
72단	안 1, 11원C 1, 안 1, 21원C 1, 안 2, 21오C 1, 안 1, 11원C 1, 11오C 1, 11원C 1, 11오C 1, 안 1, 21원C 1, 안 2, 21오C 1, 안 1, 11원C 1, 안 1.
73단	겉 1, 안 2, 겉 1, 안 2, 겉 4, 안 2, 겉 1, 안 8, 겉 1, 안 2, 겉 4, 안 2, 겉 1, 안 2, 겉 1.
74단	안 1, 11원C 1, 안 1, 겉 2, 안 4, 겉 2, 안 1, 11오C 1, 11원C 1, 11오C 1, 11원C 1, 안 1, 겉 2, 안 4, 겉 2, 안 1, 11원C 1, 안 1.
75단	겉 1, 안 2, 겉 1, 안 2, 겉 4, 안 2, 겉 1, 안 8, 겉 1, 안 2, 겉 4, 안 2, 겉 1, 안 2, 겉 1.
76단	안 1, 11원C 1, 안 1, 21오C 1, 안 2, 21원C 1, 안 1, 11원C 1, 11오C 1, 11원C 1, 11오C 1, 안 1, 21오C 1, 안 2, 21원C 1, 안 1, 11원C 1, 안 1.
77단	겉 1, 안 2, 겉 2, 안 2, 겉 2, 안 2, 겉 2, 안 8, 겉 2, 안 2, 겉 2, 안 2, 겉 2, 안 2, 겉 1.
78단	안 1, 11원C 1, 안 2, 21오C 1, 21원C 1, 안 2, 11오C 1, 11원C 1, 11오C 1, 11원C 1, 안 2, 21오C 1, 21원C 1, 안 2, 11원C 1, 안 1.
79단	겉 1, 안 2, 겉 3, 안 4, 겉 3, 안 8, 겉 3, 안 4, 겉 3, 안 2, 겉 1.
80단	안 1, 11원C 1, 안 3, 22원C 1, 안 3, 11원C 1, 11오C 1, 11원C 1, 11오C 1, 안 3, 22원C 1, 안 3, 11원C 1, 안 1.
81단	겉 1, 안 2, 겉 3, 안 4, 겉 3, 안 8, 겉 3, 안 4, 겉 3, 안 2, 겉 1.
82단	안 1, 11원C 1, 안 2, 21원C 1, 21오C 1, 안 2, 11오C 1, 11원C 1, 11오C 1, 11원C 1, 안 2, 21원C 1, 21오C 1, 안 2, 11원C 1, 안 1.
83단	겉 1, 안 2, 겉 2, 안 2, 겉 2, 안 2, 겉 2, 안 8, 겉 2, 안 2, 겉 2, 안 2, 겉 2, 안 2, 겉 1. 남은 34코를 바늘에 걸어 쉼코로 둔다.

쉼코로 두었던 22코의 첫코에 새 실을 걸어 겉뜨기하며 4코를 겉뜨기로 코막음 한다.

70단	안 1, 11원C 1, 안 2, 21원C 1, 21오C 1, 안 2, 11오C 1, 11원C 1, 겉 1(왼쪽 앞판 총 18코).
71단	안 5, 겉 2, 안 2, 겉 2, 안 2, 겉 2, 안 2, 겉 1.
72단	안 1, 11원C 1, 안 1, 21원C 1, 안 2, 21오C 1, 안 1, 11원C 1, 11오C 1, 겉 1.
73단	안 5, 겉 1, 안 2, 겉 4, 안 2, 겉 1, 안 2, 겉 1.
74단	안 1, 11원C 1, 안 1, 겉 2, 안 4, 겉 2, 안 1, 11오C 1, 11원C 1, 겉 1.
75단	안 5, 겉 1, 안 2, 겉 4, 안 2, 겉 1, 안 2, 겉 1.
76단	안 1, 11원C 1, 안 1, 21오C 1, 안 2, 21원C 1, 안 1, 11원C 1, 11오C 1, 겉 1.
77단	안 5, 겉 2, 안 2, 겉 2, 안 2, 겉 2, 안 2, 겉 1.
78단	안 1, 11원C 1, 안 2, 21오C 1, 21원C 1, 안 2, 11오C 1, 11원C 1, 겉 1.
79단	안 5, 겉 3, 안 4, 겉 3, 안 2, 겉 1.
80단	안 1, 11원C 1, 안 3, 22원C 1, 안 3, 11원C 1, 11오C 1, 겉 1.
81단	안 5, 겉 3, 안 4, 겉 3, 안 2, 겉 1.
82단	안 1, 11원C 1, 안 2, 21원C 1, 21오C 1, 안 2, 11오C 1, 11원C 1, 겉 1.
83단	안 5, 겉 2, 안 2, 겉 2, 안 2, 겉 2, 안 2, 겉 1. 남은 18코는 바늘에 걸어 쉼코로 둔다. 앞판과 뒤판의 겉과 겉을 맞대고 앞, 뒤 2코씩 겉뜨기하며, 어깨 코 8코를 덮어씌워 잇기로 연결한다.

| 소매 |

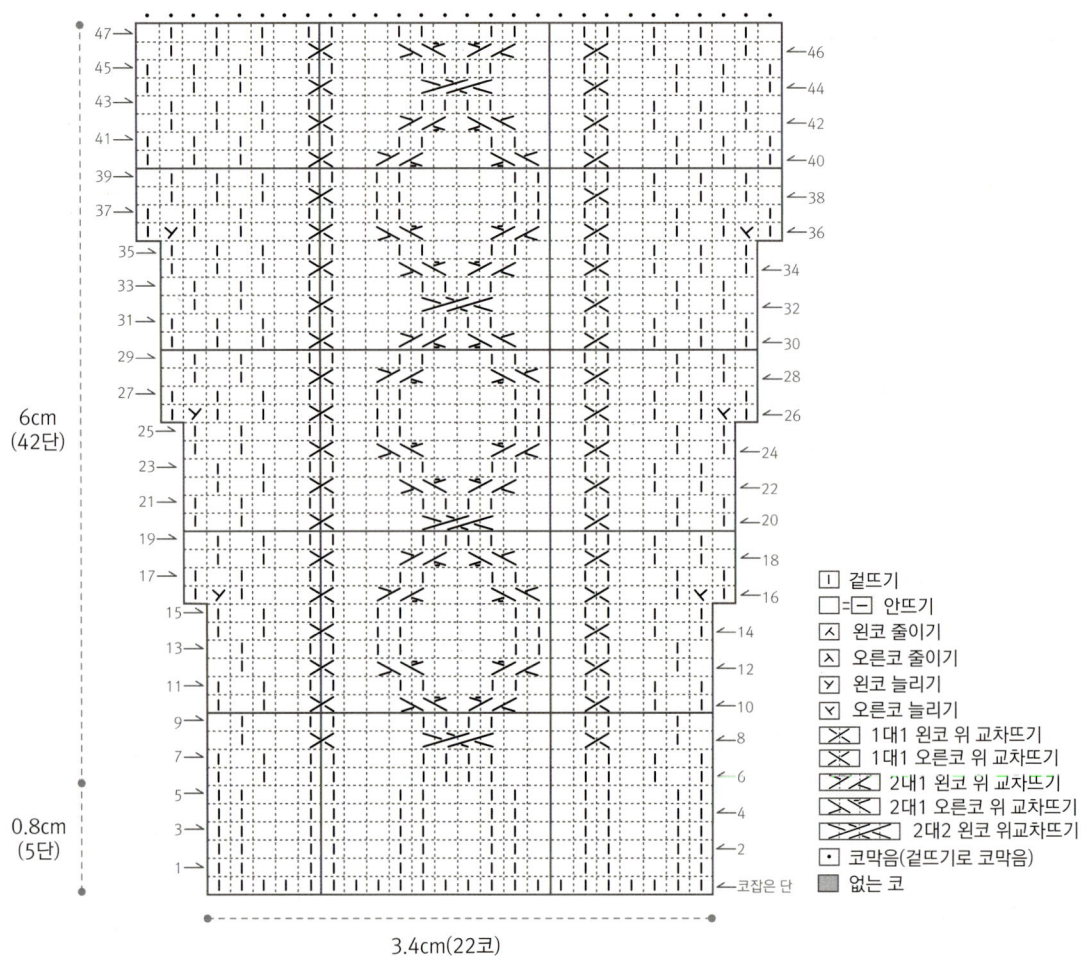

소매

1.5mm 바늘을 사용하여 일반코잡기로 22코를 잡는다.

단	내용
1단	안 2, 겉 2, (안 2, 겉 2)×4, 안 2.
2단	겉 2, 안 2, (겉 2, 안 2)×4, 겉 2.
3~4단	1~2단과 같이 반복.
5단	안 2, 겉 2, (안 2, 겉 2)×4, 안 2.
6단	**1.75mm 바늘로 바꿔** 겉 1, 안 1, 겉 1, 안 1, 겉 2, 안 3, 겉 4, 안 3, 겉 2, 안 1, 겉 1, 안 1, 겉 1.
7단	안 1, 겉 1, 안 1, 겉 1, 안 2, 겉 3, 안 4, 겉 3, 안 2, 겉 1, 안 1, 겉 1, 안 1.
8단	안 1, 겉 1, 안 2, 11원C 1, 안 3, 22원C 1, 안 3, 11원C 1, 안 2, 겉 1, 안 1.
9단	겉 1, 안 1, 겉 2, 안 3, 겉 4, 안 3, 겉 2, 안 1, 겉 1.
10단	겉 1, 안 1, 겉 1, 안 1, 11원C 1, 안 2, 21원C 1, 안 2, 21오C 1, 안 2, 11원C 1, 안 1, 겉 1, 안 1, 겉 1.
11단	안 1, 겉 1, 안 1, 겉 1, 안 2, 겉 2, 안 2, 겉 2, 안 2, 겉 2, 안 2, 겉 1, 안 1, 겉 1, 안 1.
12단	안 1, 겉 1, 안 2, 11원C 1, 안 1, 21원C 1, 안 2, 21오C 1, 안 1, 11원C 1, 안 2, 겉 1, 안 1.
13단	겉 1, 안 1, 겉 2, 안 2, 겉 1, 안 2, 겉 4, 안 2, 겉 1, 안 2, 겉 2, 안 1, 겉 1.
14단	겉 1, 안 1, 겉 1, 안 1, 11원C 1, 안 1, 겉 2, 안 4, 겉 2, 안 1, 11원C 1, 안 1, 겉 1, 안 1, 겉 1.
15단	안 1, 겉 1, 안 1, 겉 1, 안 2, 겉 2, 안 2, 겉 4, 안 2, 겉 2, 안 2, 겉 1, 안 1, 겉 1, 안 1.
16단	겉 1, 오L 1, 겉 1, 안 2, 11원C 1, 안 1, 21오C 1, 안 2, 21원C 1, 안 1, 11원C 1, 안 2, 겉 1, 왼L 1, 겉 1(총 24코).

단	내용
17단	안 1, 겉 1, 안 1, 겉 2, 안 2, 겉 2, 안 2, 겉 2, 안 2, 겉 2, 안 2, 겉 2, 안 1, 겉 1, 안 1.
18단	안 1, 겉 1, 안 1, 겉 1, 안 1, 11원C 1, 안 2, 21오C 1, 21원C 1, 안 2, 11원C 1, 안 1, 겉 1, 안 1, 겉 1, 안 1.
19단	겉 1, 안 1, 겉 1, 안 1, 안 2, 겉 3, 안 4, 겉 3, 안 2, 겉 1, 안 1, 겉 1, 안 1, 겉 1.
20단	겉 1, 안 1, 겉 1, 안 2, 11원C 1, 안 3, 22원C 1, 안 3, 11원C 1, 안 2, 겉 1, 안 1, 겉 1.
21단	안 1, 겉 1, 안 1, 겉 2, 안 2, 겉 3, 안 4, 겉 3, 안 2, 겉 2, 안 1, 겉 1, 안 1.
22단	안 1, 겉 1, 안 1, 겉 1, 안 1, 11원C 1, 안 2, 21원C 1, 21오C 1, 안 2, 11원C 1, 안 1, 겉 1, 안 1, 겉 1, 안 1.
23단	겉 1, 안 1, 겉 1, 안 1, 겉 1, 안 2, 겉 2, 안 2, 겉 2, 안 2, 겉 2, 안 2, 겉 1, 안 1, 겉 1, 안 1, 겉 1.
24단	겉 1, 안 1, 겉 1, 안 2, 11원C 1, 안 1, 21원C 1, 안 2, 21오C 1, 안 1, 11원C 1, 안 2, 겉 1, 안 1, 겉 1.
25단	안 1, 겉 1, 안 1, 겉 2, 안 2, 겉 1, 안 2, 겉 4, 안 2, 겉 1, 안 2, 겉 2, 안 1, 겉 1, 안 1.
26단	겉 1, 오L 1, 겉 1, 안 1, 겉 1, 안 1, 11원C 1, 안 1, 겉 2, 안 4, 겉 2, 안 1, 11원C 1, 안 1, 겉 1, 안 1, 겉 1, 왼L 1, 겉 1(총 26코).
27단	안 1, 겉 1, 안 1, 겉 1, 안 1, 겉 2, 안 1, 겉 2, 안 4, 안 2, 겉 2, 안 1, 겉 2, 안 1, 겉 1, 안 1, 겉 1, 안 1.
28단	안 1, 겉 1, 안 1, 겉 1, 안 2, 11원C 1, 안 1, 21오C 1, 안 2, 21원C 1, 안 1, 11원C 1, 안 2, 겉 1, 안 1, 겉 1, 안 1.
29단	겉 1, 안 1, 겉 1, 안 1, 겉 2, 안 2, 겉 2, 안 2, 겉 2, 안 2, 겉 2, 안 1, 겉 1, 안 1, 겉 1.
30단	겉 1, 안 1, 겉 1, 안 1, 겉 1, 안 1, 11원C 1, 안 2, 21오C 1, 21원C 1, 안 2, 11원C 1, 안 1, 겉 1, 안 1, 겉 1, 안 1, 겉 1.
31단	안 1, 겉 1, 안 1, 겉 1, 안 1, 겉 2, 겉 3, 안 4, 겉 3, 안 2, 겉 1, 안 1, 겉 1, 안 1, 겉 1, 안 1.
32단	안 1, 겉 1, 안 1, 겉 1, 안 2, 11원C 1, 안 3, 22원C 1, 안 3, 11원C 1, 안 2, 겉 1, 안 1, 겉 1, 안 1.
33단	겉 1, 안 1, 겉 1, 안 1, 겉 2, 안 2, 겉 3, 안 4, 겉 3, 안 2, 겉 2, 안 1, 겉 1, 안 1, 겉 1.
34단	겉 1, 안 1, 겉 1, 안 1, 겉 1, 안 1, 11원C 1, 안 2, 21원C 1, 21오C 1, 안 2, 11원C 1, 안 1, 겉 1, 안 1, 겉 1, 안 1, 겉 1.
35단	안 1, 겉 1, 안 1, 겉 1, 안 1, 겉 2, 안 2, 겉 2, 안 2, 겉 2, 안 2, 겉 2, 안 1, 겉 1, 안 1, 겉 1, 안 1.
36단	겉 1, 오L 1, 겉 1, 안 1, 겉 1, 안 2, 11원C 1, 안 1, 21원C 1, 안 2, 21오C 1, 안 1, 11원C 1, 안 2, 겉 1, 안 1, 겉 1, 왼L 1, 겉 1(총 28코).
37단	안 1, 겉 1, 안 1, 겉 1, 안 1, 겉 2, 안 2, 겉 2, 안 2, 겉 4, 안 2, 겉 1, 안 2, 겉 2, 안 1, 겉 1, 안 1, 겉 1.
38단	안 1, 겉 1, 안 1, 겉 1, 안 1, 겉 1, 11원C 1, 안 1, 겉 2, 안 4, 겉 2, 안 1, 11원C 1, 안 1, 겉 1, 안 1, 겉 1, 안 1.
39단	겉 1, 안 1, 겉 1, 안 1, 겉 1, 안 1, 겉 2, 안 2, 겉 2, 안 4, 안 2, 겉 2, 안 1, 겉 1, 안 1, 겉 1, 안 1, 겉 1.
40단	겉 1, 안 1, 겉 1, 안 1, 안 2, 11원C 1, 안 1, 21오C 1, 안 2, 21원C 1, 안 1, 11원C 1, 안 2, 겉 1, 안 1, 겉 1, 안 1, 겉 1.
41단	안 1, 겉 1, 안 1, 겉 1, 안 1, 겉 2, 안 2, 겉 2, 안 2, 겉 2, 안 2, 겉 2, 안 1, 겉 1, 안 1, 겉 1, 안 1.
42단	안 1, 겉 1, 안 1, 겉 1, 안 1, 겉 1, 11원C 1, 안 2, 21오C 1, 21원C 1, 안 2, 11원C 1, 안 1, 겉 1, 안 1, 겉 1, 안 1, 겉 1.
43단	겉 1, 안 1, 겉 1, 안 1, 겉 1, 안 1, 안 2, 겉 3, 안 4, 겉 3, 안 2, 겉 1, 안 1, 겉 1, 안 1, 겉 1, 안 1, 겉 1.
44단	겉 1, 안 1, 겉 1, 안 1, 겉 1, 안 2, 11원C 1, 안 3, 22원C 1, 안 3, 11원C 1, 안 2, 겉 1, 안 1, 겉 1, 안 1, 겉 1.
45단	안 1, 겉 1, 안 1, 겉 1, 안 1, 겉 2, 안 2, 겉 3, 안 4, 겉 3, 안 2, 겉 2, 안 1, 겉 1, 안 1, 겉 1, 안 1.
46단	안 1, 겉 1, 안 1, 겉 1, 안 1, 겉 1, 11원C 1, 안 2, 21원C 1, 21오C 1, 안 2, 11원C 1, 안 1, 겉 1, 안 1, 겉 1, 안 1, 겉 1.
47단	겉 1, 안 1, 겉 1, 안 1, 겉 1, 안 1, 겉 2, 안 2, 겉 2, 안 2, 겉 2, 안 1, 겉 1, 안 1, 겉 1, 안 1, 겉 1.

겉뜨기로 코막음. 같은 방법으로 소매 1장을 더 뜬다.

| 소매 연결 |

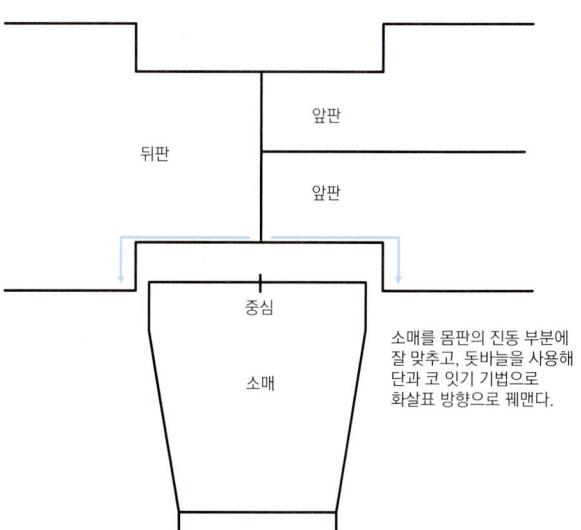

소매를 몸판의 진동 부분에 잘 맞추고, 돗바늘을 사용해 단과 코 잇기 기법으로 화살표 방향으로 꿰맨다.

| 후드 |

겉뜨기
안뜨기
왼코 줄이기
오른코 줄이기
왼코 늘리기
오른코 늘리기
1대1 왼코 위 교차뜨기
1대1 오른코 위 교차뜨기
2대1 왼코 위 교차뜨기
2대1 오른코 위 교차뜨기
2대2 왼코 위 교차뜨기
코막음
없는 코
2.8cm
(20단)
5cm
(36단)
안뜨기로 코막음
겉뜨기로 코막음
오른쪽 앞판 쉼코(10코)
2코
뒤판 쉼코(18코)
2코
왼쪽 앞판 쉼코(10코)

| 옆선 연결 |

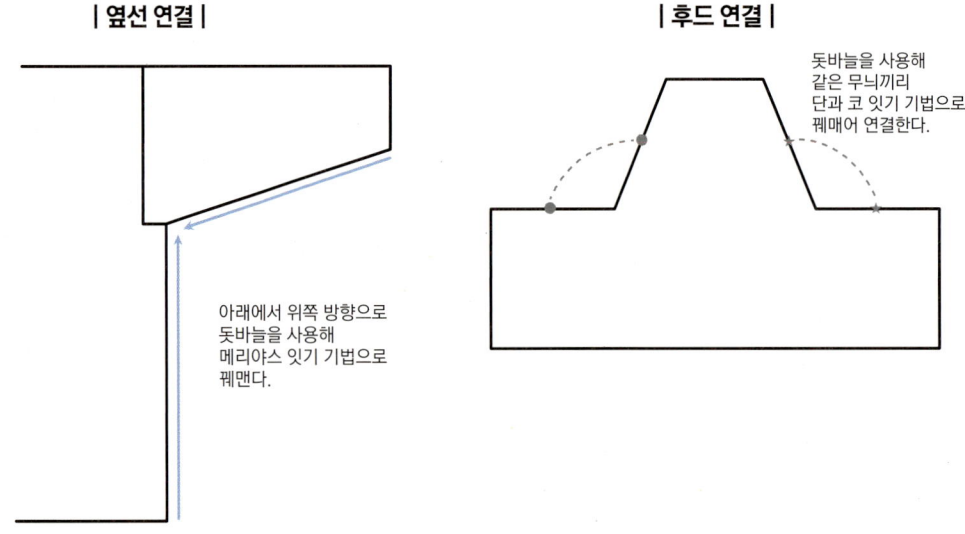

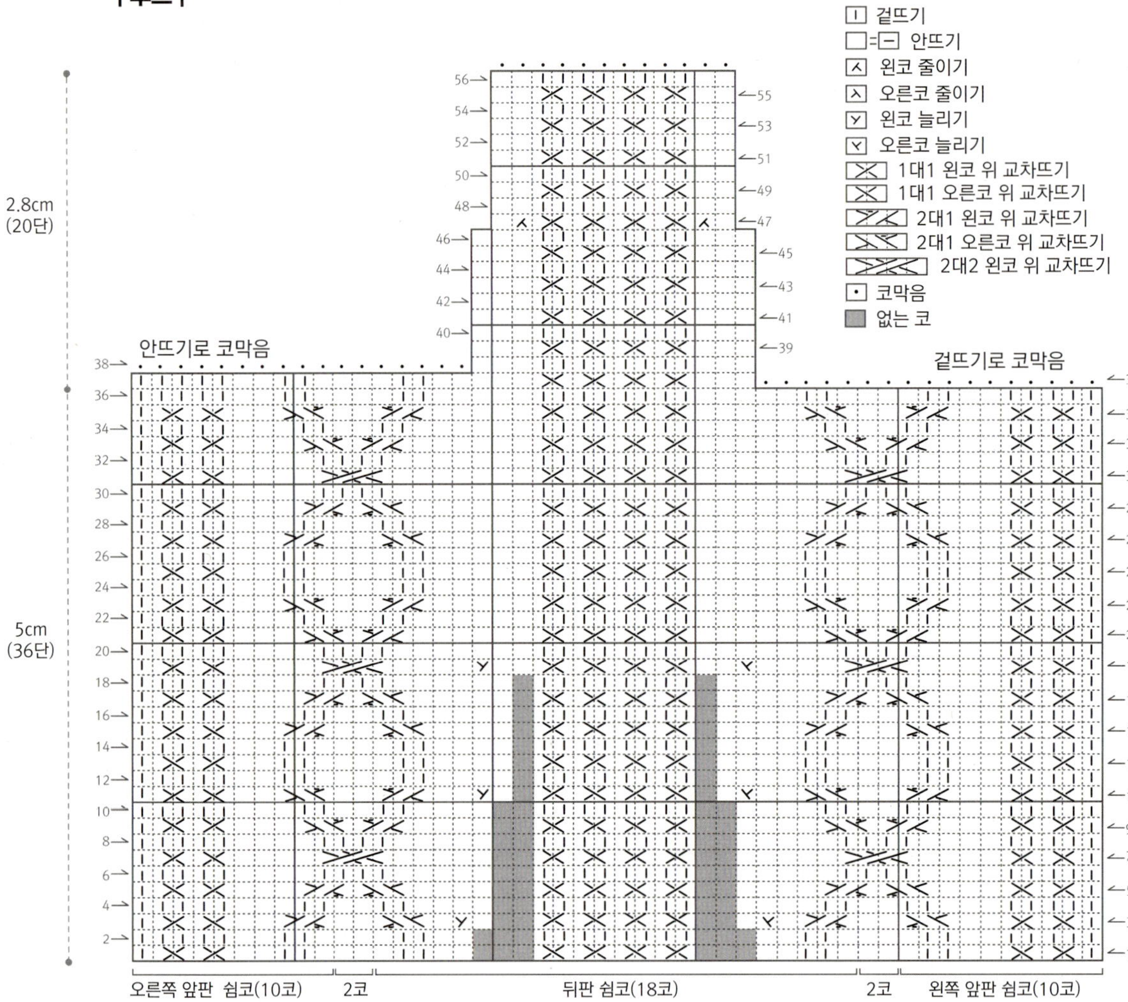

아래에서 위쪽 방향으로
돗바늘을 사용해
메리야스 잇기 기법으로
꿰맨다.

| 후드 연결 |

돗바늘을 사용해
같은 무늬끼리
단과 코 잇기 기법으로
꿰매어 연결한다.

| 앞단 코잡기, 단춧고리 만들기 |

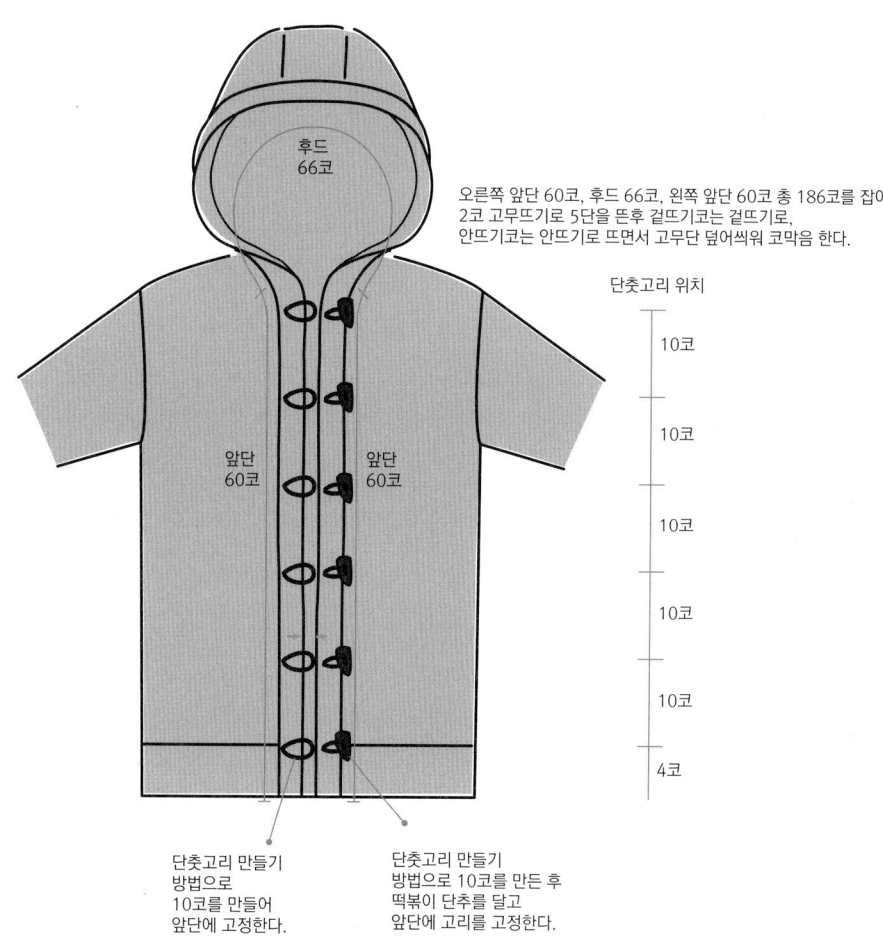

오른쪽 앞단 60코, 후드 66코, 왼쪽 앞단 60코 총 186코를 잡아 2코 고무뜨기로 5단을 뜬후 겉뜨기코는 겉뜨기로, 안뜨기코는 안뜨기로 뜨면서 고무단 덮어씌워 코막음 한다.

단춧고리 위치
- 10코
- 10코
- 10코
- 10코
- 10코
- 4코

단춧고리 만들기 방법으로 10코를 만들어 앞단에 고정한다.

단춧고리 만들기 방법으로 10코를 만든 후 떡볶이 단추를 달고 앞단에 고리를 고정한다.

후드

1.75mm 바늘을 사용하여 쉼코로 두었던 왼쪽 앞판에서 10코, 앞판과 뒤판의 사이에서 2코, 쉼코로 두었던 뒤판에서 18코, 뒤판과 오른쪽 앞판 사이에서 2코, 쉼코로 두었던 오른쪽 앞판에서 10코, 총 42코를 잡으면서 바로 무늬뜨기에 들어간다.

1단 겉 1, 11원C 1, 11오C 1, 안 2, 겉 2, 안 4, 겉 2, 안, 2, 11원C 1, 11오C 1, 11원C 1, 11오C 1, 안 2, 겉 2, 안 4, 겉 2, 안 2, 11원C 1, 11오C 1, 겉 1.

2단 안 5, 겉 2, 안2, 겉 4, 안 2, 겉 2, 안 8, 겉 2, 안 2, 겉 4, 안 2, 겉 2, 안 5.

3단 겉 1, 11오C 1, 11원C 1, 안 2, 21오C 1, 안 2, 21원C 1, 안1, 안오L 1, 안 1, 11오C 1, 11원C 1, 11오C 1, 11원C 1, 안 1, 안원L 1, 안 1, 21오C 1, 안 2, 21원C 1, 안 2, 11오C 1, 11원C 1, 겉 1(총 44코).

4단 안 5, 겉 3, 안 2, 겉 2, 안 2, 겉 4, 안 8, 겉 4, 안 2, 겉 2, 안 2, 겉 3, 안 5.

5단 겉 1, 11원C 1, 11오C 1, 안 3, 21오C 1, 21원C 1, 안 4, 11원C 1, 11오C 1, 11원C 1, 11오C 1, 안 4, 21오C 1, 21원C 1, 안 3, 11원C 1, 11오C 1, 겉 1.

6단 안 5, 겉 4, 안 4, 겉 5, 안 8, 겉 5, 안 4, 겉 4, 안 5.

7단 겉 1, 11오C 1, 11원C 1, 안 4, 22원C 1, 안 5, 11오C 1, 11원C 1, 11오C 1, 11원C 1, 안 5, 22원C 1, 안 4, 11오C 1, 11원C 1, 겉 1.

8단 안 5, 겉 4, 안 4, 겉 5, 안 8, 겉 5, 안 4, 겉 4, 안 5.

9단 겉 1, 11원C 1, 11오C 1, 안 3, 21원C 1, 21오C 1, 안 4, 11원C 1, 11오C 1, 11원C 1, 11오C 1, 안 4, 21원C 1, 21오C 1, 안 3, 11원C 1, 11오C 1, 겉 1.

10단 안 5, 겉 3, 안 2, 겉 2, 안 2, 겉 4, 안 8, 겉 4, 안 2, 겉 2, 안 2, 겉 3, 안 5.

11단 겉 1, 11오C 1, 11원C 1, 안 2, 21원C 1, 안 2, 21오C 1, 안 2, 안오L 1, 안 1, 11오C 1, 11원C 1, 11오C 1, 11원C 1, 안 1, 안원L 1, 안 2, 21원C 1, 안 2, 21오C 1, 안 2, 11오C 1, 11원C 1, 겉 1(총 46코).

12단 안 5, 겉 2, 안 2, 겉 4, 안 2, 겉 4, 안 8, 겉 4, 안 2, 겉 4, 안 2, 겉 2, 안 5.

13단 겉 1, 11원C 1, 11오C 1, 안 2, 겉 2, 안 4, 겉 2, 안 4, 겉 2, 안 2, 11원C 1, 11오C 1, 겉 1.

14단 안 5, 겉 2, 안 2, 겉 4, 안 2, 겉 4, 안 8, 겉 4, 안 2, 겉 4, 안 2, 겉 2, 안 5.

15단 겉 1, 11오C 1, 11원C 1, 안 2, 21오C 1, 안 2, 21원C 1, 안 4, 11오C 1, 11원C 1, 11오C 1, 11원C 1, 안 4, 21오C 1, 안 2, 21원C 1, 안 2, 11오C 1, 11원C 1, 겉 1.

16단 안 5, 겉 3, 안 2, 겉 2, 안 2, 겉 5, 안 8, 겉 5, 안 2, 겉 2, 안 2, 겉 3, 안 5.

17단 겉 1, 11원C 1, 11오C 1, 안 3, 21오C 1, 21원C 1, 안 5, 11원C 1, 11오C 1, 11원C 1, 11오C 1, 안 5, 21오C 1, 21원C 1, 안 3, 11원C 1, 11오C 1, 겉 1.

18단 안 5, 겉 4, 안 4, 겉 6, 안 8, 겉 6, 안 4, 겉 4, 안 5.

19단 겉1, 11오C 1, 11원C 1, 안 4, 22원C 1, 안 4, 안오L 1, 안 2, 11오C 1, 11원C 1, 11오C 1, 11원C 1, 안 2, 안원L 1, 안 4, 22원C 1, 안 4, 11오C 1, 11원C 1, 겉 1(총 48코).

20단 안 5, 겉 4, 안 4, 겉 7, 안 8, 겉 7, 안 4, 겉 4, 안 5.

21단 겉 1, 11원C 1, 11오C 1, 안 3, 21원C 1, 21오C 1, 안 6, 11원C 1, 11오C 1, 11원C 1, 11오C 1, 안 6, 21원C 1, 21오C 1, 안 3, 11원C 1, 11오C 1, 겉 1.

22단 안 5, 겉 3, 안 2, 겉 2, 안 2, 겉 6, 안 8, 겉 6, 안 2, 겉 2, 안 2, 겉 3, 안 5.

23단 겉 1, 11오C 1, 11원C 1, 안 2, 21원C 1, 안 2, 21오C 1, 안 5, 11오C 1, 11원C 1, 11오C 1, 11원C 1, 안 5, 21원C 1, 안 2, 21오C 1, 안 2, 11오C 1, 11원C 1, 겉 1.

24단 안 5, 겉 2, 안 2, 겉 4, 안 2, 겉 5, 안 8, 겉 5, 안 2, 겉 4, 안 2, 겉 2, 안 5.

25단 겉 1, 11원C 1, 11오C 1, 안 2, 겉 2, 안 4, 겉 2, 안 5, 11원C 1, 11오C 1, 11원C 1, 11오C 1, 안 5, 겉 2, 안 4, 겉 2, 안 2, 11원C 1, 11오C 1, 겉 1.

26단 안 5, 겉 2, 안 2, 겉 4, 안 2, 겉 5, 안 8, 겉 5, 안 2, 겉 4, 안 2, 겉 2, 안 5.

27단 겉 1, 11오C 1, 11원C 1, 안 2, 21오C 1, 안 2, 21원C 1, 안5, 11오C 1, 11원C 1, 11오C 1, 11원C 1, 안 5, 21오C, 안 2, 21원C 1, 안 2, 11오C 1, 11원C 1, 겉 1.

28단 안 5, 겉 3, 안 2, 겉 2, 안 2, 겉 6, 안 8, 겉 6, 안 2, 겉 2, 안 2, 겉 3, 안 5.

29단 겉 1, 11원C 1, 11오C 1, 안 3, 21오C 1, 21원C 1, 안 6, 11원C 1, 11오C 1, 11원C 1, 11오C 1, 안 6, 21오C 1, 21원C 1, 안 3, 11원C 1, 11오C 1, 겉 1.

30단 안 5, 겉 4, 안 4, 겉 7, 안 8, 겉 7, 안 4, 겉 4, 안 5.

31단 겉 1, 11오C 1, 11원C 1, 안 4, 22원C 1, 안 7, 11오C 1, 11원C 1, 11오C 1, 11원C 1, 안 7, 22원C 1, 안 4, 11오C 1, 11원C 1, 겉 1.

32단 안 5, 겉 4, 안 4, 겉 7, 안 8, 겉 7, 안 4, 겉 4, 안 5.

33~36단 21~24단과 같이 반복 4단.

37단 겉뜨기로 뜨면서 17코를 겉뜨기로 코막음, 안 3, 11원C 1, 11오C 1, 11원C 1, 11오C 1, 안 5, 겉 4, 겉 2, 안 2, 겉 5(총 31코).

38단 안뜨기로 뜨면서 17코를 안뜨기로 코막음, 겉 3, 안 8,

	겉 3(총 14코).
39단	안 3, 11오C 1, 11원C 1, 11오C 1, 11원C 1, 안 3.
40단	겉 3, 안 8, 겉 3.
41단	안 3, 11원C 1, 11오C 1, 11원C 1, 11오C 1, 안 3.
42단	겉 3, 안 8, 겉 3.
43~46단	39~42단과 같이 반복 4단.
47단	안 1, 안2T 1, 11오C 1, 11원C 1, 11오C 1, 11원C 1, 안2T 1, 안 1(총 12코).
48단	겉 2, 안 8, 겉 2.
49단	안 2, 11원C 1, 11오C 1, 11원C 1, 11오C 1, 안 2.
50단	겉 2, 안 8, 겉 2.
51단	안 2, 11오C 1, 11원C 1, 11오C 1, 11원C 1, 안 2.
52단	겉 2, 안 8, 겉 2.
53단	안 2, 11원C 1, 11오C 1, 11원C 1, 11오C 1, 안 2.
54단	겉 2 안 8, 겉 2.
55단	안 2, 11오C 1, 11원C 1, 11오C 1, 11원C 1, 안 2.
56단	겉 2, 안 8, 겉 2. 겉뜨기로 뜨면서 12코를 겉뜨기로 코막음.

마무리

1. 83쪽 그림 도안을 참고하여 몸판에 소매를 맞춰 돗바늘로 꿰매어 연결한다.
2. 몸판 옆선, 소매 옆선을 겉쪽에서 돗바늘을 사용해 메리야스 잇기로 꿰매어 연결한다(그림 도안 84쪽).
3. 후드는 그림과 같이 돗바늘을 써서 단과 코 잇기 방법으로 꿰매어 동그랗게 후드 모양을 잡는다(그림 도안 84쪽).
4. 오른쪽 앞단에서 60코, 후드에서 66코, 왼쪽 앞단에서 60코, 총 186코를 잡아 2코 고무뜨기로 5단을 뜬다. 이때 시작과 끝은 겉뜨기 2코로 한다. 5단을 뜬 후 겉뜨기코는 겉뜨기로, 안뜨기코는 안뜨기로 뜨면서 고무단 덮어씌워 코막음 한다(그림 도안 85쪽).
5. 오른쪽 앞단에 단춧고리 만들기 방법으로 10코를 만들어 고리 6개를 단다. 왼쪽 앞단에 고리의 위치에 맞춰 단춧고리를 만들고, 그 고리에 떡볶이 단추를 꿴 뒤 고리 끝 부분을 몸판에 고정한다(그림 도안 85쪽).
6. 안쪽 면에서 실을 정리한 뒤 마무리한다.

모헤어 풀오버
줄무늬 풀오버
옆트임 롱 베스트
V넥 꽈배기 니트

HOW TO MAKE
Pullover
심플하면서 감성적인 스웨터

HAND KNITTED DOLL CLOTHES

모헤어 풀오버

난이도 : ★★★☆☆ | PHOTO P.22

도란도란, 꽃지(다래, 살구 등)에게 잘 맞는다. 목둘레가 넓고 신축성이 좋아 클라라, 카카롯, 아이로아 모모, 알로카, 벨라보니카, 로제토이즈의 로지 등에도 조금 긴 소매에 타이트한 스타일로 입힐 수 있다. 소매를 1cm 줄여 뜨면 코티앤크림에도 입힐 수 있다.

모델	도란도란 사필도
크기	길이 8.3cm, 가슴둘레 8.3cm, 소매 길이 5.2cm
사용한 실	로완 키드실크 헤이즈(Rowan Kidsilk Haze) 연두색. 다른 모헤어 2합사(2ply 실)로 대체 가능.
바늘	1.5mm 대바늘, 1.75mm 대바늘, 2mm 대바늘
기타 준비물	레이스용 코바늘 2호, 시침핀, 가위, 돗바늘, 마커, 사슬코용 보조실, 바느질과 바늘, 4mm 연두색 단추 5개
게이지	메리야스뜨기 53코×75단(1.5mm 바늘), 43코×70단(1.75mm 바늘), 41코×60단(2mm 바늘)

도구와 기법 180~217쪽 참조. 기법은 설명 부분 등 일부를 제외하고는 아래와 같이 약자로, 콧수와 횟수는 숫자로 표기.

① 겉 ← 겉뜨기 ② 안 ← 안뜨기 ③ 오L ← 오른코 늘리기
④ 왼L ← 왼코 늘리기 ⑤ 앞뒤L ← 앞뒤로 늘리며 뜨기
⑥ 바O ← 바늘 비우기 ⑦ 왼D ← 왼코 줄이기
⑧ 안2T ← 안뜨기로 2코 모아뜨기

HOW TO MAKE

- 목둘레부터 시작해서 아래로 내려가는 톱다운 방식으로 뜬다.
- 소매는 목둘레와 단추 여밈 단을 모두 뜬 후 원형뜨기 한다.

| 몸판 |

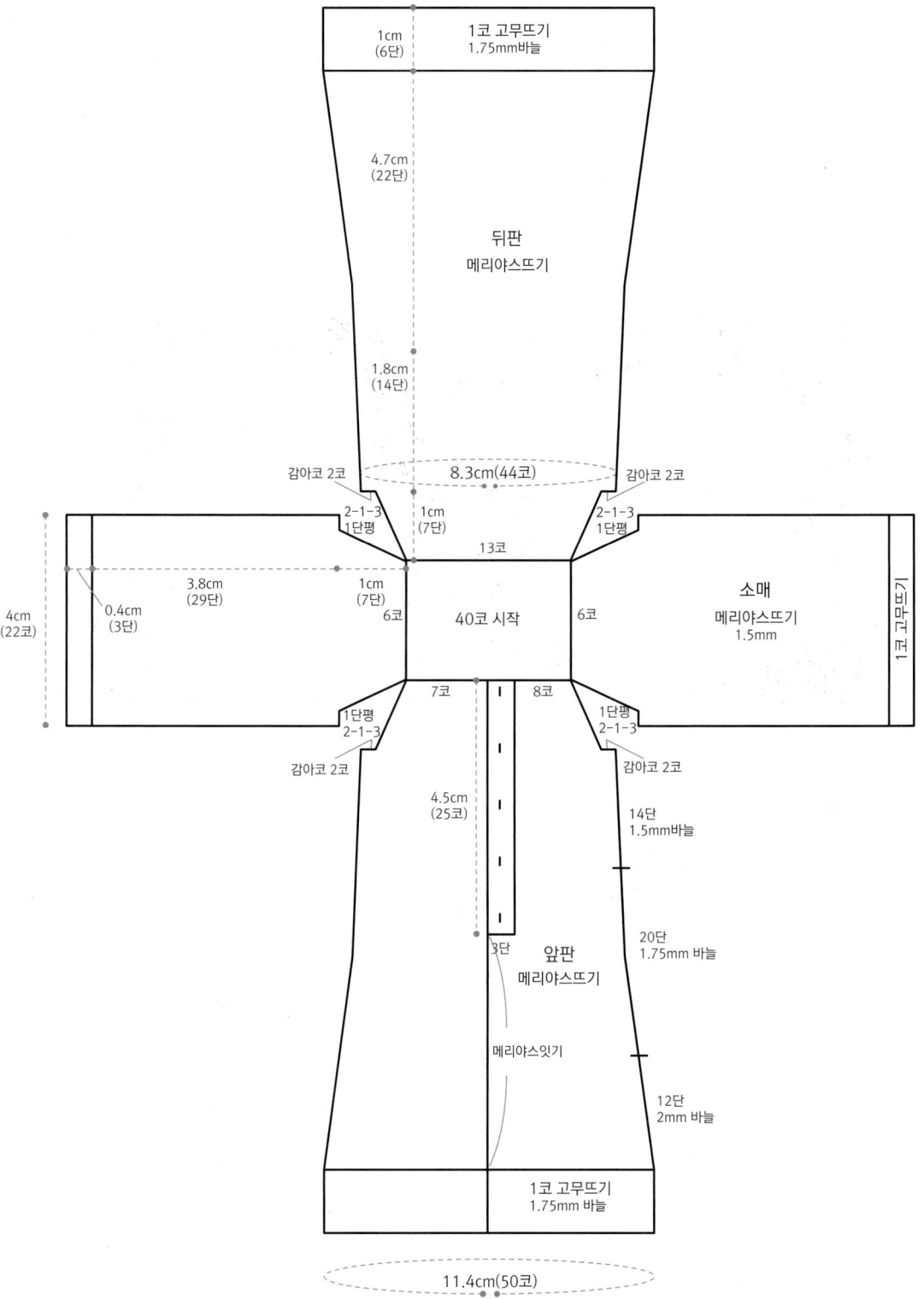

몸판

레이스용 코바늘 2호로 사슬 40코를 만들고(나중에 풀어낼 코 만들기), 1.5mm 대바늘을 사용해 연두색 실로 사슬코의 산에서 40코를 줍는다.

1단	안뜨기.
2단	겉면에서 겉 7, 오L 1, 겉 2, 왼L 1, 겉 4, 오L 1, 겉 2, 왼L 1, 겉 11, 오L 1, 겉 2, 왼L 1, 겉 4, 오L 1, 겉 2, 왼L 1, 겉 6(총 48코).
3단	안뜨기(이후 7단까지 홀수 단 동일).
4단	겉 8, 오L 1, 겉 2, 왼L 1, 겉 6, 오L 1, 겉 2, 왼L 1, 겉 13, 오L 1, 겉 2, 왼L 1, 겉 6, 오L 1, 겉 2, 왼L 1, 겉 7(총 56코).
6단	겉 9, 오L 1, 겉 2, 왼L 1, 겉 8, 오L 1, 겉 2, 왼L 1, 겉 15, 오L 1, 겉 2, 왼L 1, 겉 8, 오L 1, 겉 2, 왼L 1, 겉 8(총 64코).
7단	안뜨기.

몸판에서 소매 부분을 나눈다.

8단	겉뜨기 11코, 별도의 실에 12코를 빼두고, 오른쪽 바늘에 감아코 만들기 4코, 겉뜨기 19코, 별도의 실에 12코를 빼두고, 오른쪽 바늘에 감아코 만들기 4코, 겉뜨기 10코(총 48코).
9단	안 9, 안2T 1, 안 2, 안2T 1, 안 17, 안2T 1, 안 2, 안2T 1, 안 10(총 44코).
10~21단	겉뜨기로 시작하는 메리야스뜨기 12단.
22~31단	**1.75mm 바늘로 바꿔서** 메리야스뜨기 10단.
32단	겉 1, (겉 3, 끌어올려 겉뜨기로 늘리기 1, 겉 4)×6, 겉 1(총 50코).
33~41단	메리야스뜨기 9단.
42~53단	**2mm 바늘로 바꿔서** 메리야스뜨기 12단.
54~59단	**1.75mm 바늘로 바꿔서** (겉 1, 안 1)을 끝까지 반복. 1코 고무단 돗바늘 마무리.

| 목둘레 단 |

사슬뜨기 코를 풀어내면서 40코를 주워 바늘에 끼운다.
1코 고무뜨기로 뜨면서 마지막 코를 1코 늘려 41코를 만든다.
고무뜨기로 1단을 더 뜬 후, 1코 고무단 돗바늘 마무리.

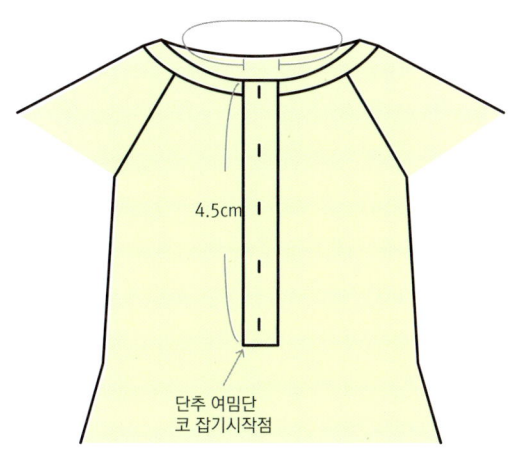

4.5cm

단추 여밈단
코 잡기시작점

목둘레 단

사슬뜨기한 코를 풀어내면서 1.5mm 바늘로 40코를 줍는다. 몸판의 겉면에서 새로 실을 걸어서 뜨기 시작한다.

1단	(겉 1, 안 1)을 마지막 전 코까지 반복, 앞뒤L 1(총 41코).
2단	(안 1, 겉 1)을 마지막 전 코까지 반복, 안 1. 1코 고무단 돗바늘 마무리.

| 소매 코잡기 |

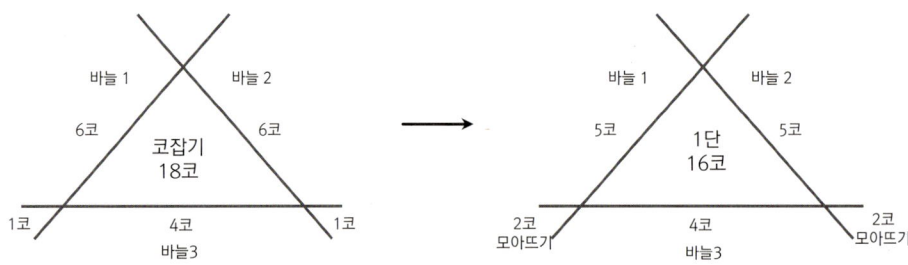

| 앞 단추 여밈 단 |

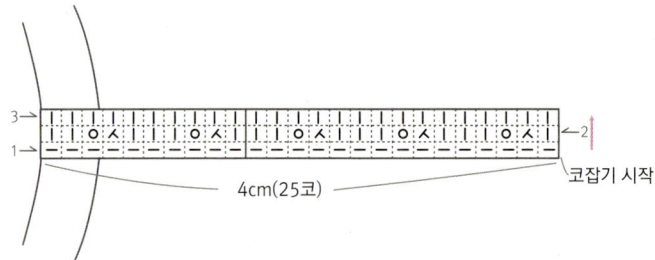

소매

1.5mm 막대바늘 4개로 원형뜨기 한다. 별도의 실에 걸어두었던 12코를 바늘1과 바늘2에 각각 6코씩 나누어 끼운다. 바늘3에는 바늘2의 마지막 코와 감아코 사이에서 1코를 줍고, 감아코는 겉뜨기로 4코를 뜬 후, 바늘 1의 첫코 아래에서 1코를 주워 총 6코를 줍는다.

코잡기	총 18코(6+6+6).
1단	총 16코(6+5+5).
	바늘1: 바늘1의 첫코와 바늘3의 마지막 코 모아뜨기 (왼코 줄이기) 1, 겉뜨기 5(6코).
	바늘2: 겉뜨기(5코).
	바늘3: 바늘2의 마지막 코와 바늘3의 첫코 모아뜨기 (왼코 줄이기) 1, 겉뜨기 4(5코).
2~29단	겉뜨기로 28단.
30~32단	(겉 1, 안 1)을 반복, 3단(1코 고무뜨기). 1코 고무단 돗바늘 마무리.

앞 단추 여밈 단

몸판의 겉뜨기 면을 앞쪽으로 두고, 오른쪽 목둘레 단 끝에서 아래 방향으로 4cm 내려온 지점부터 위쪽 목둘레 단 끝까지 25코를 줍는다.

1단	안쪽 면에서 겉뜨기.
2단	겉 1, 왼D 1, 바O 1, (겉 3, 왼D 1, 바O 1)×4, 겉 2(총 25코).
3단	안뜨기.

겉뜨기로 뜨면서 겉뜨기로 코막음 한다. 단추 여밈 단 밑 부분은 메리야스 잇기로 몸판에 꿰맨다. 단추 여밈 단 밑 갈라진 몸판도 메리야스 잇기로 꿰매어 몸판을 원통으로 만든다.

마무리

1. 뜨개판의 겉면을 다림질한다.
2. 단춧구멍의 위치에 맞게, 니트의 두께를 고려해 실기둥을 만들어가며 단추를 단다.

줄무늬 풀오버

난이도 : ★★★☆☆ | PHOTO P.24

몽당이(퓨어니모 XS바디), 사라래(오비츠 24바디), 브라이스에게 잘 맞는다. 소매 길이를 1cm 줄이면 아이로아(엘리, 쥬디, 로아 등)에게도 입힐 수 있다.

모델	몽당이(퓨어니모 XS바디)
크기	길이 7.1cm, 가슴둘레 10cm, 소매 길이 8.3cm
사용한 실	로완 키드실크 헤이즈(Rowan Kidsilk Haze) 오렌지색, 크림색. 다른 2합사(2ply 실)로 대체 가능.
바늘	1.5mm 줄바늘. 1.5mm 막대바늘 4개
기타 준비물	시침핀, 가위, 돗바늘, 마커, 바느질실과 바늘, 4mm 단추 2개
게이지	메리야스뜨기 55코×70단(1.5mm 바늘)
도구와 기법	180~217쪽 참조. 기법은 설명 부분 등 일부를 제외하고는 아래와 같이 약자로, 콧수와 횟수는 숫자로 표기.

① 겉 ← 겉뜨기 ② 안 ← 안뜨기 ③ 오L ← 오른코 늘리기
④ 왼L ← 왼코 늘리기 ⑤ 앞뒤L ← 앞뒤로 늘리며 뜨기
⑥ 바O ← 바늘 비우기 ⑦ 오D ← 오른코 줄이기
⑧ 왼D ← 왼코 줄이기 ⑨ 안2T ← 안뜨기로 2코 모아뜨기

HOW TO MAKE

- 목둘레부터 시작해서 아래로 내려가는 톱다운 방식으로 뜬다.
- 목둘레는 가터뜨기로 시작하고, 두 단마다 색상을 바꿔 줄무늬를 넣는다.
- 단추 단은 몸판과 함께 뜬다.
- 허리 밑단은 가터뜨기 라인으로 구분하고 메리야스뜨기 단으로 마무리한다.

| 몸판 |

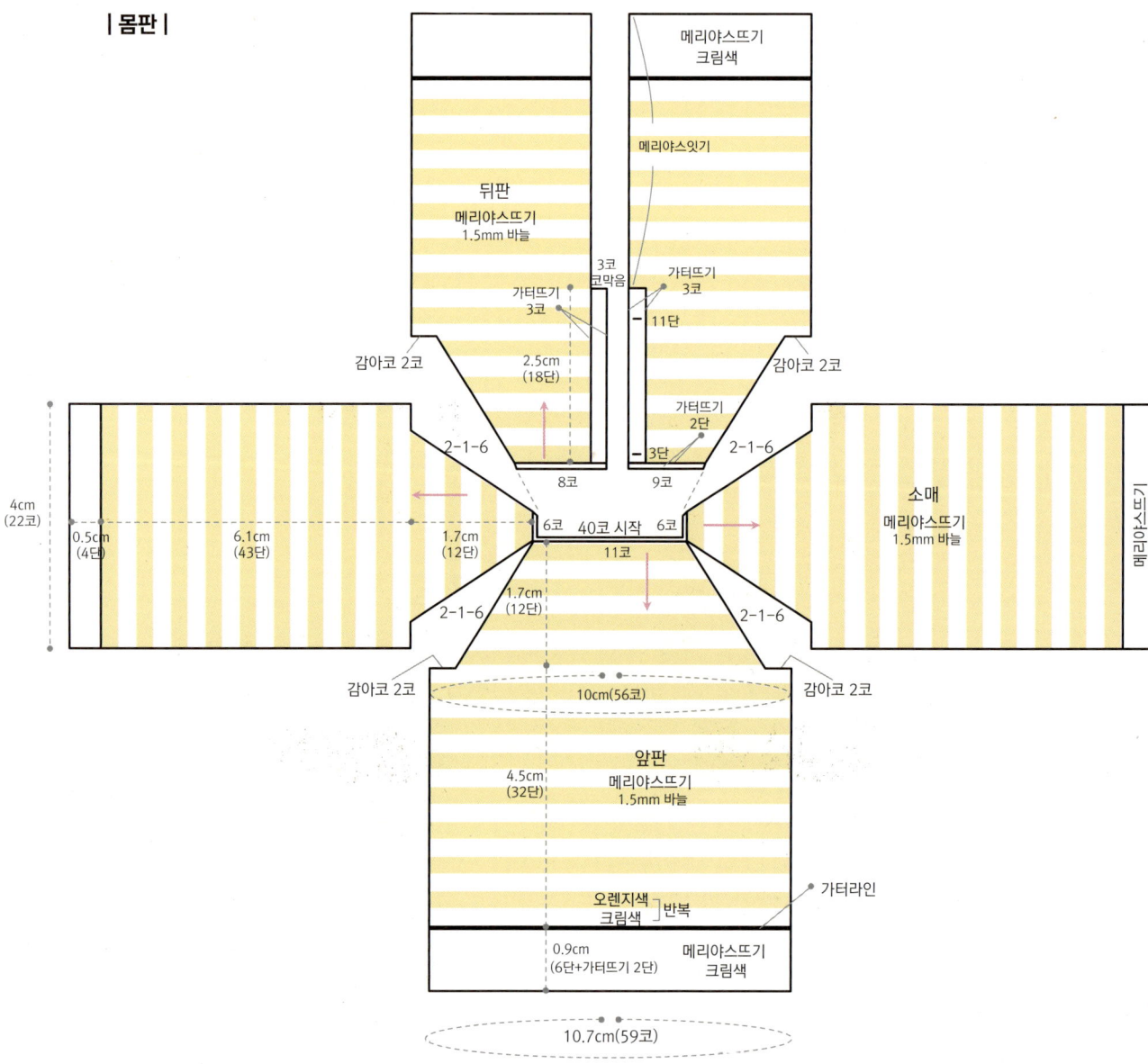

소매

1.5mm 막대바늘 4개로 원형뜨기 한다. 별도의 실에 빼두었던 18코를 바늘 2개에 9코씩 나눠 끼우고, 바늘3에는 오렌지색 실을 걸어 바늘2의 마지막 코와 감아코 사이에서 1코를 줍고 감아코는 겉뜨기로 4코를 뜬 후, 바늘 1의 첫코 아래에서 1코를 주워 총 6코를 줍는다.

코잡기	총 24코(9+9+6).
1단	총 22코(8+8+6). 계속해서 오렌지색 실로 **바늘1**: 첫코를 겉뜨기한 후 그 코를 바늘3으로 옮겨둔다. 나머지 겉 8(8코). **바늘2**: 겉 8(8코). **바늘3**: 바늘2의 마지막 코와 바늘 3의 첫코 모아 겉뜨기(왼코 줄이기) 1, 겉 4, 바늘 3의 마지막 코와 바늘 1에서 옮겨둔 코를 모아 겉뜨기(왼코 줄이기) 1(6코).
2~43단	크림색 실과 오렌지색 실을 2단씩 유지하면서 겉뜨기 42단.
44단	크림색 실로 안뜨기.
45~47단	크림색 실로 겉뜨기 3단. 겉뜨기로 뜨면서 덮어씌워 코막음(느슨하게)으로 마무리.

몸판

1.5mm 줄바늘과 크림색 실로 40코를 만든다.

1~2단	크림색 실로 겉뜨기 2단.
3단	(단춧구멍 단) 오렌지색 실로 겉 8, 오L 1, 겉 2, 왼L 1, 겉 4, 오L 1, 겉 2, 왼L 1, 겉 9, 오L 1, 겉 2, 왼L 1, 겉 4, 오L 1, 겉 2, 왼L 1, 겉 4, 바O 1, 오D 1, 겉 1(총 48코).
4단	겉 3, 마지막 3코 전까지 안뜨기, 겉 3.
5단	크림색 실로 겉뜨기 9, 오L 1, 겉 2, 왼L 1, 겉 6, 오L 1, 겉 2, 왼L 1, 겉 11, 오L 1, 겉 2, 왼L 1, 겉 6, 오L 1, 겉 2, 왼L 1, 겉 8(총 56코).
6단	겉 3, 마지막 3코 전까지 안뜨기, 겉 3.
7단	오렌지색 실로 겉 10, 오L 1, 겉 2, 왼L 1, 겉 8, 오L 1, 겉 2, 왼L 1, 겉 13, 오L 1, 겉 2, 왼L 1, 겉 8, 오L 1, 겉 2, 왼L 1, 겉 9(총 64코).
8단	겉 3, 마지막 3코 전까지 안뜨기, 겉 3.
9단	크림색 실로 겉 11, 오L 1, 겉 2, 왼L 1, 겉 10, 오L 1, 겉 2, 왼L 1, 겉 15, 오L 1, 겉 2, 왼L 1, 겉 10, 오L 1, 겉 2, 왼L 1, 겉 10(총 72코).
10단	겉 3, 마지막 3코 전까지 안뜨기, 겉 3.
11단	(단춧구멍 단) 오렌지색 실로 겉 12, 오L 1, 겉 2, 왼L 1, 겉 12, 오L 1, 겉 2, 왼L 1, 겉 17, 오L 1, 겉 2, 왼L 1, 겉 12, 오L 1, 겉 2, 왼L 1, 겉 8, 바O 1, 오D 1, 겉 1(총 80코).
12단	겉 3, 마지막 3코 전까지 안뜨기, 겉 3.
13단	크림색 실로 겉 13, 오L 1, 겉 2, 왼L 1, 겉 14, 오L 1, 겉 2, 왼L 1, 겉 19, 오L 1, 겉 2, 왼L 1, 겉 14, 오L 1, 겉 2, 왼L 1, 겉 12(총 88코).
14단	겉 3, 마지막 3코 전까지 안뜨기, 겉 3.

몸판에서 소매 부분을 나눈다.

15단	오렌지색 실로 겉뜨기 15코, 소매용 18코를 별도의 실에 빼두고, 오른쪽 바늘로 감아코 만들기 4코, 겉뜨기 23코, 소매용 18코를 별도의 실에 빼두고, 오른쪽 바늘로 감아코 만들기 4코, 겉뜨기 14코(총 60코).
16단	겉 3, 안 10, 안2T 1, 안 2, 안2T 1, 안 21, 안2T 1, 안 2, 안2T 1, 안 11, 겉 3 (총 56코). 이후 10단은 메리야스뜨기 한다.
17단	크림색 실로 겉뜨기.
18단	크림색 실로 안뜨기로 코막음 3코, 나머지 코는 안뜨기 (총 53코).
19~20단	오렌지색 실로, 겉뜨기로 시작하는 메리야스뜨기 2단.
21~22단	크림색 실로, 겉뜨기로 시작하는 메리야스뜨기 2단.
23~38단	위의 19~22단과 같이 4회 반복 16단.
39~40단	오렌지색 실로, 겉뜨기로 시작하는 메리야스뜨기 2단.
41단	크림색 실로 겉 2, (겉 4, 앞뒤L 1, 겉 3)×6, 겉 3(총 59코).
42단	크림색 실로 안뜨기.
43~46단	위의 19~22단과 같이 반복 4단.
47~48단	크림색 실로 겉뜨기 2단.
49~52단	크림색 실로 겉뜨기로 시작하는 메리야스뜨기 4단.
53~54단	크림색 실로 겉뜨기 2단. 겉뜨기로 뜨면서 겉뜨기로 코막음(느슨하게)으로 마무리.

마무리

1. 단추 단 아랫부분은 안쪽에서 꿰매어 몸판에 고정한다.
2. 단추 단 아래부터 하단까지 메리야스 잇기로 연결한다.
3. 모헤어의 털이 덜 날리도록 겉면에서 낮은 온도로 다림질한다.
4. 단춧구멍 위치에 맞춰 오렌지색 단추 2개를 단다.

소매 코잡기

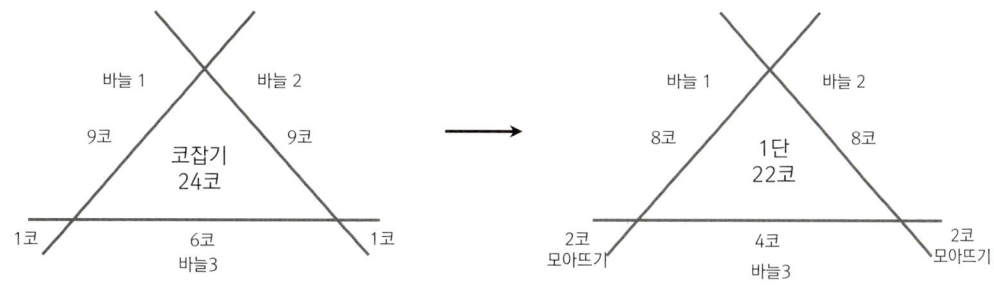

HAND KNITTED DOLL CLOTHES

옆트임 롱 베스트

난이도 : ★★★★★ | PHOTO P.26

아이로아(로아, 엘리, 쥬디 등), 몽당이(퓨어니모 XS바디), 사라래(오비츠 24바디), 브라이스에게 잘 맞는다. 더 가는 실(메리노 400)로 뜨면 꽃지(다래, 살구 등), 클라라, 카카롯, 알로카, 아이로아 모모, 벨라보니카, 로제토이즈의 로지 등에게도 예쁘게 입힐 수 있다.

모델	아이로아 로아
크기	앞판 길이 9.2cm, 뒤판 길이 11cm, 가슴둘레 11.5cm
사용한 실	로완 실키 레이스(Rowan Silky lace) 흰색. 다른 2합사(2ply 실)로 대체 가능.
바늘	1.25mm 줄바늘, 1.5mm 줄바늘
기타 준비물	시침핀, 가위, 돗바늘, 마커, 바느질실과 바늘, 4mm 흰색 단추 8개
게이지	무늬뜨기 65코×75단(1.5mm 바늘)
도구와 기법	180~217쪽 참조. 기법은 설명 부분 등 일부를 제외하고는 아래와 같이 약자로, 콧수와 횟수는 숫자로 표기.

① 겉 ← 겉뜨기 ② 안 ← 안뜨기 ③ 바O ← 바늘 비우기
④ 오D ← 오른코 줄이기 ⑤ 윈D ← 왼코 줄이기
⑥ 11윈C ← 1대1 왼코 위 교차뜨기
⑦ 11오C ← 1대1 오른코 위 교차뜨기
⑧ 21윈C ← 2대1 왼코 위 교차뜨기
⑨ 21오C ← 2대1 오른코 위 교차뜨기
⑩ 22윈C ← 2대2 왼코 위 교차뜨기
⑪ 22오C ← 2대2 오른코 위 교차뜨기

HOW TO MAKE

- 허리 단부터 시작하여 목둘레 쪽으로 올라가며 뜬다.
- 앞판에 V넥 트임을 넣는다.
- 옆선은 바느질하지 않고 단추로 연결한다.
- 어깨선은 덮어씌워 잇기로 연결한다.
- 목둘레는 꼬아뜨기 기법으로 원형뜨기 한다.

| 앞판 |

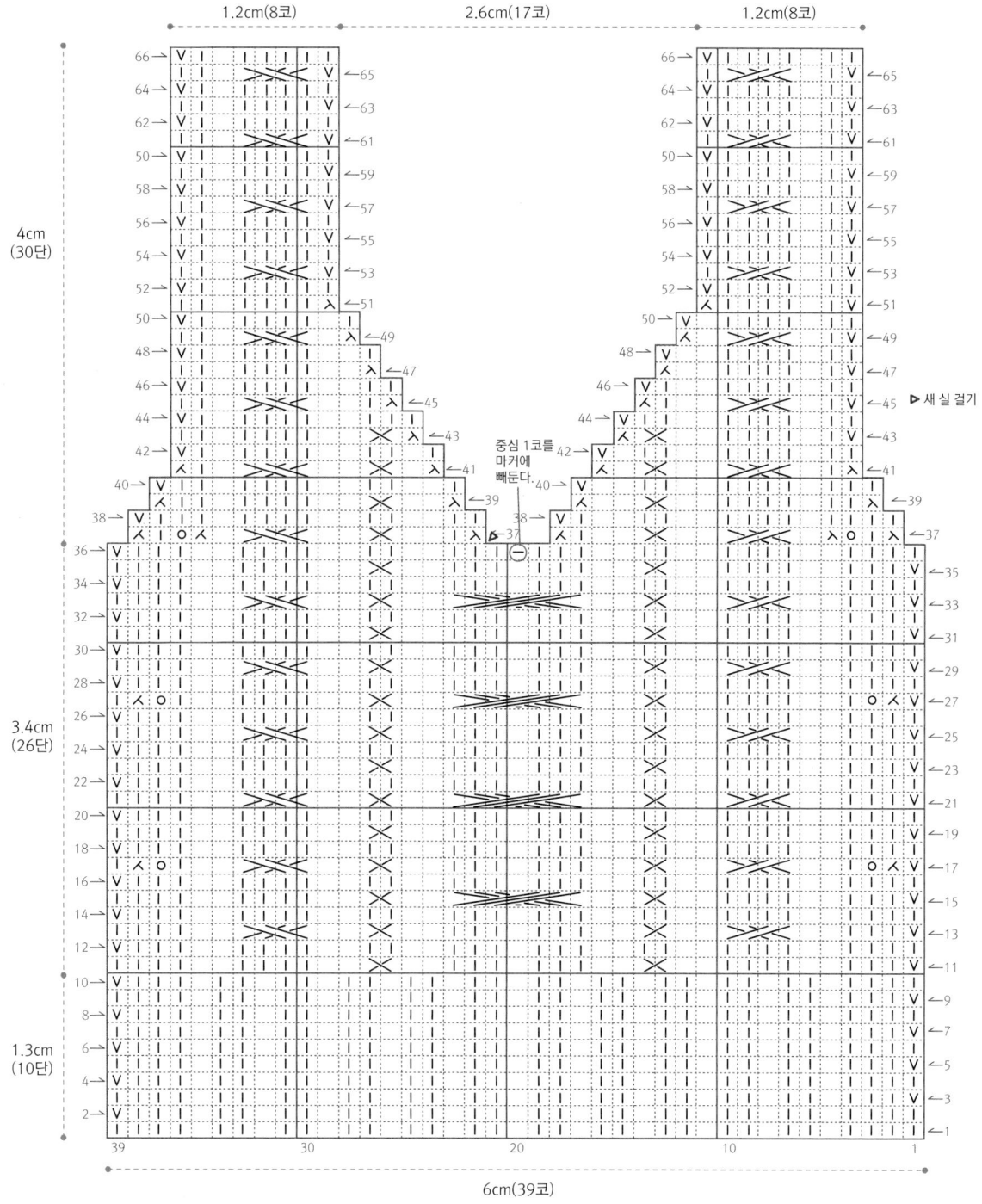

앞판

1.5mm 바늘로 39코를 만든다.

1단	겉 4, (안 1, 겉 2)×10, 안 1, 겉 4.
2단	첫코 걸러뜨기, 안 3, (겉 1, 안 2)×10, 겉 1, 안 4.
3단	첫코 걸러뜨기, 겉 3, (안 1, 겉 2)×10, 안 1, 겉 4.
4~9단	2~3단과 같이 3회 6단.
10단	첫코 걸러뜨기, 안 3, (겉 1, 안 2)×10, 겉 1, 안 4.

무늬뜨기를 시작한다.

11단	첫코 걸러뜨기, 겉 3, 안 2, 겉 4, 안 2, 11원C 1, 안 2, 겉 3, 안 1, 겉 3, 안 2, 11오C 1, 안 2, 겉 4, 안 2, 겉 4(총 39코).
12단	첫코 걸러뜨기, 안 3, 겉 2, 안 4, 겉 2, 안 2, 겉 2, 안 3, 겉 1, 안 3, 겉 2, 안 2, 안 4, 겉 2, 안 4(**이후 36단까지 짝수 단 동일**).
13단	첫코 걸러뜨기, 겉 3, 안 2, 22원C 1, 안 2, 11원C 1, 안 2, 겉 3, 안 1, 겉 3, 안 2, 11오C 1, 안 2, 22오C 1, 안 2, 겉 4.
15단	첫코 걸러뜨기, 겉 3, 안 2, 겉 4, 안 2, 11원C 1, 안 2, 3코를 뒤로 빼서 꽈배기바늘에 두고, 안뜨기 1코도 따로 빼둔다. 다음으로 겉뜨기 3코, 따로 빼둔 1코 안뜨기, 꽈배기바늘의 3코 겉뜨기, 안 2, 11오C 1, 안 2, 겉 4, 안 2, 겉 4.
17단	(단춧구멍 단. 시작과 끝 양쪽에 구멍을 만든다.) 첫코 걸러뜨기, 왼D 1, 바O 1, 겉 1, 안 2, 22원C 1, 안 2, 11원C 1, 안 2, 겉 3, 안 1, 겉 3, 안 2, 11오C 1, 안 2, 22오C 1, 안 2, 겉 1, 바O 1, 왼D 1, 겉 1(총 39코).
19단	첫코 걸러뜨기, 겉 3, 안 2, 겉 4, 안 2, 11원C 1, 안 2, 겉 3, 안 1, 겉 3, 안 2, 11오C 1, 안 2, 겉 4, 안 2, 겉 4.
21단	첫코 걸러뜨기, 겉 3, 안 2, 22원C 1, 안 2, 11원C 1, 안 2, 3코를 뒤로 빼서 꽈배기바늘에 두고, 안뜨기 1코도 따로 빼둔다. 다음으로 겉뜨기 3코, 따로 빼둔 1코 안뜨기, 꽈배기바늘의 3코 겉뜨기, 안 2, 11오C 1, 안 2, 22오C 1, 안 2, 겉 4.
23단	첫코 걸러뜨기, 겉 3, 안 2, 겉 4, 안 2, 11원C 1, 안 2, 겉 3, 안 1, 겉 3, 안 2, 11오C 1, 안 2, 겉 4, 안 2, 겉 4.
25단	첫코 걸러뜨기, 겉 3, 안 2, 22원C 1, 안 2, 11원C 1, 안 2, 겉 3, 안 1, 겉 3, 안 2, 11오C 1, 안 2, 22오C 1, 안 2, 겉 4.
27단	(단춧구멍 단. 시작과 끝 양쪽에 구멍을 만든다.) 첫코 걸러뜨기, 왼D 1, 바O 1, 겉 1, 안 2, 겉 4, 안 2, 11원C 1, 안 2, 3코를 뒤로 빼서 꽈배기바늘에 두고, 안뜨기 1코도 따로 빼둔다. 다음으로 겉뜨기 3코, 따로 빼둔 1코 안뜨기, 꽈배기바늘의 3코 겉뜨기, 안 2, 11오C 1, 안 2, 겉 4, 안 2, 겉1, 바O 1, 왼D 1, 겉 1.
29단	첫코 걸러뜨기, 겉 3, 안 2, 22원C 1, 안 2, 11원C 1, 안 2, 겉 3, 안 1, 겉 3, 안 2, 11오C 1, 안 2, 22오C 1, 안 2, 겉 4.
31단	첫코 걸러뜨기, 겉 3, 안 2, 겉 4, 안 2, 11원C 1, 안 2, 겉 3, 안 1, 겉 3, 안 2, 11오C 1, 안 2, 겉 4, 안 2, 겉 4.
33단	첫코 걸러뜨기, 겉 3, 안 2, 22원C 1, 안 2, 11원C 1, 안 2, 3코를 뒤로 빼서 꽈배기바늘에 두고, 안뜨기 1코도 따로 빼둔다. 다음으로 겉뜨기 3코, 따로 빼둔 1코 안뜨기, 꽈배기바늘의 3코 겉뜨기, 안 2, 11오C 1, 안 2, 22오C 1, 안 2, 겉 4.
35단	첫코 걸러뜨기, 겉 3, 안 2, 겉 4, 안 2, 11원C 1, 안 2, 겉 3, 안 1, 겉 3, 안 2, 11오C 1, 안 2, 겉 4, 안 2, 겉 4.
36단	12단과 동일.

V넥 나누기와 진동 둘레 줄임을 시작한다.

37단	(단춧구멍 단) 오D 1, 겉 1, 바O 1, 오D 1, 안 1, 22원C 1, 안 2, 11원C 1, 안 2, 겉 1, 왼D 1(17코). 나머지 코(20코)는 뜨지 않고 다른 바늘에 걸어 쉼코로 두고, 17코만 갖고 뜬다(97쪽 차트 도안의 단수 표시 옆 화살표가 가리키는 진행 방향 참고).
38단	첫코 걸러뜨기, 안 1, 겉 2, 안 2, 겉 2, 안 4, 겉 1, 안 4.
39단	오D 1, 겉 2, 안 1, 겉 4, 안 2, 11원C 1, 안 2, 왼D 1(총 15코).
40단	첫코 걸러뜨기, 겉 2, 안 2, 겉 2, 안 4, 겉 1, 안 3.
41단	오D 1, 겉 1, 안 1, 22원C 1, 안 2, 11원C 1, 안 1, 왼D 1(총 13코).
42단	첫코 걸러뜨기, 안 1, 겉 2, 안 4, 겉 1, 안 2.
43단	첫코 걸러뜨기, 겉 1, 안 1, 겉 4, 안 2, 11원C 1, 왼D 1(총 12코).
44단	첫코 걸러뜨기, 안 2, 겉 2, 안 4, 겉 1, 안 2.
45단	첫코 걸러뜨기, 겉 1, 안 1, 22원C 1, 안 2, 겉 1, 왼D 1(총 11코).
46단	첫코 걸러뜨기, 안 1, 겉 2, 안 4, 겉 1, 안 2.
47단	첫코 걸러뜨기, 겉 1, 안 1, 겉 4, 안 2, 왼D 1(총 10코).
48단	첫코 걸러뜨기, 겉 2, 안 4, 겉 1, 안 2.
49단	첫코 걸러뜨기, 겉 1, 안 1, 22원C 1, 안 1, 왼D 1(총 9코).
50단	첫코 걸러뜨기, 겉 1, 안 4, 겉 1, 안 2.
51단	첫코 걸러뜨기, 겉 1, 안 1, 겉 4, 왼D 1(총 8코).
52단	첫코 걸러뜨기, 안 4, 겉 1, 안 2(**이후 66단까지 짝수 단 동일**).

53단	첫코 걸러뜨기, 겉 1, 안 1, 22왼C 1, 겉 1.
55단	첫코 걸러뜨기, 겉 1, 안 1, 겉 5.
57단	첫코 걸러뜨기, 겉 1, 안 1, 22왼C 1, 겉 1.
59단	첫코 걸러뜨기, 겉 1, 안 1, 겉 5.
61단	첫코 걸러뜨기, 겉 1, 안 1, 22왼C 1, 겉 1.
63단	첫코 걸러뜨기, 겉 1, 안 1, 겉 5.
65단	첫코 걸러뜨기, 겉 1, 안 1, 22왼C 1, 겉 1.
66단	첫코 걸러뜨기, 안 4, 겉 1, 안 2.
	실을 15cm 남기고 자른 후, 남은 코는 별도의 실에 걸어둔다.

위 37단에서 뜨지 않고 남겨두었던 코(20코)의 첫코, 즉 V넥 중심 1코를 마커에 빼놓고 나머지 19코를 뜬다.

37단	(단춧구멍 단) 오D 1, 겉 1, 안 2, 11오C 1, 안 2, 22오C 1, 안 1, 왼D 1, 바O 1, 겉 1, 왼D 1(총 17코).
38단	첫코 걸러뜨기, 안 3, 겉 1, 안 4, 겉 2, 안 2, 겉 2, 안 2.
39단	오D 1, 안 2, 11오C 1, 안 2, 겉 4, 안 1, 겉 2, 왼D 1(총 15코).
40단	첫코 걸러뜨기, 안 2, 겉 1, 안 4, 겉 2, 안 2, 겉 2, 안 1.
41단	오D 1, 안 1, 11오C 1, 안 2, 22오C 1, 안 1, 겉 1, 왼D 1(총 13코).
42단	첫코 걸러뜨기, 안 1, 겉 1, 안 4, 겉 2, 안 2, 겉 1, 안 1.
43단	오D 1, 11오C 1, 안 2, 겉 4, 안 1, 겉 2(총 12코).
44단	첫코 걸러뜨기, 안 1, 겉 1, 안 4, 겉 2, 안 3.
45단	오D 1, 겉 1, 안 2, 22오C 1, 안 1, 겉 2(총 11코).
46단	첫코 걸러뜨기, 안 1, 겉 1, 안 4, 겉 2, 안 2.
47단	오D 1, 안 2, 겉 4, 안 1, 겉 2(총 10코).
48단	첫코 걸러뜨기, 안 1, 겉 1, 안 4, 겉 2, 안 1.
49단	오D 1, 안 1, 22오C 1, 안 1, 겉 2(총 9코).
50단	첫코 걸러뜨기, 안 1, 겉 1, 안 4, 겉 1, 안 1.
51단	오D 1, 겉 4, 안 1, 겉 2(총 8코).
52단	첫코 걸러뜨기, 안 1, 겉 1, 안 5(이후 66단까지 짝수 단 동일).
53단	첫코 걸러뜨기, 22오C 1, 안 1, 겉 2.
55단	첫코 걸러뜨기, 겉 4, 안 1, 겉 2.
57단	첫코 걸러뜨기, 22오C 1, 안 1, 겉 2.
59단	첫코 걸러뜨기, 겉 4, 안 1, 겉 2.
61단	첫코 걸러뜨기, 22오C 1, 안 1, 겉 2.
63단	첫코 걸러뜨기, 겉 4, 안 1, 겉 2.
65단	첫코 걸러뜨기, 22오C 1, 안 1, 겉 2.
66단	첫코 걸러뜨기, 안 1, 겉 1, 안 5.
	실을 15cm 남기고 자른 후, 남은 코는 별도의 실에 걸어둔다.

| 뒤판 |

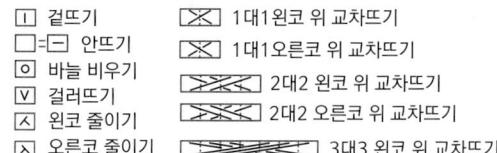

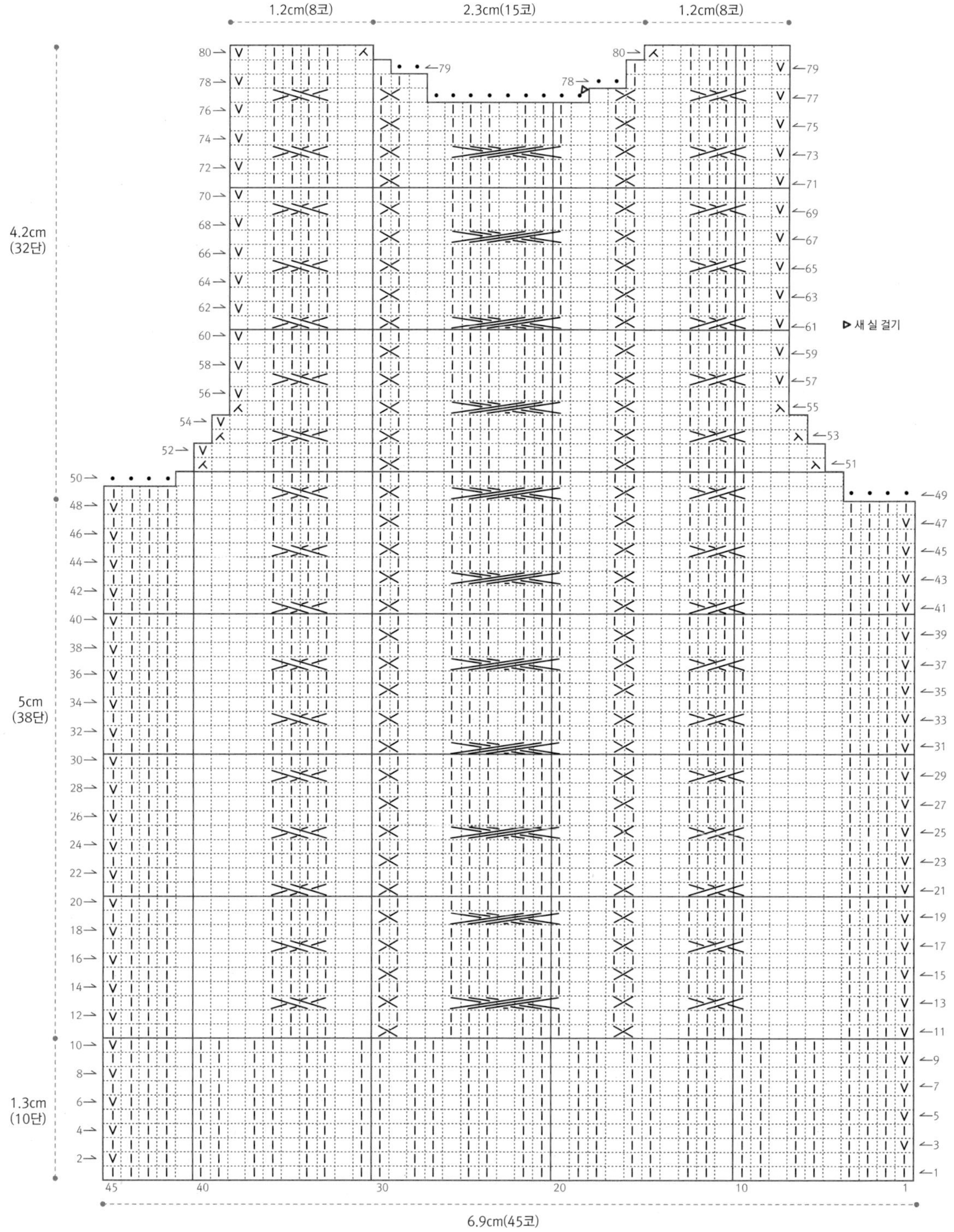

뒤판

1.5mm 바늘로 45코를 만든다.

1단	겉 4, (안 1, 겉 2)×12, 안 1 겉 4(총 45코).
2단	첫코 걸러뜨기, 안 3, (겉 1, 안 2)×12, 겉 1, 안 4.
3단	첫코 걸러뜨기, 겉 3, (안 1, 겉 2)×12, 안 1, 겉 4.
4~9단	2~3단과 같이 3회 6단.
10단	첫코 걸러뜨기, 안 3, (겉 1, 안 2)×12, 겉 1, 안 4.

무늬뜨기를 시작한다.

11단	첫코 걸러뜨기, 겉 3, 안 5, 겉 4, 안 2, 11왼C 1, 안 2, 겉 3, 안 1, 겉 3, 안 2, 11오C 1, 안 2, 겉 4, 안 5, 겉 4(총 45코).
12단	첫코 걸러뜨기, 안 3, 겉 5, 안 4, 겉 2, 안 2, 겉 3, 겉 1, 안 3, 겉 2, 안 2, 겉 2, 안 4, 겉 5, 안 4(**이후 48단까지 짝수 단 동일**).
13단	첫코 걸러뜨기, 겉 3, 안 5, 22왼C 1, 안 2, 11왼C 1, 안 2, 3코를 뒤로 빼서 꽈배기바늘에 두고, 안뜨기 1코도 따로 빼둔다. 다음으로 겉뜨기 3코, 따로 빼둔 1코 안뜨기, 꽈배기바늘의 3코 겉뜨기, 안 2, 11오C 1, 안 2, 22오C 1, 안 5, 겉 4(총 45코).
15단	첫코 걸러뜨기, 겉 3, 안 5, 겉 4, 안 2, 11왼C 1, 안 2, 겉 3, 안 1, 겉 3, 안 2, 11오C 1, 안 2, 겉 4, 안 5, 겉 4.
17단	첫코 걸러뜨기, 겉 3, 안 5, 22왼C 1, 안 2, 11왼C 1, 안 2, 겉 3, 안 1, 겉 3, 안 2, 11오C 1, 안 2, 22오C 1, 안 5, 겉 4.
19단	첫코 걸러뜨기, 겉 3, 안 5, 겉 4, 안 2, 11왼C 1, 안 2, 3코를 뒤로 빼서 꽈배기바늘에 두고, 안뜨기 1코도 따로 빼둔다. 다음으로 겉뜨기 3코, 따로 빼둔 1코 안뜨기, 꽈배기바늘의 3코 겉뜨기, 안 2, 11오C 1, 안 2, 겉 4, 안 5, 겉 4.
21단	첫코 걸러뜨기, 겉 3, 안 5, 22왼C 1, 안 2, 11왼C 1, 안 2, 겉 3, 안 1, 겉 3, 안 2, 11오C 1, 안 2, 22오C 1, 안 5, 겉 4.
23단	첫코 걸러뜨기, 겉 3, 안 5, 겉 4, 안 2, 11왼C 1, 안 2, 겉 3, 안 1, 겉 3, 안 2, 11오C 1, 안 2, 겉 4, 안 5, 겉 4.
24단	12단과 동일.
25~48단	13~24단과 같이 2회 반복 24단.
49단	겉뜨기로 코막음 4, 안 5, 22왼C 1, 안 2, 11왼C 1, 안 2, 3코를 뒤로 빼서 꽈배기바늘에 두고, 안뜨기 1코도 따로 빼둔다. 다음으로 겉뜨기 3코, 따로 빼둔 1코 안뜨기, 꽈배기바늘의 3코 겉뜨기, 안 2, 11오C 1, 안 2, 22오C 1, 안 5, 겉 4(총 41코).
50단	안뜨기로 코막음 4, 겉 5, 안 4, 겉 2, 안 2, 겉 3, 겉 1, 안 3, 겉 2, 안 2, 겉 4, 겉 5(총 37코).
51단	오D 1, 안 3, 겉 4, 안 2, 11왼C 1, 안 2, 겉 3, 안 1, 겉 3, 안 2, 11오C 1, 안 2, 겉 4, 안 3, 왼D 1(총 35코).
52단	첫코 걸러뜨기, 겉 3, 안 4, 겉 2, 안 2, 겉 2, 안 3, 겉 1, 안 3, 겉 2, 안 2, 겉 2, 안 4, 겉 4.
53단	오D 1, 안 2, 22왼C 1, 안 2, 11왼C 1, 안 2, 겉 3, 안 1, 겉 3, 안 2, 11오C 1, 안 2, 22오C 1, 안 2, 왼D 1(총 33코).
54단	첫코 걸러뜨기, 겉 2, 안 4, 겉 2, 안 2, 겉 2, 안 3, 겉 1, 안 3, 겉 2, 안 2, 겉 2, 안 4, 겉 3.
55단	오D 1, 안 1, 겉 4, 안 2, 11왼C 1, 안 2, 3코를 뒤로 빼서 꽈배기바늘에 두고, 안뜨기 1코도 따로 빼둔다. 다음으로 겉뜨기 3코, 따로 빼둔 1코 안뜨기, 꽈배기바늘의 3코 겉뜨기, 안 2, 11오C 1, 안 2, 겉 4, 안 1, 왼D 1(총 31코).
56단	첫코 걸러뜨기, 겉 1, 안 4, 겉 2, 안 2, 겉 2, 안 3, 겉 1, 안 3, 겉 2, 안 2, 겉 2, 안 4, 겉 2(**이후 76단까지 짝수 단 동일**).
57단	첫코 걸러뜨기, 안 1, 22왼C 1, 안 2, 11왼C 1, 안 2, 겉 3, 안 1, 겉 3, 안 2, 11오C 1, 안 2, 22오C 1, 안 2.
59단	첫코 걸러뜨기, 안 1, 겉 4, 안 2, 11왼C 1, 안 2, 겉 3, 안 1, 겉 3, 안 2, 11오C 1, 안 2, 겉 4, 안 2.
61단	첫코 걸러뜨기, 안 1, 22왼C 1, 안 2, 11왼C 1, 안 2, 3코를 뒤로 빼서 꽈배기바늘에 두고, 안뜨기 1코도 따로 빼둔다. 다음으로 겉뜨기 3코, 따로 빼둔 1코 안뜨기, 꽈배기바늘의 3코 겉뜨기, 안 2, 11오C 1, 안 2, 22오C 1, 안 2.
63단	첫코 걸러뜨기, 안 1, 겉 4, 안 2, 11왼C 1, 안 2, 겉 3, 안 1, 겉 3, 안 2, 11오C 1, 안 2, 겉 4, 안 2.
65단	첫코 걸러뜨기, 안 1, 22왼C 1, 안 2, 11왼C 1, 안 2, 겉 3, 안 1, 겉 3, 안 2, 11오C 1, 안 2, 22오C 1, 안 2.
67단	첫코 걸러뜨기, 안 1, 겉 4, 안 2, 11왼C 1, 안 2, 3코를 뒤로 빼서 꽈배기바늘에 두고, 안뜨기 1코도 따로 빼둔다. 다음으로 겉뜨기 3코, 따로 빼둔 1코 안뜨기, 꽈배기바늘의 3코 겉뜨기, 안 2, 11오C 1, 안 2, 겉 4, 안 2.
69단	첫코 걸러뜨기, 안 1, 22왼C 1, 안 2, 11왼C 1, 안 2, 겉 3, 안 1, 겉 3, 안 2, 11오C 1, 안 2, 22오C 1, 안 2.
71단	첫코 걸러뜨기, 안 1, 겉 4, 안 2, 11왼C 1, 안 2, 겉 3, 안 1, 겉 3, 안 2, 11오C 1, 안 2, 겉 4, 안 2.
73단	첫코 걸러뜨기, 안 1, 22왼C 1, 안 2, 11왼C 1, 안 2, 3코를 뒤로 빼서 꽈배기바늘에 두고, 안뜨기 1코도 따로 빼둔다. 다음으로 겉뜨기 3코, 따로 빼둔 1코 안뜨기, 꽈배기바늘의 3코 겉뜨기, 안 2, 11오C 1, 안 2, 22오C 1, 안 2.
75단	첫코 걸러뜨기, 안 1, 겉 4, 안 2, 11왼C 1, 안 2, 겉 3, 안 1, 겉 3, 안 2, 11오C 1, 안 2, 겉 4, 안 2.
76단	56단과 동일.

뒤판의 어깨선을 나눈다.

77단	첫코 걸러뜨기, 안 1, 22왼C 1, 안 2, 11왼C 1, 안 1, 나머지 코는 다른 바늘에 쉼코로 두고 11코만 가지고 뜬다.
78단	안뜨기로 코막음 2, 안 1, 겉 4, 겉 2.
79단	첫코 걸러뜨기, 안 1, 겉 4, 안 2, 겉 1.
80단	안2T 1, 겉 1, 안 4, 겉 2. 실을 자르고 별도의 실에 남은 코를 걸어둔다.

남겨둔 반대쪽 어깨선 첫코에 새 실을 걸고

77단	겉뜨기로 코막음 9, 안 1, 11오C 1, 안 2, 22오C 1, 안 2.
78단	첫코 걸러뜨기, 겉 1, 안 4, 겉 2, 안 2, 겉 1.
79단	겉뜨기로 코막음 2, 겉 1, 안 2, 겉 4, 안 2.
80단	첫코 걸러뜨기, 겉 1, 안 4, 겉 1, 안2T 1.

실을 자른 뒤, 앞 뒤판의 어깨를 마주대고 돗바늘에 실을 끼워 코와 코 잇기로 연결한다.

| V넥 목둘레 단 |

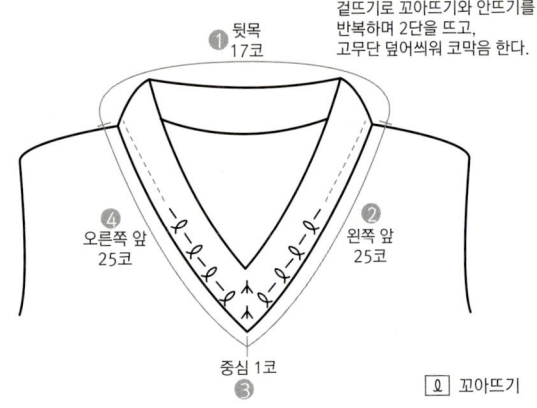

V넥 목둘레 단

1.25mm 바늘로, 겉뜨기로 꼬아뜨기와 안뜨기를 반복하고, 앞 중심은 중심3코 모아뜨기 한다.

1단	겉면을 앞으로 두고 뒷목에서 17코, 왼쪽 앞에서 25코를 주은 다음, 중심 1코를 뜨고 오른쪽 앞에서 25코를 줍는다(총 68코).
2단	(안 1, 겉뜨기로 꼬아뜨기 1)×20, 안 1, 중심3코 모아뜨기 1, (안 1, 겉뜨기로 꼬아뜨기 1)×12(총 66코).
3단	(안 1, 겉뜨기로 꼬아뜨기 1)×33. 고무단 덮어씌워 코막음.

마무리

1. 겉면에서 낮은 온도로 다림질한다.
2. 앞판의 단춧구멍 위치에 맞춰 뒤판 양옆에 단추 6개를 달고, 앞판의 9단째 양옆에 단추 2개를 단다.

V넥 꽈배기 니트

난이도 : ★★★☆☆ | PHOTO P.27

목둘레가 넓어 꽃지(다래, 살구 등), 철이, 도란도란, 클라라, 아이로아 모모, 카카롯, 알로카, 벨라보니카, 로제토이즈의 로지 등 많은 1/6사이즈 인형에 입힐 수 있다.

모델	꽃지 살구
크기	길이 6.9cm, 가슴둘레 10.8cm, 소매 길이 6.3cm
사용한 실	애플톤(Appletons) 울 자수사 흰색, 랑 메리노 400 레이스 얀(Lang Merino 400 lace yarn) 감색. 다른 2합사(2ply 실)로 대체 가능.
바늘	1.25mm 막대바늘 4개, 1.5mm 줄바늘
기타 준비물	시침핀, 가위, 돗바늘, 마커, 바느질실과 바늘, 4mm 은색 단추 2개
게이지	메리야스뜨기 60코×70단(1.5mm 바늘)
도구와 기법	180~217쪽 참조. 기법은 설명 부분 등 일부를 제외하고는 아래와 같이 약자로, 콧수와 횟수는 숫자로 표기.

① 겉 ← 겉뜨기 ② 안 ← 안뜨기 ③ 바O ← 바늘 비우기
④ 오D ← 오른코 줄이기 ⑤ 왼D ← 왼코 줄이기
⑥ 안2T ← 안뜨기로 2코 모아뜨기
⑦ 22왼C ← 2대2 왼코 위 교차뜨기
⑧ 22오C ← 2대2 오른코 위 교차뜨기

HOW TO MAKE

- 아래쪽에서 뜨기 시작해 위쪽으로 떠올라간다.
- 옷을 입힐 때 수월하도록 뒤트임을 만들고 단추를 단다.

| 몸판 |

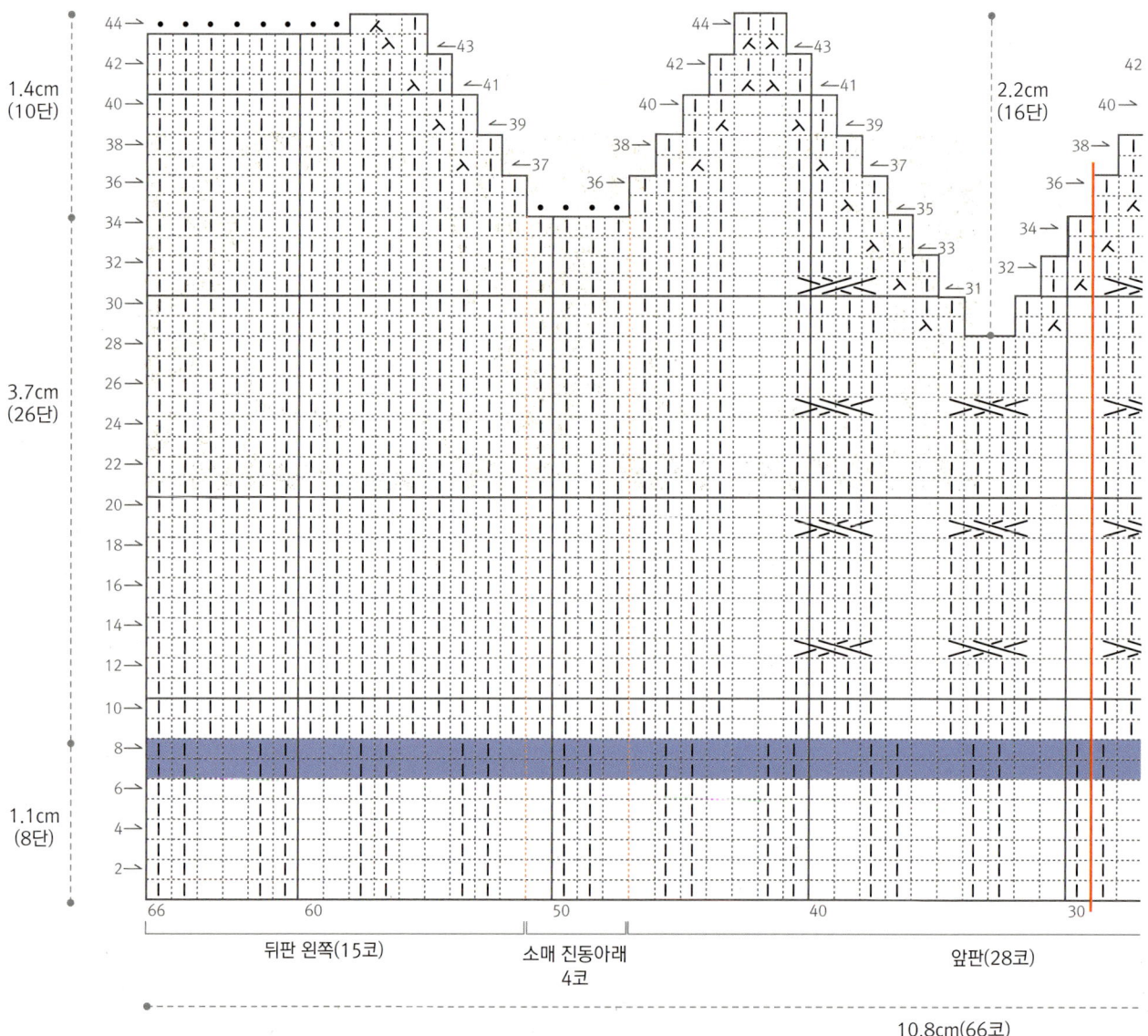

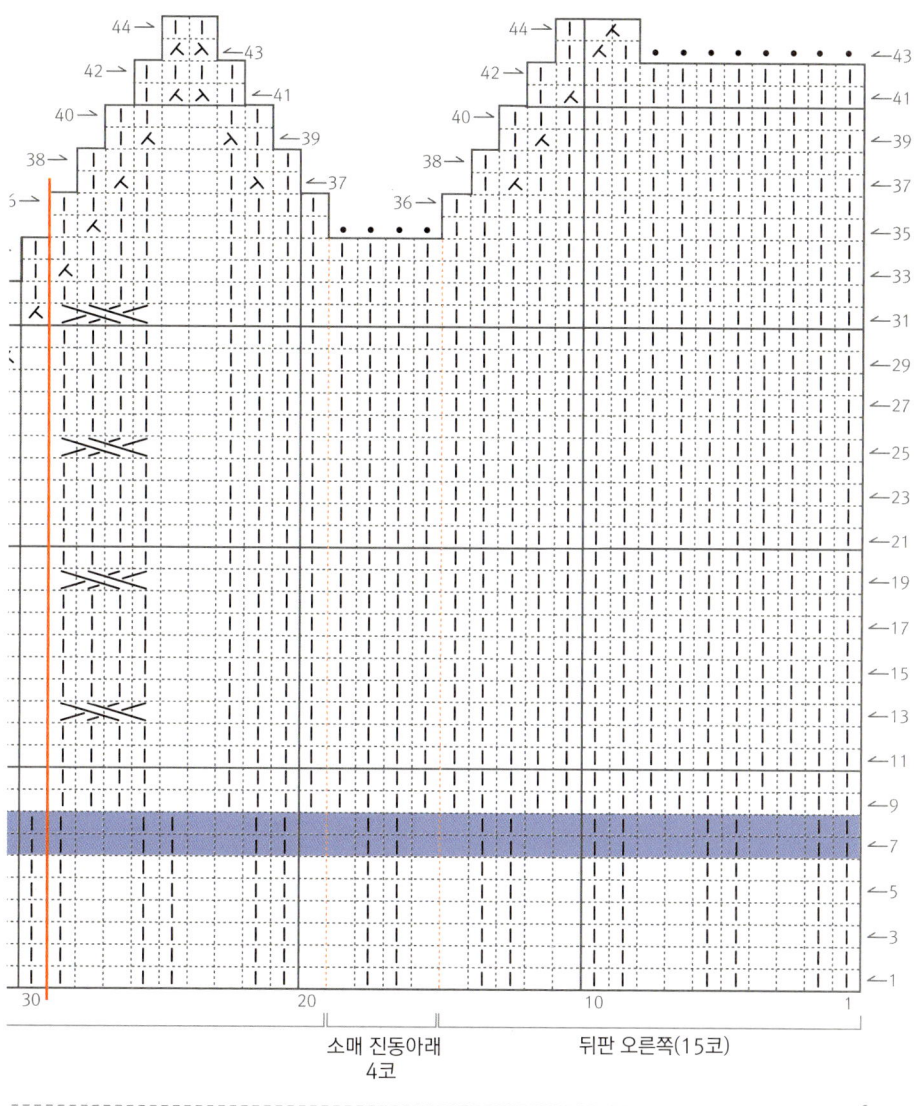

앞판

1.5mm 줄바늘과 흰색 실로 66코를 만든다.

1단	흰색 실로 (겉 2, 안 2)×32, 겉 2(총 66코).
2단	(안 2, 겉 2)×32, 안 2.
3~6단	1~2단과 같이 2회 4단.
7단	감색 실로 바꿔서 (겉2, 안 2)×32, 겉 2.
8단	(안 2, 겉 2)×32, 안 2.
9단	흰색 실로 겉 15(뒤판 오른쪽), 마커 걸고, 겉 4(진동 아래), 마커 걸고, (겉 4, 안 2)×4, 겉 4(앞판), 마커 걸고, 겉 4(진동아래), 마커 걸고, 겉 15(뒤판 오른쪽).

위 9단처럼 10단부터 34단까지 각 부분 나뉘는 곳마다 계속 마커를 사용한다.

10단	안 15, 안 4, 안 4, (겉 2, 안 4)×4, 안 4, 겉 15.
11~12단	9~10단과 같이 반복 2단.
13단	겉 15, 겉 4, 겉 4, (안 2, 22오C 1)×3, 안 2, 겉 4, 겉 4, 겉 15.
14단	안 15, 안 4, 안 4, (겉 2, 안 4)×4, 안 4, 겉 15.
15~18단	9~10단과 같이 2회 반복 4단.
19~24단	13~18단과 같이 반복 6단.
25~28단	13~16단과 같이 반복 4단.

앞 몸판에서 V넥 부분을 뜨기 시작한다.

29단	겉 15, 겉 4, 겉 4, 안 2, 겉 4, 안 1, 왼D 1, 겉 1, 나머지 코는 다른 바늘에 걸어 쉼코로 두고(쉼코 1), 32코만 가지고 뜬다.
30단	안 2, 겉 1, 안 4, 겉 2, 안 4, 안 15.
31단	겉 15, 겉 4, 겉 4, 안 2, 22오C 1, 왼D 1, 겉 1(총 31코).
32단	아 6, 겉 2, 안 4, 안 4, 안 15.
33단	겉 15, 겉 4, 겉 4, 안 2, 겉 3, 왼D 1, 겉 1(총 30코).
34단	안 5, 겉 2, 안 4, 안 4, 안 15.

소매 진동 부분을 사선으로 줄여나간다.

35단	겉 15, 겉뜨기로 코막음 4, 겉 4, 안 2, 겉 2, 왼D 1, 겉 1.
36단	안 4, 겉 2, 안 4, 나머지 코는 다른 바늘에 걸어 쉼코로 두고(쉼코 2), 10코만 가지고 뜬다.
37단	겉 1, 오D 1, 겉 1, 안 2, 겉 1, 왼D 1, 겉 1(총 8코).
38단	안 3, 겉 2, 안 3.
39단	겉 1, 오D 1, 안 2, 왼D 1, 겉 1(총 6코).
40단	안 2, 겉 2, 안 2.
41단	겉 1, 오D 1, 왼D 1, 겉 1(총 4코).
42단	안 4.
43단	오D 1, 왼D 1(총 2코).
44단	안 2. 겉뜨기로 코막음.

위 29단에서 뜨지 않고 남겨두었던 쉼코 1의 첫코에 새 실을 걸어서

29단	겉 1, 오D 1, 안 1, 겉 4, 안 2, 겉 4, 겉 4, 겉 15(총 30코).
30단	안 15, 안 4, 안 4, 겉 2, 안 4, 겉 1, 안 2.
31단	겉 1, 오D 1, 22오C 1, 안 2, 겉 4, 겉 4, 겉 15(총 29코).
32단	안 15, 안 4, 안 4, 겉 2, 안 6.
33단	겉 1, 오D 1, 겉 3, 안 2, 겉 4, 겉 4, 겉 15(총 28코).
34단	안 15, 안 4, 안 4, 겉 2, 안 5.
35단	겉 1, 오D 1, 겉 2, 안 2, 겉 4, 나머지 19코는 쉼코로 두고(쉼코 3), 10코만 가지고 뜬다.
36단	안 4, 겉 2, 안 4.
37단	겉 1, 오D 1, 겉 1, 안 2, 겉 1, 왼D 1, 겉 1(총 8코).
38단	안 3, 겉 2, 안 3.
39단	겉 1, 오D 1, 안 2, 왼D 1, 겉 1(총 6코).
40단	안 2, 겉 2, 안 2.
41단	겉 1, 오D 1, 왼D 1, 겉 1(총 4코).
42단	안 4.
43단	오D 1, 왼D 1(총 2코).
44단	안 2. 겉뜨기로 코막음.

오른쪽 뒤판

쉼코 2의 첫코에 새 실을 걸어서

- **36단** 안뜨기(총 15코). **이후 42단까지 짝수 단 안뜨기.**
- **37단** 겉 12, 왼D 1, 겉 1(총 14코).
- **39단** 겉 11, 왼D 1, 겉 1(총 13코).
- **41단** 겉 10, 왼D 1, 겉 1(총 12코).
- **43단** 겉뜨기로 코막음 8, 겉 1, 왼D 1, 겉 1.
- **44단** 안 1, 안2T 1. 겉뜨기로 코막음.

왼쪽 뒤판

쉼코 3의 첫코에 새 실을 걸어서

- **35단** 겉뜨기로 코막음 4, 겉 15(총 15코).
- **36단** 안뜨기**(이후 42단까지 짝수 단 동일)**.
- **37단** 겉 1, 오D 1, 겉 12(총 14코).
- **39단** 겉 1, 오D 1, 겉 11(총 13코).
- **41단** 겉 1, 오D 1, 겉 10(총 12코).
- **43단** 겉 1, 오D 1, 겉 9(총 11코).
- **44단** 안뜨기로 코막음 8, 모아뜨기(안뜨기로 왼코 줄이기) 1, 겉 1. 겉뜨기로 코막음.

| 소매 |

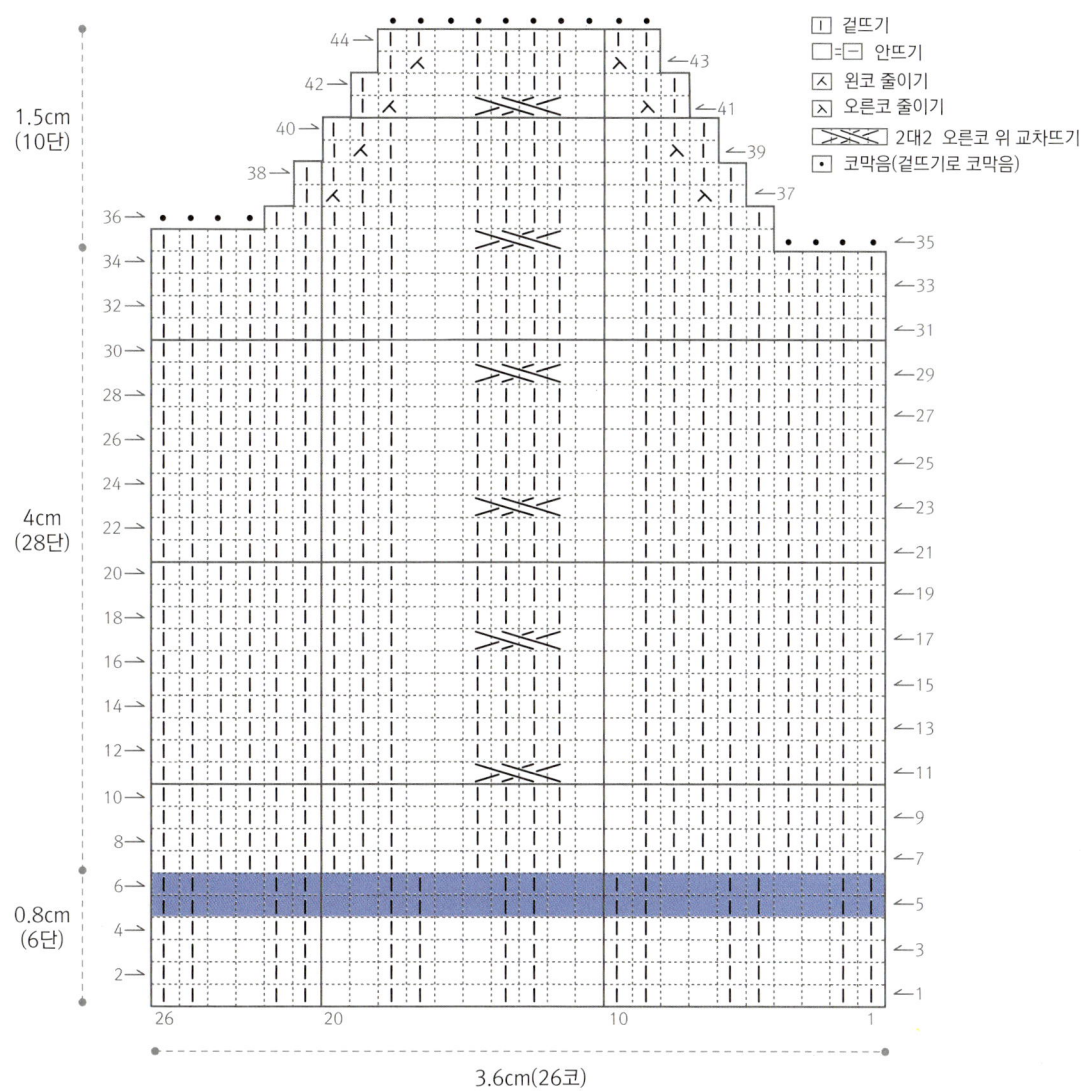

소매

소매 단부터 뜨기 시작한다. 1.25mm 바늘과 흰색 실로 26코를 만든다.

1단	(겉 2, 안 2)×12, 겉 2.
2단	(안 2, 겉 2)×12, 안 2.
3~4단	1~2단과 같이 반복 2단.
5~6단	감색 실로 바꿔서 1~2단과 같이 반복 2단.

흰색 실로 바꿔서 무늬뜨기를 시작한다.

7단	겉 9, 안 2, 겉 4, 안 2, 겉 9.
8단	안 9, 겉 2, 안 4, 겉 2, 안 9.
9~10단	7~8단과 같이 반복 2단.
11단	겉 9, 안 2, 22오C 1, 안 2, 겉 9.
12단	안 9, 겉 2, 안 4, 겉 2, 안 9.
13단	겉 9, 안 2, 겉 4, 안 2, 겉 9.
14~15단	12~13단과 같이 반복 2단.
16단	안 9, 겉 2, 안 4, 겉 2, 안 9.
17~34단	11~16단과 같이 3회 반복 18단.
35단	겉뜨기로 코막음 4, 겉 5, 안 2, 22오C 1, 안 2, 겉 9(총 22코).
36단	안뜨기로 코막음 4, 안 5, 겉 2, 안 4, 겉 2, 안 5(총 18코).
37단	겉 1, 오D 1, 겉 2, 안 2, 겉 4, 안 2, 겉 2, 왼D 1, 겉 1.
38단	안 4, 겉 2, 안 4, 겉 2, 안 4.
39단	겉 1, 오D 1, 겉 1, 안 2, 겉 4, 안 2, 겉 1, 왼D 1, 겉 1.
40단	안 3, 겉 2, 안 4, 겉 2, 안 3.
41단	겉 1, 오D 1, 안 2, 22오C 1, 안 2, 왼D 1, 겉 1.
42단	안 2, 겉 2, 안 4, 겉 2, 안 2.
43단	겉 1, 오D 1, 안 1, 겉 4, 안 1, 왼D 1, 겉 1.
44단	안 2, 겉 1, 안 4, 겉 1, 안 2. 겉뜨기로 코막음.

소매의 옆선을 메리야스 잇기로 연결한다. 몸판과 소매를 자리에 맞게 맞추고 사선으로 줄인 부분과 진동 아랫부분을 메리야스 잇기로 꿰맨다.

목둘레 단

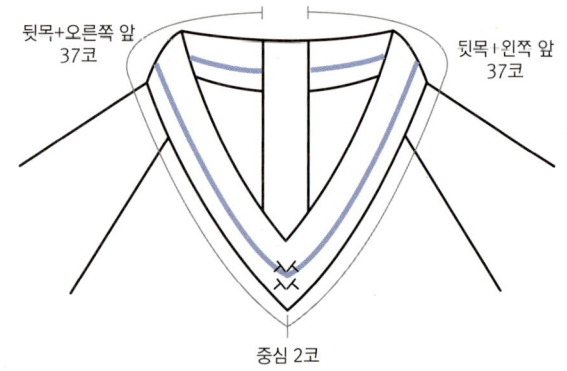

1코 고무뜨기로 흰색 2단, 감색 1단, 흰색 2단을 뜬 후 고무단 덮어씌워 코막음 하되, 가운데 4코(중심 2코 포함 양옆 1코씩)는 왼코 줄이기 1, 오른코 줄이기 1을 하면서 겉뜨기로 코막음 한다.

뒷목+오른쪽 앞 37코

뒷목+왼쪽 앞 37코

중심 2코

목둘레 단

2코 고무뜨기 한다. 1.25mm 바늘과 흰색 실을 사용하여 뒤판과 오른쪽 어깨, 앞판 사선에서 37코, 중심에서 2코, 반대쪽 앞판 사선, 왼쪽 어깨와 뒤판에서 37코를 줍는다.

1단	안 3, (겉 2, 안 2)×18, 안 1.
2단	감색 실로 바꿔서 겉 1, (겉 2, 안 2)×8, 겉 2, 안 1, 왼D 1, 오D 1, 안 1, (겉 2, 안 2)×8, 겉 3(총 74코). 감색 실을 자른다. 모든 코를 바늘의 끝 쪽으로 밀어 보낸다. 흰색 실이 걸려있는 겉면 쪽을 앞으로 놓고, 겉면에서 흰색 실로 뜨기 시작한다.
3단	겉 1, (겉 2, 안 2)×8, 겉 2, 안 1, 겉 2, 안 1, (겉 2, 안 2)×8, 겉 3(총 72코).
4단	안 3, (겉 2, 안 2)×8, 모아뜨기(안뜨기로 왼코 줄이기) 1, 안2T 1, (안 2, 겉 2)×8, 안 3(총 70코). 33코는 겉뜨기코는 겉뜨기로, 안뜨기코는 안뜨기로 뜨면서 고무단 덮어씌워 코막음, 4코(중심 2코 포함 양옆 1코씩)는 왼D 1, 오D 1을 하면서 겉뜨기로 코막음, 남은 33코는 겉뜨기코는 겉뜨기로, 안뜨기코는 안뜨기로 뜨면서 고무단 덮어씌워 코막음.

| 목둘레 단 |

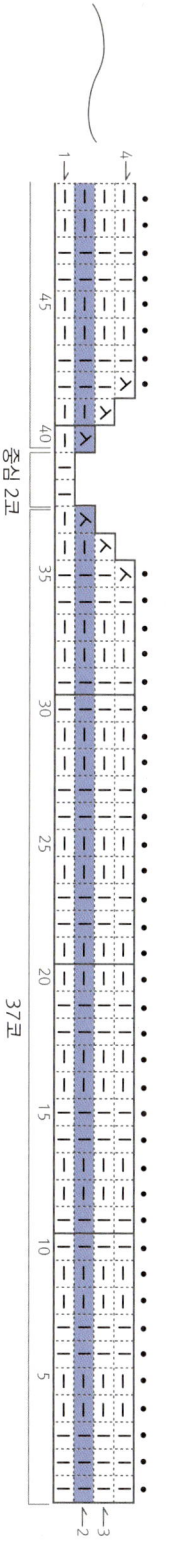

| 뒤 단추 여밈 단 |

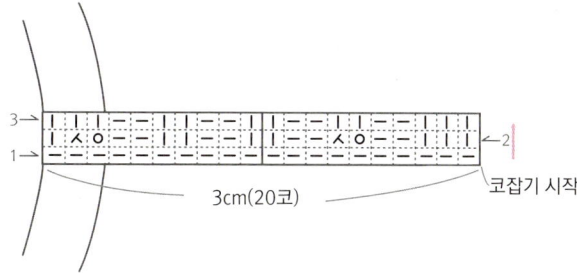

뒤 단추 여밈 단

겉면에서 1.25mm 바늘과 흰색 실을 사용하여, 오른쪽 뒤판 목둘레 중심에서 아래 방향으로 3cm 되는 지점에서 위쪽으로 목둘레 단 끝까지 20코를 줍는다.

- 1단   안쪽 면에서 겉뜨기.
- 2단   겉 3, 안 2, 바O 1, 왼D 1, 안 2, 겉 2, 안 2, 겉 2, 안 2, 바O 1, 왼D 1, 겉 1(총 20코).
- 3단   안 3, (겉 2, 안 2)×4, 안 1. 겉뜨기코는 겉뜨기로, 안뜨기코는 안뜨기로 뜨면서 고무단 덮어씌워 코막음.

단추 여밈 단의 아랫부분은 돗바늘로 몸판에 꿰매어 고정한다.

마무리

1. 겉면에서 낮은 온도로 다림질한다.
2. 단추 여밈단의 단춧구멍 위치에 맞춰 은색 단추 2개를 단다.

HOW TO MAKE
Skirt & Cape
사랑스러운 페미닌룩

레이스 롱 원피스
꽃자수 케이프
요정 망토
타이트 원피스

HAND KNITTED DOLL CLOTHES

레이스 롱 원피스

난이도 : ★★★★★ | PHOTO P.28

레이스 롱 원피스는 신축성이 좋은 메리노 400 실을 사용해서 클라라, 아이로아 모모, 알로카, 카카롯, 벨라보니카, 로제토이즈의 로지 등 다양한 1/6사이즈 인형에 맞는다. 아이로아(로아, 엘리, 쥬디 등) 인형에게는 9부 길이로 입힐 수 있다.

모델	쿠쿠클라라 코지 2016 클라라
크기	길이 13.8cm, 가슴둘레 9.4cm
사용한 실	랑 메리노 400 레이스 얀 (Lang Merino 400 lace yarn) 흰색. 다른 2합사(2ply 실)로 대체 가능.
바늘	1.5mm 줄바늘, 2mm 줄바늘
기타 준비물	시침핀, 가위, 돗바늘, 마커, 바느질실과 바늘, 4mm 진주비즈 3개, 3mm 진주비즈 3개
게이지	메리야스뜨기 55코×78단(1.5mm 바늘)
도구와 기법	180~217쪽 참조. 기법은 설명 부분 등 일부를 제외하고는 아래와 같이 약자로, 콧수와 횟수는 숫자로 표기.

① 겉 ← 겉뜨기 ② 안 ← 안뜨기 ③ 오L ← 오른코 늘리기
④ 왼L ← 왼코 늘리기 ⑤ 바O ← 바늘 비우기
⑥ 오D ← 오른코 줄이기 ⑦ 왼D ← 왼코 줄이기
⑧ 안2T ← 안뜨기로 2코 모아뜨기
⑨ 오3T ← 오른코 3코 모아뜨기

HOW TO MAKE

- 스커트는 밑단부터 뜨기 시작해 허리 밴드 부분에서 마무리한다.
- 상의는 목둘레부터 시작해서 허리선으로 내려가는 톱다운 방식으로 뜬다.
- 상의와 스커트의 겉과 겉을 맞대고 허리 부분을 연결해 원피스를 완성한다.

※ 치마 부분은 무늬가 다양하고 퍼지는 형태여서 따로 게이지를 내지 않았다.

| 스커트 |

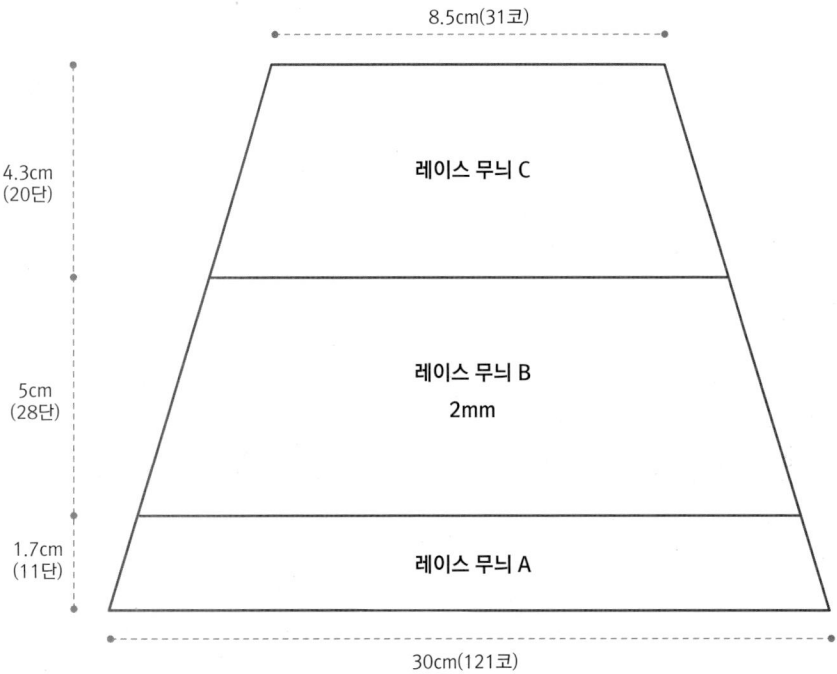

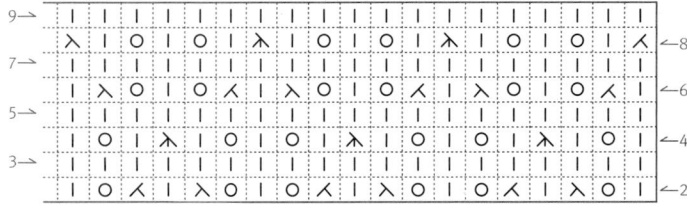

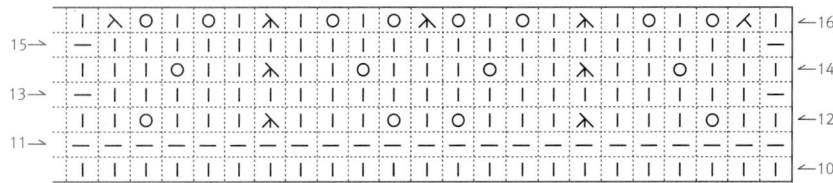

| | 겉뜨기
| — | 안뜨기
| 入 | 오른코 줄이기
| 人 | 왼코 줄이기
| O | 바늘 비우기
| 木 | 오른코 3코 모아뜨기

스커트

밑단부터 시작하여 2mm 바늘로 121코를 만든다.

1단	겉뜨기.

2단부터 레이스 무늬 A(도안 참조)를 뜬다.

2단	겉 1, (바O 1, 오D 1, 겉 1, 왼D 1, 바O 1, 겉 1)×20.
3단	안뜨기(**이후 7단까지 홀수 단 동일**).
4단	겉 1, (바O 1, 겉 1, 오3T 1, 겉 1, 바O 1, 겉 1)×20.
6단	겉 1, (왼D 1, 바O 1, 겉 1, 바O 1, 오D 1, 겉 1)×20.
8단	왼D 1, [(겉 1, 바O 1)×2, 겉 1, 오3T 1]×마지막 5코 전까지 19회, (겉 1, 바O 1)×2, 겉 1, 오D 1.
9단	앞뒤L 1, 마지막 전 코까지 겉뜨기, 앞뒤L 1(총 123코).
10~11단	겉뜨기.

12단부터 레이스 무늬 B(도안 참조)를 뜬다.

12단	겉 1, (겉 1, 바O 1, 겉 3, 오3T 1, 겉 3, 바O 1)×마지막 2코 전까지 12회, 겉 2.
13단	겉 1, 마지막 전 코까지 안뜨기, 겉 1(**이후 17단까지 홀수 단 동일**).
14단	겉 1, (겉 2, 바O 1, 겉 2, 오3T 1, 겉 2, 바O 1, 겉 1)×마지막 2코 전까지 12회, 겉 2.
16단	겉 1, 왼D 1, [(바O 1, 겉 1)×2, 오3T 1, (겉 1, 바O 1)×2, 오3T 1]×마지막 10코 전까지 11회, (바O 1, 겉 1)×2, 오3T 1, (겉 1, 바O 1)×2, 오D 1, 겉 1.
18~41단	12~17단과 같이 4회 반복 24단(총 123코).
42단	겉 1, 왼D 61(총 62코).
43단	겉뜨기.

44단부터 레이스 무늬 C(도안 참조)를 뜬다.

44단	겉 1, (바O 1, 오D 1, 겉 1)×마지막 전 코까지 20, 겉 1(총 62코).
45단	안 1, (바O 1, 안2T 1, 안 1)×마지막 전 코까지 20, 안 1(총 62코).
46~61단	44~45단과 같이 8회 반복 16단.
62단	겉 1, (바O 1, 오D 1, 겉 1)×마지막 전 코까지 20, 겉 1.
63단	안뜨기로 2코 모아뜨기(총 31코). 다른 바늘에 코를 옮겨서 걸어둔다.

상의

1.5mm 바늘로 36코를 만든다.

1단	겉뜨기.
2단	(단춧구멍 단) 마지막 3코 전까지 겉뜨기, 오D 1, 바O 1, 겉 1(총 36코).
3단	겉 6, 오L 1, 겉 2, 왼L 1, 겉 5, 오L 1, 겉 2, 왼L 1, 겉 6, 오L 1, 겉 2, 왼L 1, 겉 5, 오L 1, 겉 2, 왼L 1, 겉 6(총 44코).
4단	겉뜨기.
5단	겉 7, 오L 1, 겉 2, 왼L 1, 겉 7, 오L 1, 겉 2, 왼L 1, 겉 8, 오L 1, 겉 2, 왼L 1, 겉 7, 오L 1, 겉 2, 왼L 1, 겉 7(총 52코).
6단	겉 3, 마지막 3코 전까지 안뜨기, 겉 3.
7단	겉 8, 오L 1, 겉 2, 왼L 1, 겉 9, 오L 1, 겉 2, 왼L 1, 겉 10, 오L 1, 겉 2, 왼L 1, 겉 9, 오L 1, 겉 2, 왼L 1, 겉 8(총 60코).
8단	겉뜨기.
9단	겉 9, 오L 1, 겉 2, 왼L 1, 겉 11, 오L 1, 겉 2, 왼L 1, 겉 12, 오L 1, 겉 2, 왼L 1, 겉 11, 오L 1, 겉 2, 왼L 1, 겉 9(총 68코).
10단	겉 3, 마지막 3코 전까지 안뜨기, 겉 3(**이후 14단까지 짝수 단 동일**).
11단	겉 10, 오L 1, 겉 2, 왼L 1, 겉 13, 오L 1, 겉 2, 왼L 1, 겉 14, 오L 1, 겉 2, 왼L 1, 겉 13, 오L 1, 겉 2, 왼L 1, 겉 10(총 76코).
13단	(단춧구멍 단) 겉 1, 오D 1, 바O 1, 겉 8코 , 오L 1, 겉 2, 왼L 1, 겉 15, 오L 1, 겉 2, 왼L 1, 겉 16, 오L 1, 겉 2, 왼L 1, 겉 15, 오L 1, 겉 2, 왼L 1, 겉 11(총 84코).
14단	10단과 동일.

몸판에서 소매 부분을 나눈다.

15단	겉 13, 겉뜨기로 코막음 19, 겉 20, 겉뜨기로 코막음 19, 겉 13(총 46코).

| 상의 |

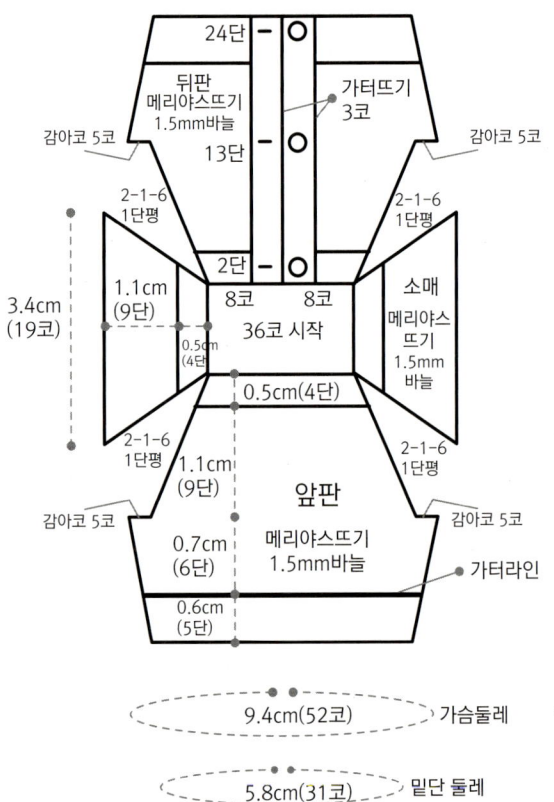

16단 겉 3, 안 10, 감아코 만들기 5, 안 20, 감아코 만들기 5, 안 10, 겉 3(총 56코).
17단 겉 12, 오D 1, 겉 3, 오D 1, 겉 18, 오D 1, 겉 3, 오D 1, 겉 12(총 52코).
18단 겉 3, 마지막 3코 전까지 안뜨기, 겉 3.
19단 겉뜨기.
20단 겉 6, (겉 1, 오D 1, 겉 1)×10, 겉 6(총 42코).
21단 겉뜨기.
22단 겉 4, (겉 1, 오D 1)×11, 겉 5(총 31코).
23단 겉 3, 마지막 3코 전까지 안뜨기, 겉 3.
24단 마지막 3코 전까지 겉뜨기, 오D 1, 바O 1, 겉 1.
25단 몸판의 남은 코와 다른 바늘에 남겨둔 스커트 코의 겉과 겉을 마주 대고 덮어씌워 잇기 기법으로 연결한다.

마무리

1. 뜨개판 겉면을 위쪽으로 놓고 다리미판에 핀으로 고정한 다음 스팀다리미로 다린다. 이때 무늬가 잘 보이게 펼치고 모양을 살려가며 다림질한다.
2. 상의와 스커트를 연결한 뜨개판의 겉면을 앞쪽으로 하여, 스커트 밑단부터 허리 아래 2cm 부분까지 메리야스 잇기로 연결한다.
3. 상의 뒤트임 단추 단 부분에, 단춧구멍의 위치에 맞춰 4mm 진주비즈를 3개 단다.
4. 상의 앞쪽 요크 가터 라인 중심 부분에 사진처럼 3mm 진주비즈를 3개 단다.

CROCHETED DOLL FASHION ITEMS

꽃자수 케이프

난이도 : ★★★☆☆ | PHOTO P.28

꽃자수 케이프는 바디 사이즈 제한 없이 모든 인형에게 잘 맞는다.

모델	쿠쿠클라라 코지 2016 클라라
크기	목둘레 5cm, 밑단 둘레 13cm, 길이 2.5cm
사용한 실	랑 메리노 400 레이스 얀 (Lang Merino 400 lace yarn) 아이보리색, 십자수실 다홍색, 붉은 밤색, 초록색, 노란색
바늘	레이스용 코바늘 2호
기타 준비물	가는 돗바늘, 가위
도구와 기법	180~217쪽 참조. 기법은 설명 부분 등 일부를 제외하고는 아래와 같이 약자로, 콧수와 횟수는 숫자로 표기.

① 사슬 ← 사슬뜨기　② 한긴C ← 한길긴뜨기
③ 짧C ← 짧은뜨기　④ 빼 ← 빼뜨기
⑤ 긴2C ←한길긴뜨기 2코 모아뜨기

HOW TO MAKE

- 코바늘로 목 부분에서 코를 잡아 늘려가며 뜬다.
- 양쪽 앞면에 수를 놓아 마무리한다.

| 케이프 |

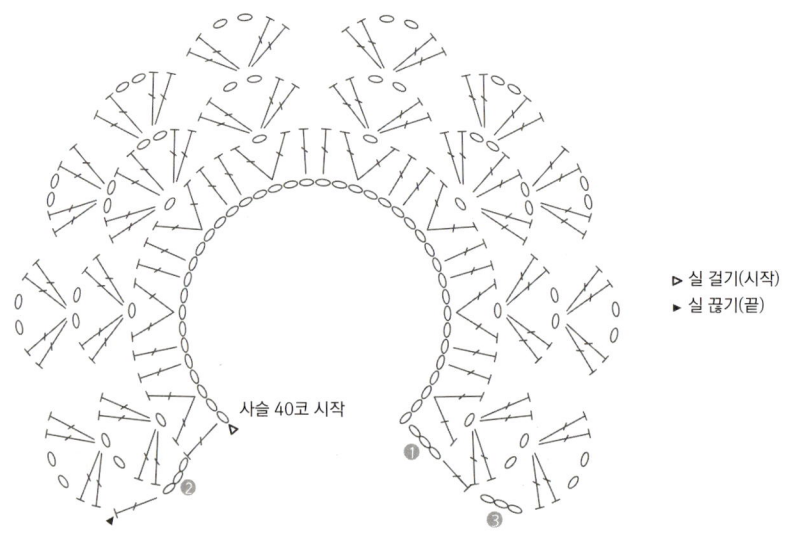

▷ 실 걸기(시작)
▶ 실 끊기(끝)

사슬 40코 시작

| 케이프 테두리 |

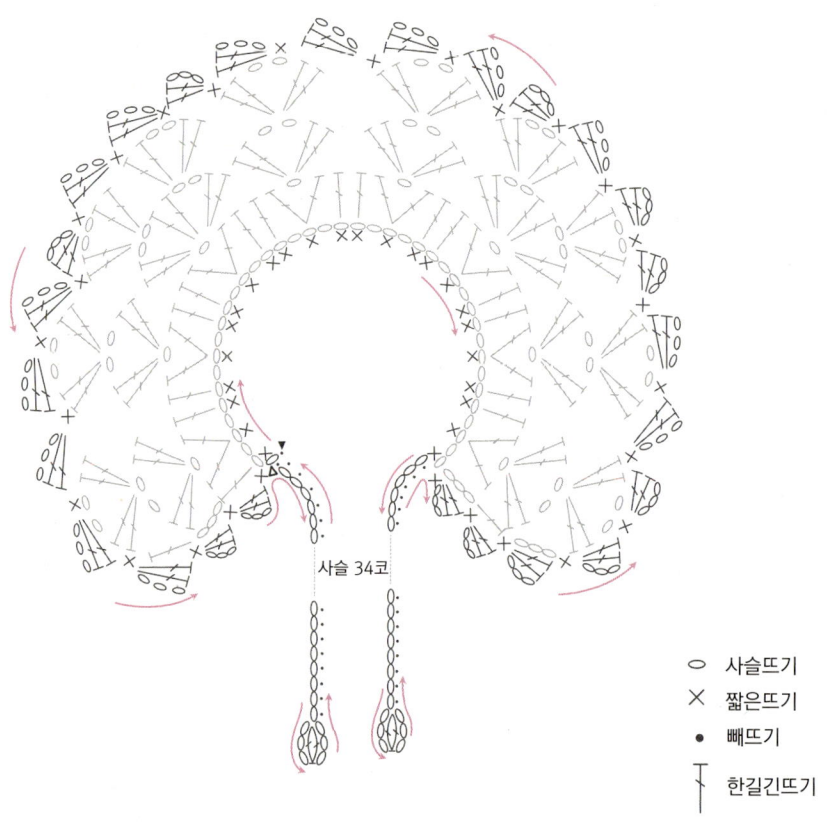

사슬 34코

○ 사슬뜨기
× 짧은뜨기
• 빼뜨기
T 한길긴뜨기

케이프

레이스용 코바늘 2호로 사슬뜨기하여 40코를 만든다.

1단 기둥코 3, [다음 1코 건너뛰고, 다음 1코에 (한긴C 1, 사슬 1, 한긴C 1), 다음 1코 건너뛰고, 한긴C 2]×7, 다음 1코 건너뛰고, 다음 1코에 (한긴C 1, 사슬 1, 한긴C 1), 다음 1코 건너뛰고, 다음 코에 한긴C 1.

2단 기둥코 3, [다음 사슬코에 (한긴C 2, 사슬 2, 한긴C 2)]×2, 다음 사슬코에 (한긴C 2, 사슬 2, 한긴C 2, 사슬 2, 한긴C 2), [다음 사슬코에 (한긴C 2, 사슬 2, 한긴C 2)]×2, 다음 사슬코에 (한긴C 2, 사슬 2, 한긴C 2, 사슬 2, 한긴C 2), [다음 사슬코에 (한긴C 2, 사슬 2, 한긴C 2)]×2, 한긴C 1.

3단 기둥코 3, [다음 사슬코에 (한긴C 2, 사슬 2, 한긴C 2)]×10, 마지막 기둥코에 한긴C 1. 실을 10cm 정도 여유를 두고 자른다.

케이프 테두리를 뜨기 시작한다.

기둥코 1, 짧C 24(케이프 안쪽 둘레), 사슬 34(오른쪽 끈), (사슬 3, 한긴2C 1, 사슬 3)(오른쪽 끈 끝 부분), 빼 34(오른쪽 끈), [(짧C 1, 사슬 3, 한긴C 2)×26, 짧C 1](케이프 바깥 둘레), 빼뜨기로 기둥코에 연결, 사슬 34(왼쪽 끈), (사슬 3, 한긴2C 1, 사슬 3)(왼쪽 끈 끝 부분), 빼 34(왼쪽 끈), 빼뜨기로 기둥코에 연결. 실을 10cm 정도 여유를 두고 자른다.

| 수놓기 |

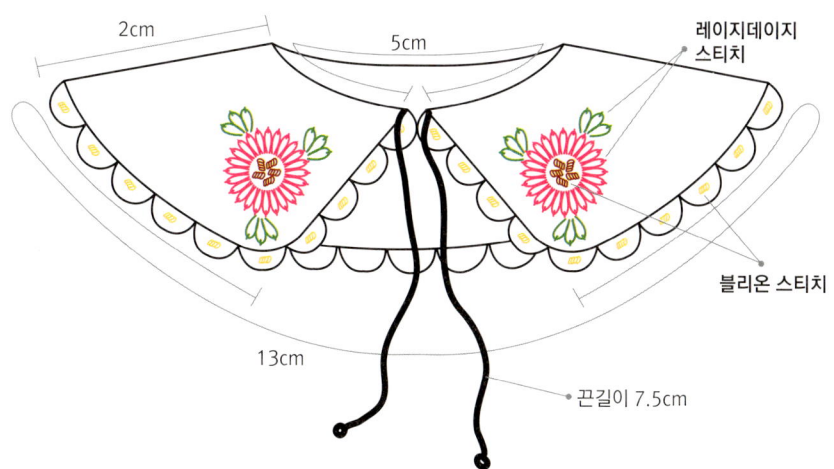

케이프 자수

자수 방법 설명은 118쪽 참조.

1. 그림과 같이 다홍색 실을 이용해 레이지데이지 스티치로 꽃잎을 수놓는다.
2. 중앙에는 붉은 밤색 실을 이용해 블리온 스티치로 꽃술을 만든다.
3. 초록색 실을 이용해 레이지데이지 스티치로 잎사귀를 만든다.
4. 노란색 실을 이용해 블리온 스티치로 테두리에 수를 놓는다.

마무리

안쪽에서 실을 정리하여 마무리한다.

| 블리온 스티치 |

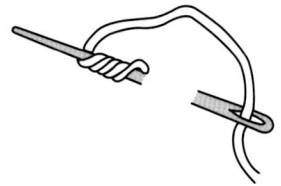 

1. 수를 놓을 면에 한 땀을 뜬 후 바늘에 실을 4~5번 감은 다음 바늘을 살살 당겨 앞쪽으로 뺀다.

2. 바늘이 나온 위치에 바늘을 넣고 잡아당겨 안쪽에서 매듭을 짓고 마무리한다.

3. 완성한 모습.

| 레이지데이지 스티치 |

 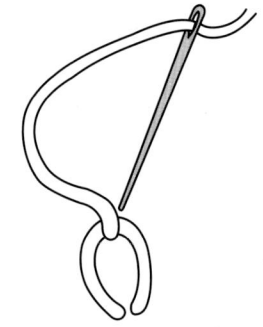 

1. 꽃잎 크기만큼 한 땀을 뜬 후 그림과 같이 실을 걸고 바늘을 빼낸다.

2. 꽃잎의 끝 부분이 고정되도록 그림과 같이 바늘을 넣고 안쪽으로 뺀다.

3. 완성한 모습.

HAND KNITTED DOLL CLOTHES

요정 망토

난이도 ★★★☆☆ | PHOTO P.30

클라라와 카카룻에게 잘 어울리며, 모자를 안 씌울 경우 브라이스에게도 입힐 수 있다. 망토의 길이를 조절하면 더욱 다양한 1/6사이즈 인형에게 맞는다. 길이를 늘이면 아이로아(로아, 엘리, 쥬디 등), 몽당이(퓨어니모 XS바디), 사라래(오비츠 24바디) 등에, 길이를 줄이면 꽃지(다래, 살구 등), 아이로아 모모, 알로카, 벨라보니카, 로제토이즈의 로지 등에 입힐 수 있다.

모델	쿠쿠클라라 스완 클라라
크기	길이 22.5cm, 밑단 너비 26.3cm
사용한 실	로완 키드실크 헤이즈(Rowan Kidsilk Haze) 크림색, 다른 모헤어 2합사(2ply 실)로 대체 가능.
바늘	2.5mm 줄바늘, 레이스용 코바늘 2호
기타 준비물	가위, 돗바늘, 마커
게이지	무늬뜨기 30코×50단(2.5mm 바늘)
도구와 기법	180~217쪽 참조. 기법은 설명 부분 등 일부를 제외하고는 아래와 같이 약자로, 콧수와 횟수는 숫자로 표기.

① 겉 ← 겉뜨기 ② 안 ← 안뜨기 ③ 오L ← 오른코 늘리기
④ 왼L ← 왼코 늘리기 ⑤ 바O ← 바늘 비우기
⑥ 왼D ← 왼코 줄이기 ⑦ 안2T ← 안뜨기로 2코 모아뜨기
⑧ 오3T ← 오른코 3코 모아뜨기

HOW TO MAKE

- 망토 밑단부터 위로 올라가며 떠서 후드로 마무리한다.
- 후드 부분은 코막음 없이 반 접어서 코와 코 마주대고 잇기 기법으로 시접 없이 연결한다.

| 몸판 |

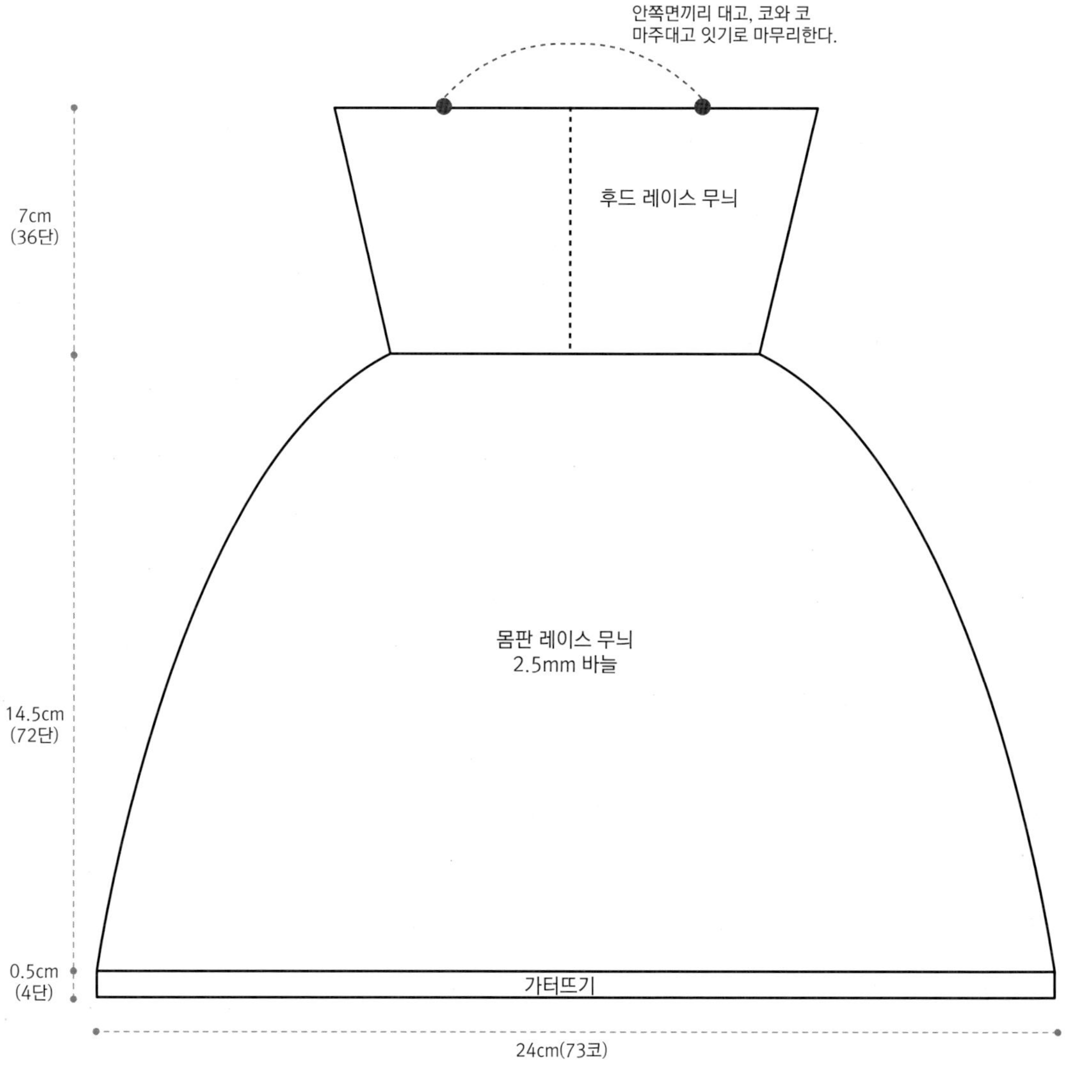

안쪽면끼리 대고, 코와 코
마주대고 잇기로 마무리한다.
7cm
(36단)
후드 레이스 무늬
몸판 레이스 무늬
2.5mm 바늘
14.5cm
(72단)
0.5cm
(4단)
가터뜨기
24cm(73코)

| 몸판 레이스 무늬(5~76단) |

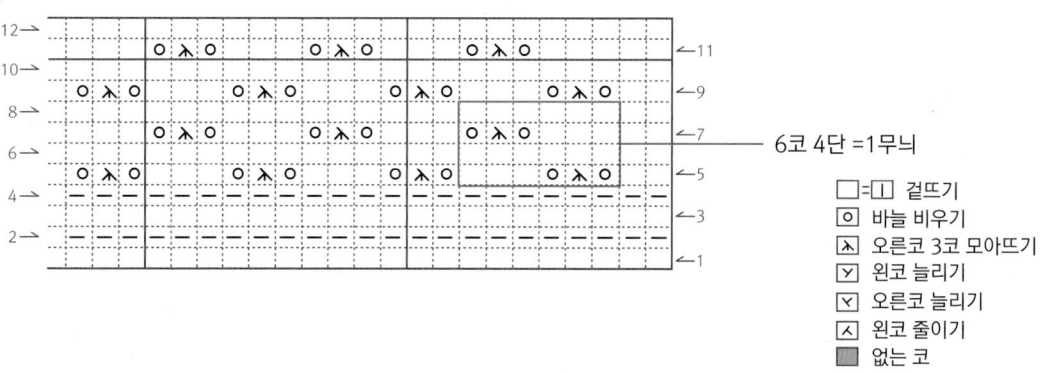

12
10
8
6
4
2
11
9
7
5
3
1
6코 4단 =1무늬

□=□ 겉뜨기
○ 바늘 비우기
⋏ 오른코 3코 모아뜨기
⋎ 왼코 늘리기
⋎ 오른코 늘리기
⋌ 왼코 줄이기
■ 없는 코

| 후드 레이스 무늬 |

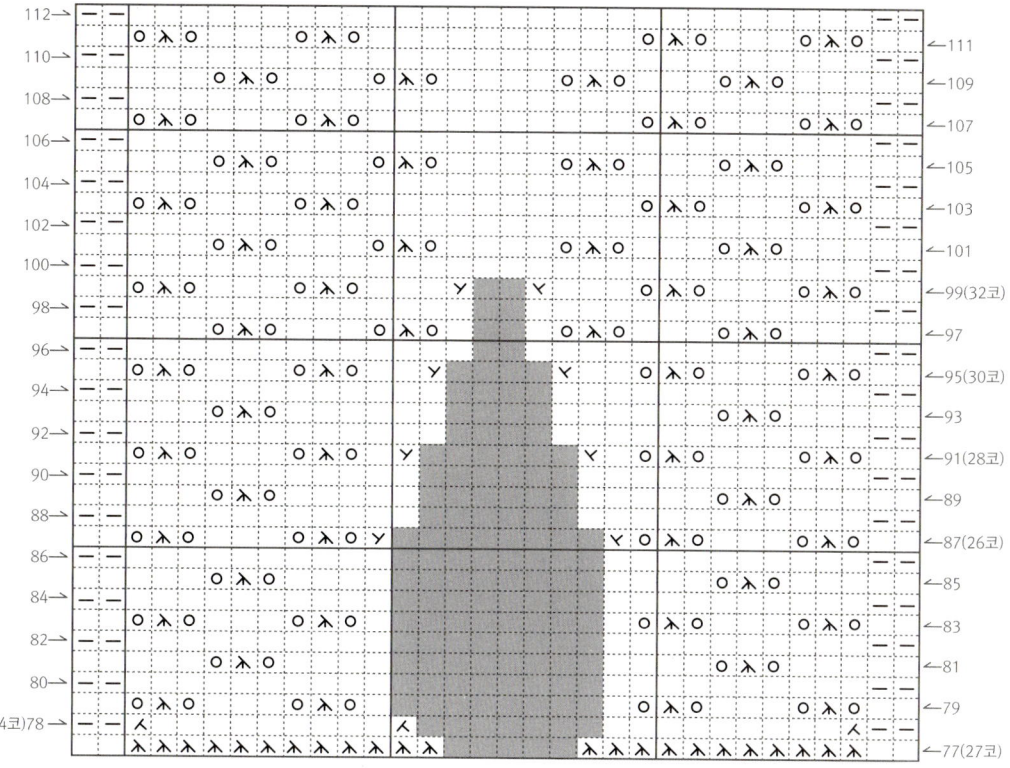

몸판

2.5mm 바늘로 73코를 만든다.

1~4단	겉뜨기 4단(가터뜨기).
5단	겉 2, (바O 1, 오3T 1, 바O 1, 겉 3)×11, 바O 1, 오3T 1, 바O 1, 겉 2.
6단	겉 2, 마지막 2코 전까지 안뜨기, 겉 2.
7단	겉 2, (겉 3, 바O 1, 오3T 1, 바O 1)을 마지막 5코 전까지 반복, 겉 5.
8단	겉 2, 마지막 2코 전까지 안뜨기, 겉 2.
9~76단	5~8단과 같이 17회 반복 68단.

후드 부분을 뜨기 시작한다.

77단	겉 2, 마지막 2코 전까지 오3T, 겉 2(총 27코).
78단	겉 2, 안2T 1, 안 8, 안2T 1, 안 9, 안2T 1, 겉 2(총 24코).
79단	겉 2, 바O 1, 오3T 1, 바O 1, 겉 3, 바O 1, 오3T 1, 바O 1, 겉 2, 바O 1, 오3T 1, 바O 1, 겉 3, 바O 1, 오3T 1, 바O 1, 겉 2(총 24코).
80단	겉 2, 마지막 2코 전까지 안뜨기, 겉 2(이후 짝수 단 동일).
81단	겉 2, 겉 3, 바O 1, 오3T 1, 바O 1, 겉 8, 바O 1, 오3T 1, 바O 1, 겉 3, 겉 2(총 24코).
83단	겉 2, 바O 1, 오3T 1, 바O 1, 겉 3, 바O 1, 오3T 1, 겉 2, 바O 1, 오3T 1, 바O 1, 겉 3, 바O 1, 오3T 1, 바O 1, 겉 2(총 24코).
85단	겉 2, 겉 3, 바O 1, 오3T 1, 바O 1, 겉 8, 바O 1, 오3T 1, 바O 1, 겉 3, 겉 2(총 24코).
87단	겉 2, 바O 1, 오3T 1, 바O 1, 겉 3, 바O 1, 오3T 1, 바O 1, 오L 1, 겉 2, 왼L 1, 바O 1, 오3T 1, 바O 1, 겉 3, 바O 1, 오3T 1, 바O 1, 겉 2(총 26코).
89단	겉 2, 겉 3, 바O 1, 오3T 1, 바O 1, 겉 10, 바O 1, 오3T 1, 바O 1, 겉 3, 겉 2(총 26코).
91단	겉 2, 바O 1, 오3T 1, 바O 1, 겉 3, 바O 1, 오3T 1, 바O 1, 겉 1, 오L 1, 겉 2, 왼L 1, 겉 1, 바O 1, 오3T 1, 바O 1, 겉 3, 바O 1, 오3T 1, 바O 1, 겉 2(총 28코).
93단	겉 2, 겉 3, 바O 1, 오3T 1, 바O 1, 겉 12, 바O 1, 오3T 1, 바O 1, 겉 3, 겉 2(총 28코).
95단	겉 2, 바O 1, 오3T 1, 바O 1, 겉 3, 바O 1, 오3T 1, 바O 1, 겉 2, 오L 1, 겉 2, 왼L 1, 겉 2, 바O 1, 오3T 1, 바O 1, 겉 3, 바O 1, 오3T 1, 바O 1, 겉 2(총 30코).

97단	겉 2, 겉 3, 바O 1, 오3T 1, 바O 1, 겉 3, 바O 1, 오3T 1, 바O 1, 겉 2, 바O 1, 오3T 1, 바O 1, 겉 3, 바O 1, 오3T 1, 바O 1, 겉 3, 겉 2(총 30코).
99단	겉 2, 바O 1, 오3T 1, 바O 1, 겉 3, 바O 1, 오3T 1, 바O 1, 겉 3, 오L 1, 겉 2, 왼L 1, 겉 3, 바O 1, 오3T 1, 바O 1, 겉 3, 바O 1, 오3T 1, 바O 1, 겉 2(총 32코).
101단	겉 2, 겉 3, 바O 1, 오3T 1, 바O 1, 겉 3, 바O 1, 오3T 1, 바O 1, 겉 4, 바O 1, 오3T 1, 바O 1, 겉 3, 바O 1, 오3T 1, 바O 1, 겉 3, 겉 2(총 32코).
103단	겉 2, 바O 1, 오3T 1, 바O 1, 겉 3, 바O 1, 오3T 1, 바O 1, 겉 3, 겉 4, 겉 3, 바O 1, 오3T 1, 바O 1, 겉 3, 바O 1, 오3T 1, 바O 1, 겉 2(총 32코).
105단	겉 2, 겉 3, 바O 1, 오3T 1, 바O 1, 겉 3, 바O 1, 오3T 1, 바O 1, 겉 4, 바O 1, 오3T 1, 바O 1, 겉 3, 바O 1, 오3T 1, 바O 1, 겉 3, 겉 2(총 32코).
107단	겉 2, 바O 1, 오3T 1, 바O 1, 겉 3, 바O 1, 오3T 1, 바O 1, 겉 3, 겉 4, 겉 3, 바O 1, 오3T 1, 바O 1, 겉 3, 바O 1, 오3T 1, 바O 1, 겉 2(총 32코).
109단	겉 2, 겉 3, 바O 1, 오3T 1, 바O 1, 겉 3, 바O 1, 오3T 1, 바O 1, 겉 4, 바O 1, 오3T 1, 바O 1, 겉 3, 바O 1, 오3T 1, 바O 1, 겉 3, 겉 2(총 32코).
111단	겉 2, 바O 1, 오3T 1, 바O 1, 겉 3, 바O 1, 오3T 1, 바O 1, 겉 3, 겉 4, 겉 3, 바O 1, 오3T 1, 바O 1, 겉 3, 바O 1, 오3T 1, 바O 1, 겉 2(총 32코).
112단	겉 2, 마지막 2코 전까지 안뜨기, 겉 2.

실을 40cm 정도 남기고 자른다. 후드의 남은 코를 반 접어서 안쪽 면끼리 대고, 코와 코 마주대고 잇기 기법으로 연결한다.

| 태슬 |

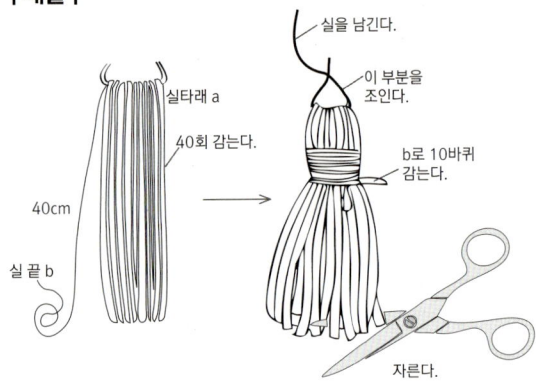

| 목 끈 |

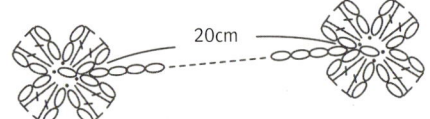

후드용 태슬

1. 손가락 3개를 모은 다음 실을 40회 정도 감는다(실타래 a).
2. 실 끝(b)을 40cm 남기고 자른 후, a의 윗부분에서 1cm 내려온 지점에 b를 10바퀴 감는다.
3. a의 아랫부분에 가위를 넣어 실타래를 반으로 가르고, 자른 실 중 한 가닥과 b를 묶어 태슬 머리 부분을 상투처럼 만든다.
4. 묶고 남은 b를 돗바늘에 끼워 a의 윗부분(자르지 않은 실타래 위쪽 부분)에 고리를 걸듯 세 번 둘러 조인 다음 바늘을 윗부분 가운데로 빼내어 후드 뒤 꼭짓점에 바느질로 연결한다.
5. 태슬의 길이가 4cm 정도로 일정하도록 가위로 정리한다.

후드용 목 끈

1. 레이스용 코바늘 2호로 사슬 3코를 뜨고, 첫 사슬코에 빼뜨기 하여 원형을 만든다.
2. 원형을 만든 자리에서 사슬 2코를 뜨고, 원형 안에 긴뜨기를 2번 하고, 사슬 2코를 떠서 원형 안에 빼뜨기로 연결한다. 하나의 꽃잎 완성.
3. 위의 2번을 세 차례 반복해 꽃잎 4장을 만든다.
4. 사슬코를 20cm 뜬다.
5. 다시 사슬 3코를 뜨고, 20cm 떠 놓은 사슬코의 마지막 코에 빼뜨기해 원형을 만든다.
6. 2~3번을 반복해 또 하나의 꽃잎 4장이 완성되면 실을 자르고 마무리한다.
7. 망토의 몸판과 후드 사이 뜨개 무늬 구멍을 이용해 듬성듬성 시침질하듯 끈을 끼운다.

마무리

망토의 레이스 무늬가 잘 보이도록 다림질한다.

HAND KNITTED DOLL CLOTHES

타이트 원피스

난이도 : ★★★★★ | PHOTO P.32

꽃지(철쭉이, 다래, 살구 등), 클라라, 아이로아 모모, 알로카, 벨라보니카, 로제토이즈의 로지 등에 잘 맞는다.

모델	꽃지 철쭉이
크기	길이 9.5cm, 가슴둘레 10.5cm, 소매 길이 4.6cm
사용한 실	이사거 스트릭 스피니(Isager Strik Spinni) 1S 벽돌색. 다른 2합사(2ply) 실로 대체 가능.
바늘	1.25mm 줄바늘, 1.5mm 막대바늘 4개, 1.75mm 줄바늘, 2mm 줄바늘
기타 준비물	시침핀, 가위, 돗바늘, 마커, 바느질실과 바늘, 3mm 진주비즈 4개
게이지	무늬뜨기 60코×62단(1.5mm 바늘), 무늬뜨기 52코×58단(1.75mm 바늘), 무늬뜨기 45코×54단(2mm 바늘)

도구와 기법 180~217쪽 참조. 기법은 설명 부분 등 일부를 제외하고는 아래와 같이 약자로, 콧수와 횟수는 숫자로 표기.

① 겉 ← 겉뜨기 ② 안 ← 안뜨기
③ 1오C ← 1대1 오른코 위 교차뜨기
④ FB안 ← 앞뒤로 늘리며 안뜨기
⑤ L안 ← 끌어올려 안뜨기로 늘리기
⑥ 안2T ← 안뜨기로 2코 모아뜨기

HOW TO MAKE

- 목둘레부터 시작해서 스커트 밑단으로 내려가는 톱다운 방식으로 뜬다.
- 단춧구멍을 따로 만들지 않고, 사슬코로 단춧고리를 만들어 단추를 끼운다.

| 몸판 |

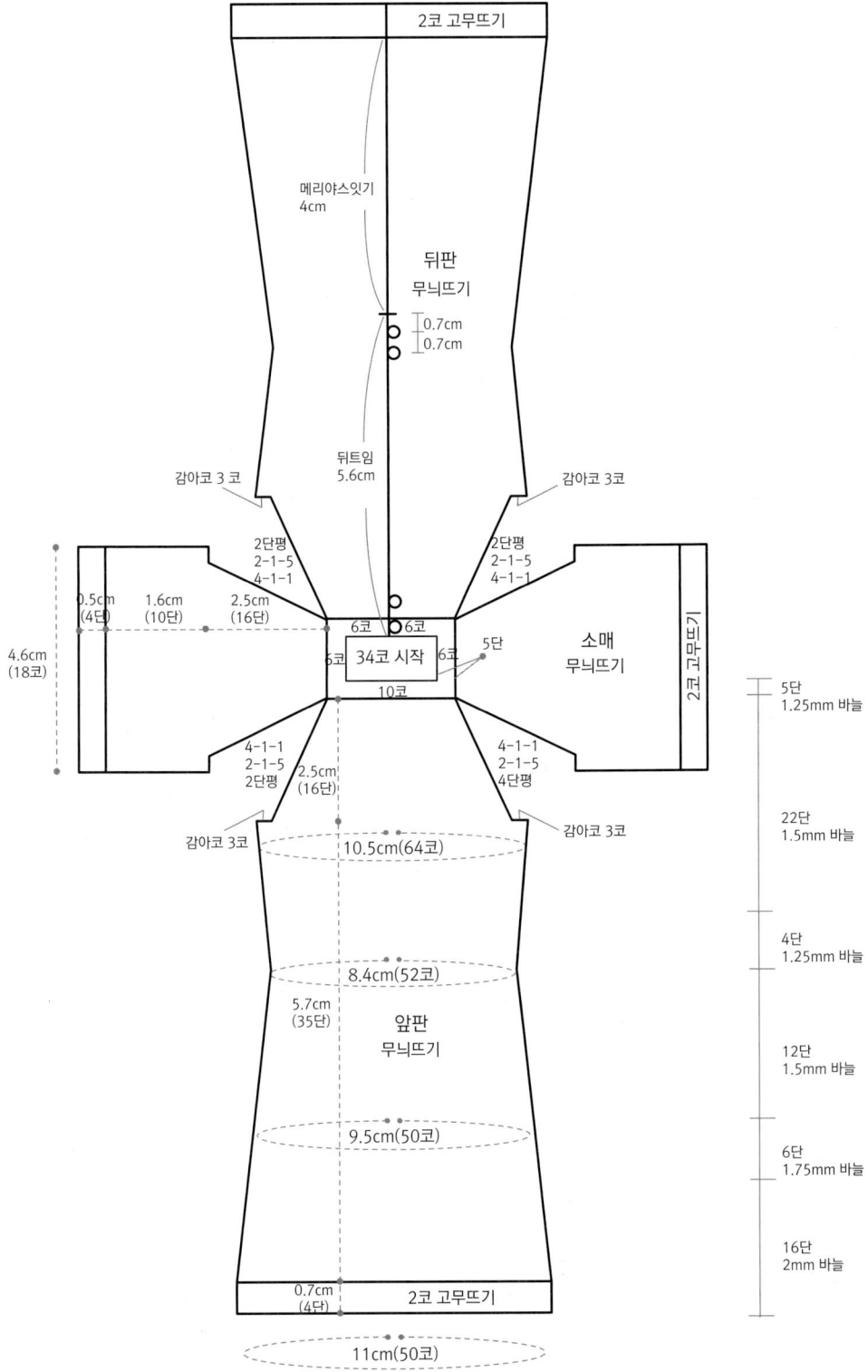

| 몸판 1 |

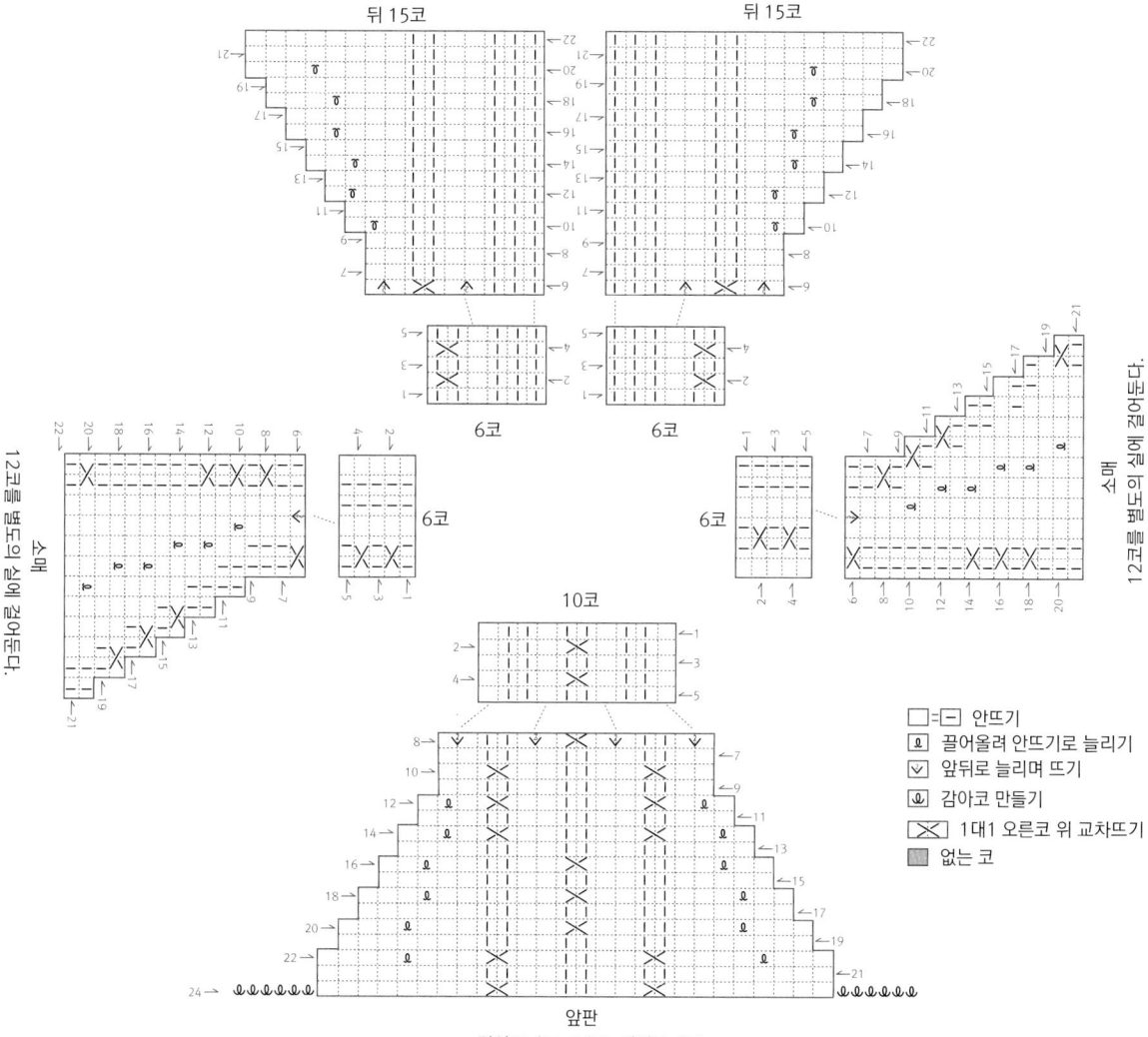

| 몸판 2 |

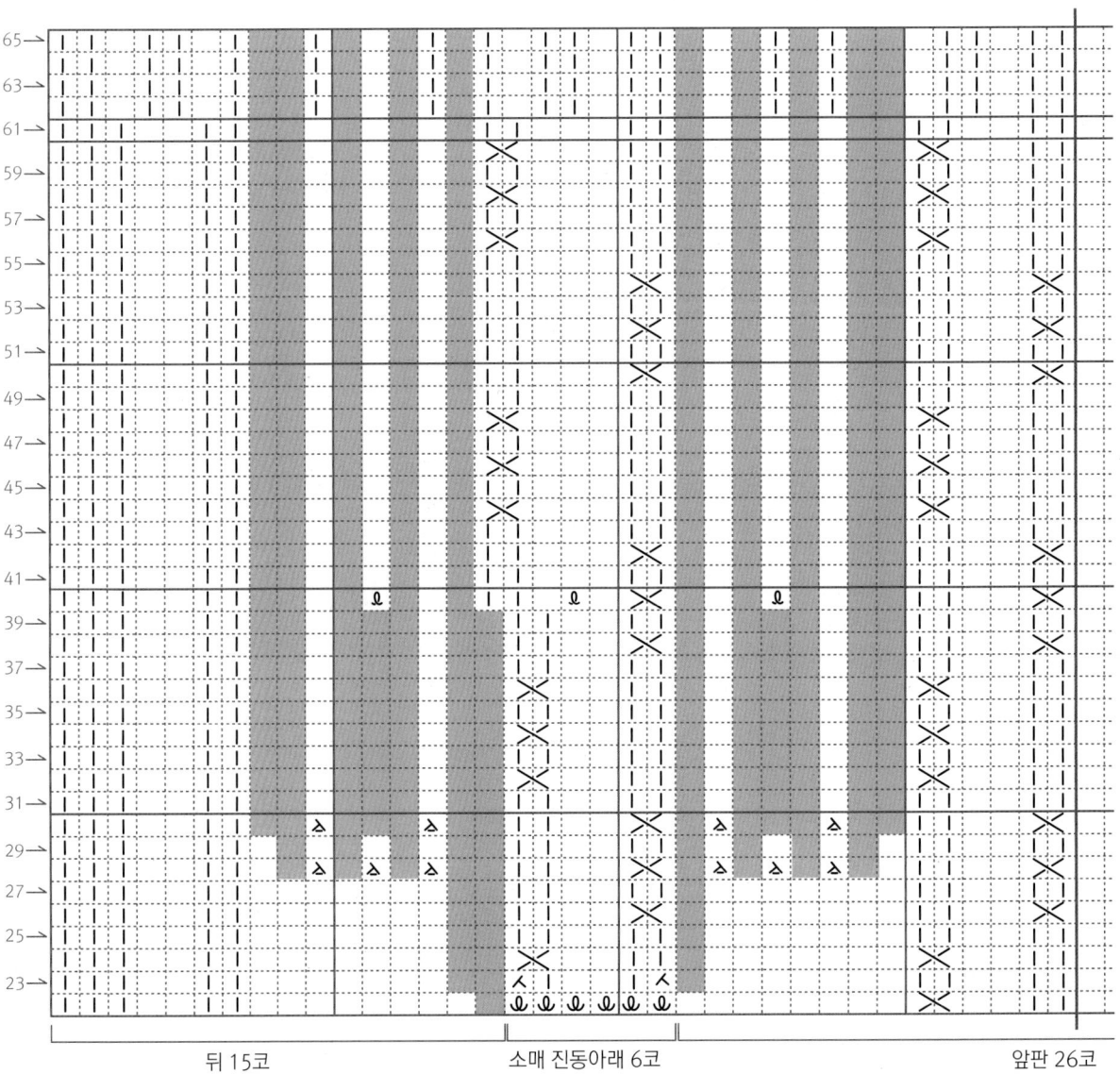

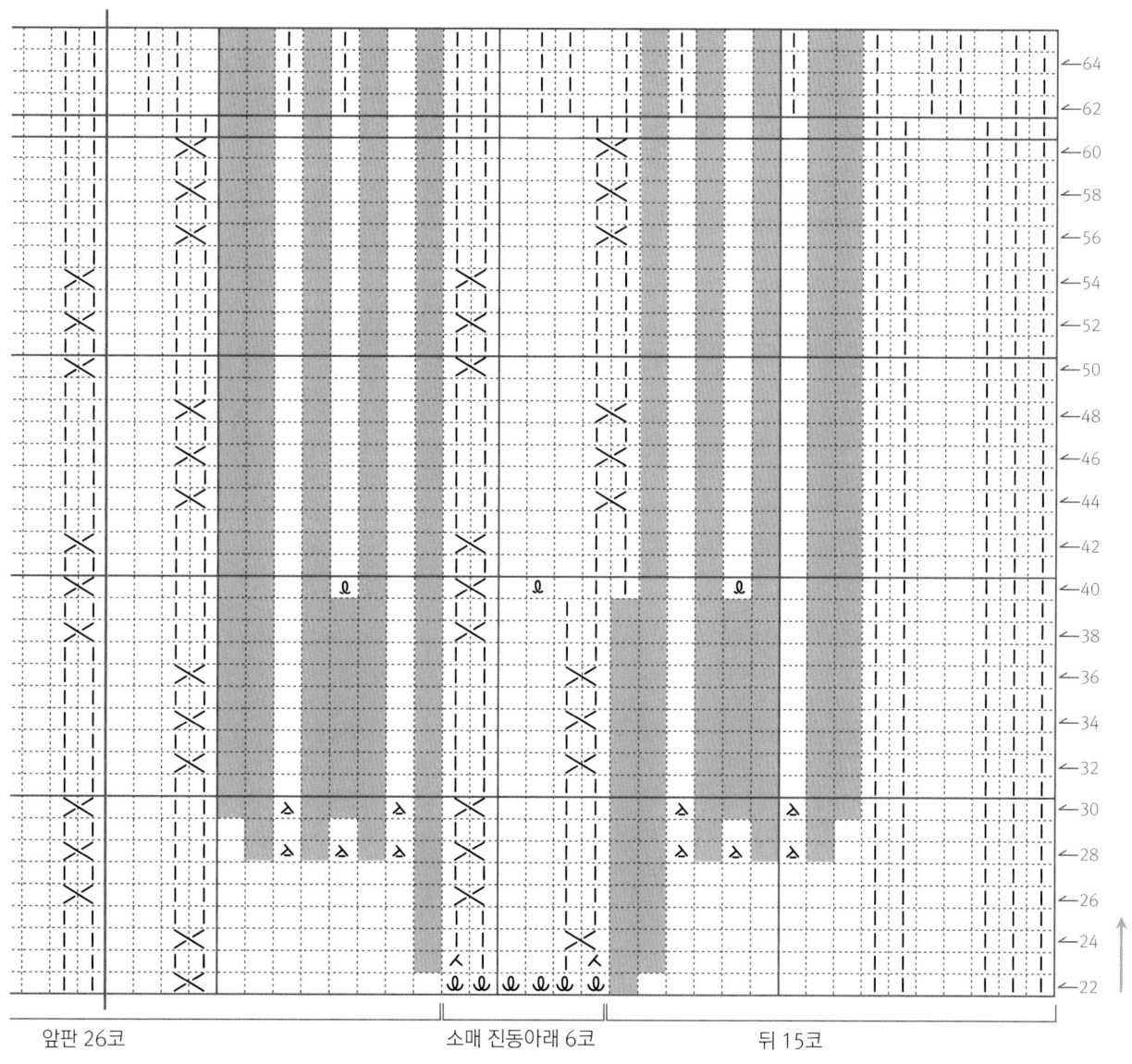

앞판 26코 　소매 진동아래 6코　뒤 15코

1~5단 1.25mm 바늘, 6~27단 1.5mm 바늘,
28~31단 1.25mm 바늘, 32~43단 1.5mm 바늘,
44~49단 1.75mm 바늘, 50~65단 2mm 바늘 사용.

- 겉뜨기
- 안뜨기
- 끌어올려 안뜨기로 늘리기
- 안뜨기로 2코 모아뜨기
- 왼코 줄이기
- 감아코 만들기
- 1대1 오른코 위 교차뜨기
- 없는 코

몸판

하이넥 목둘레 단부터 시작하며, 1.25mm 바늘로 34코를 만든다.

- **1단** (안쪽) 안 3, (겉 1, 안 2)×9, 겉 1, 안 3(총 34코).
- **2단** (겉쪽) 겉 3, 안 1, 11오C 1, 안 1, 겉 2, 안 1, 11오C 1, 안 1, 겉 2, 안 1, 11오C 1, 안 1, 겉 2, 안 1, 11오C 1, 안 1, 겉 3.
- **3단** 안 3, (겉 1, 안 2)×9, 겉 1, 안 3(총 34코).
- **4단** 겉 3, 안 1, 11오C 1, 안 1, 겉 2, 안 1, 11오C 1, 안 1, 겉 2, 안 1, 11오C 1, 안 1, 겉 2, 안 1, 11오C 1, 안 1, 겉 3.
- **5단** 안 3, (겉 1, 안 2)×9, 겉 1, 안 3(총 34코).

1.5mm 바늘로 바꿔서 몸판을 뜨기 시작한다.

- **6단** 겉 3, FB안 1, 11오C 1, FB안 1, 겉 2, FB안 1, 11오C 1, FB안 1, 겉 2, FB안 1, 11오C 1, FB안 1, 겉 2, FB안 1, 11오C 1, FB안 1, 겉 3(총 44코).
- **7단** 안 3, (겉 2, 안 2)×9, 겉 2, 안 3(총 44코).
- **8단** 겉 3, 안 2, 겉 2, 11오C 1, 안 2, 겉 2, 11오C 1, 안 2, 겉 2, 11오C 1, 안 2, 겉 2, 11오C 1, 안 2, 겉 2, 겉 3.
- **9단** 안 3, (겉 2, 안 2)×9, 겉 2, 안 3(총 44코).
- **10단** 겉 3, 안 2, 겉 2, 안 1, L안 1, 안 1, 11오C 1, 안 1, L안 1, 안 1, 겉 2, 안 1, L안 1, 안 1, 11오C 1, 안 2, 겉 2, 안 2, 11오C 1, 안 1, L안 1, 안 1, 겉 2, 안 1, L안 1, 안 1, 11오C 1, 안 1, L안 1, 안 1, 겉 2, 안 2, 겉 3(총 50코).
- **11단** 안 3, 겉 2, 안 2, 겉 3, 마커 걸고, 안 2, 겉 3, 안 2, 마커 걸고, 겉 3, 안 2, 겉 2, 안 2, 겉 3, 마커 걸고, 안 2, 겉 3, 안 2, 마커 걸고, 겉 3, 안 2, 겉 2, 안 3.
- **12단** 겉 3, 안 2, 겉 2, 안 2, L안 1, 안 1, 마커 옮기고, 11오C 1, 안 2, L안 1, 안 1, 겉 2, 안 2, L안 1, 안 1, 11오C 1, 안 2, 겉 2, 안 2, 11오C 1, 안 1, L안 1, 안 2, 마커 옮기고, 겉 2, 안 2, L안 1, 안 1, 11오C 1, 마커 옮기고, 안 2, L안 1, 안 1, 겉 2, 안 2, 겉 3(총 56코).
- **13단** 안 3, 겉 2, 안 2, 겉 4, 마커 옮기고, 안 2, 겉 4, 안 2, 마커 옮기고, 겉 4, 안 2, 겉 2, 안 2, 겉 4, 마커 옮기고, 안 2, 겉 4, 안 2, 마커 옮기고, 겉 4, 안 2, 겉 2, 안 3.
- **14단** 겉 3, 안 2, 겉 2, 안 2, L안 1, 안 2, 마커 옮기고, 겉 2, 안 2, L안 1, 안 2, 11오C 1, 마커 옮기고, 안 2, L안 1, 안 2, 겉 2, 안 2, 겉 2, 안 2, 11오C 1, 안 2, L안 1, 안 2, 마커 옮기고, 11오C 1, 안 2, L안 1, 안 2, 겉 2, 마커 옮기고, 안 2, L안 1, 안 2, 겉 2, 안 2, 겉 3(총 62코).
- **15단** 안 3, 겉 2, 안 2, 겉 5, 마커 옮기고, 안 2, 겉 5, 안 2, 마커 옮기고, 겉 5, 안 2, 겉 2, 안 2, 겉 5, 마커 옮기고, 안 2, 겉 5, 안 2, 마커 옮기고, 겉 5, 안 2, 겉 2, 안 3.
- **16단** 겉 3, 안 2, 겉 2, 안 3, L안 1, 안 2, 마커 옮기고, 겉 2, 안 3, L안 1, 안 2, 11오C 1, 마커 옮기고, 안 3, L안 1, 안 2, 겉 2, 안 2, 11오C 1, 안 2, 겉 2, 안 3, L안 1, 안 2, 마커 옮기고, 11오C 1, 안 3, L안 1, 안 2, 겉 2, 마커 옮기고, 안 3, L안 1, 안 2, 겉 2, 안 2, 겉 3(총 68코).
- **17단** 안 3, 겉 2, 안 2, 겉 6, 마커 옮기고, 안 2, 겉 6, 안 2, 마커 옮기고, 겉 6, 안 2, 겉 2, 안 2, 겉 6, 마커 옮기고, 안 2, 겉 6, 안 2, 마커 옮기고, 겉 6, 안 2, 겉 2, 안 3.
- **18단** 겉 3, 안 2, 겉 2, 안 3, L안 1, 안 3, 마커 옮기고, 겉 2, 안 3, L안 1, 안 3, 11오C 1, 마커 옮기고, 안 3, L안 1, 안 3, 겉 2, 안 2, 11오C 1, 안 3, 겉 2, 안 3, L안 1, 안 3, 마커 옮기고, 11오C 1, 안 3, L안 1, 안 3, 겉 2, 마커 옮기고, 안 3, L안 1, 안 3, 겉 2, 안 2, 겉 3(총 74코).
- **19단** 안 3, 겉 2, 안 2, 겉 7, 마커 옮기고, 안 2, 겉 7, 안 2, 마커 옮기고, 겉 7, 안 2, 겉 2, 안 2, 겉 7, 마커 옮기고, 안 2, 겉 7, 안 2, 마커 옮기고, 겉 7, 안 2, 겉 2, 안 3.
- **20단** 겉 3, 안 2, 겉 2, 안 4, L안 1, 안 3, 마커 옮기고, 11오C 1, 안 4, L안 1, 안 3, 겉 2, 마커 옮기고, 안 4, L안 1, 안 3, 11오C 1, 안 2, 겉 2, 안 2, 11오C 1, 안 4, L안 1, 안 3, 마커 옮기고, 겉 2, 안 4, L안 1, 안 3, 11오C 1, 마커 옮기고, 안 4, L안 1, 안 3, 겉 2, 안 2, 겉 3(총 80코).
- **21단** 안 3, 겉 2, 안 2, 겉 8, 마커 옮기고, 안 2, 겉 8, 안 2, 마커 옮기고, 겉 8, 안 2, 겉 2, 안 2, 겉 8, 마커 옮기고, 안 2, 겉 8, 안 2, 마커 옮기고, 겉 8, 안 2, 겉 2, 안 3.

몸판에서 소매 부분을 나눈다.

- **22단** 겉 3, 안 2, 겉 2, 안 8, 마커 빼고, 소매용 12코를 별도의 실에 빼두고, 오른쪽 바늘로 감아코 만들기 6코, 마커 빼고, 안 8, 11오C 1, 안 2, 겉 2, 안 2, 11오C 1, 안 8, 마커 빼고, 소매용 12코를 별도의 실에 빼두고, 오른쪽 바늘로 감아코 만들기 6코, 마커 빼고, 안 8, 겉 2, 안 2, 겉 3(총 68코).
- **23단** 안 3, 겉 2, 안 2, 겉 7, 안2T 1, 안 1, 겉 2, 안 1, 안2T 1, 겉 7, 안 2, 겉 2, 안 2, 겉 2, 안 2, 겉 7, 안2T 1, 안 1, 겉 2, 안 1, 안2T 1, 겉 7, 안 2, 겉 2, 안 3(총 64코).

24단	겉 3, 안 2, 겉 2, 안 7, 11오C 1, 안 2, 겉 2, 안 7, 11오C 1, 안 2, 겉 2, 안 2, 11오C 1, 안 2, 겉 2, 안 7, 11오C 1, 안 7, 겉 2, 안 2, 겉 3.
25단	안 3, 겉 2, 안 2, 겉 7, 안 2, 겉 2, 안 2, 겉 7, 안 2, 겉 2, 안 2, 겉 2, 안 2, 겉 7, 안 2, 겉 2, 안 2, 겉 7, 안 2, 겉 2, 안 3(총 64코).
26단	겉 3, 안 2, 겉 2, 안 7, 겉 2, 안 2, 11오C 1, 안 7, 겉 2, 안 2, 11오C 1, 안 2, 겉 2, 안 7, 11오C 1, 안 2, 겉 2, 안 7, 겉 2, 안 2, 겉 3.
27단	안 3, 겉 2, 안 2, 겉 7, 안 2, 겉 2, 안 2, 겉 7, 안 2, 겉 2, 안 2, 겉 2, 안 2, 겉 7, 안 2, 겉 2, 안 2, 겉 7, 안 2, 겉 2, 안 3(총 64코).

이후 허릿단 부분은 1.25mm 바늘로 바꿔서 작업한다.

28단	겉 3, 안 2, 겉 2, 안 1, 안2T 3, 겉 2, 안 2, 11오C 1, 안2T 3, 안 1, 겉 2, 안 2, 11오C 1, 안 2, 겉 2, 안 1, 안2T 3, 11오C 1, 안 2, 겉 2, 안2T 3, 안 1, 겉 2, 안 2, 겉 3(총 52코).
29단	안 3, 겉 2, 안 2, 겉 4, 안 2, 겉 2, 안 2, 겉 4, 안 2, 겉 2, 안 2, 겉 2, 안 2, 겉 4, 안 2, 겉 2, 안 2, 겉 4, 안 2, 겉 2, 안 3(총 52코).
30단	겉 3, 안 2, 겉 2, 안2T 2, 겉 2, 안 2, 11오C 1, 안2T 2, 겉 2, 안 2, 11오C 1, 안 2, 겉 2, 안2T 2, 11오C 1, 안 2, 겉 2, 안2T 2, 겉 2, 안 2, 겉 3(총 44코).
31단	안 3, 겉 2, 안 2, 겉 2, 안 2, 겉 2, 안 2, 겉 2, 안 2, 겉 2, 안 2, 겉 2, 안 2, 겉 2, 안 2, 겉 2, 안 2, 겉 2, 안 3.

이후 치마 시작 부분은 1.5mm 바늘로 바꿔서 작업한다.

32단	겉 3, 안 2, 겉 2, 안 2, 11오C 1, 안 2, 겉 2, 안 2, 11오C 1, 안 2, 겉 2, 안 2, 11오C 1, 안 2, 겉 2, 안 2, 11오C 1, 안 2, 겉 2, 안 2, 겉 3(총 44코).
33단	안 3, 겉 2, 안 2, 겉 2, 안 2, 겉 2, 안 2, 겉 2, 안 2, 겉 2, 안 2, 겉 2, 안 2, 겉 2, 안 2, 겉 2, 안 2, 겉 2, 안 3.
34~37단	32~33단과 같이 2회 반복 4단.
38단	겉 3, 안 2, 겉 2, 안 2, 겉 2, 안 2, 11오C 1, 안 2, 겉 2, 안 2, 11오C 1, 안 2, 겉 2, 안 2, 11오C 1, 안 2, 겉 2, 안 2, 겉 2, 안 2, 겉 3.
39단	안 3, (겉 2, 안 2코)×9, 겉 2, 안 3.
40단	겉 3, 안 2, 겉 2, 안 1, L안 1, 안 1, 겉 2, 안 1, L안 1, 안 1, 11오C 1, 안 1, L안 1, 안 1, 겉 2, 안 1, 11오C 1, 안 2, 겉 2, 안 1, L안 1, 안 1, 11오C 1, 안 1, L안 1, 안 1, 겉 2, 안 1, L안 1, 안 1, 겉 2, 안 2, 겉 3(총 50코).
41단	안 3, 겉 2, 안 2, 겉 2, 안 2, 겉 3, 안 2, 겉 3, 안 2, 겉 2, 안 2, 겉 2, 안 2, 겉 3, 안 2, 겉 3, 안 2, 겉 2, 안 3.
42단	겉 3, 안 2, 겉 2, 안 3, 겉 2, 안 3, 11오C 1, 안 3, 겉 2, 안 2, 11오C 1, 안 2, 겉 2, 안 3, 11오C 1, 안 3, 겉 2, 안 3, 겉 2, 안 2, 겉 3.
43단	안 3, 겉 2, 안 2, 겉 3, 안 2, 겉 3, 안 2, 겉 2, 안 2, 겉 2, 안 2, 겉 3, 안 2, 겉 3, 안 2, 겉 2, 안 3.

이후 치마 중심 부분은 1.75mm 바늘로 바꿔서 작업한다.

44단	겉 3, 안 2, 겉 2, 안 3, 11오C 1, 안 3, 겉 2, 안 3, 11오C 1, 안 2, 겉 2, 안 2, 11오C 1, 안 3, 겉 2, 안 3, 11오C 1, 안 3, 겉 2, 안 2, 겉 3.
45단	안 3, 겉 2, 안 2, 겉 3, 안 2, 겉 3, 안 2, 겉 2, 안 2, 겉 2, 안 2, 겉 3, 안 2, 겉 3, 안 2, 겉 2, 안 3.
46~49단	44~45단과 같이 2회 반복 4단.

이후 치마 밑단 부분은 2mm 바늘로 바꿔서 작업한다.

50단	겉 3, 안 2, 겉 2, 안 3, 겉 2, 안 3, 11오C 1, 안 3, 겉 2, 안 2, 11오C 1, 안 2, 겉 2, 안 3, 11오C 1, 안 3, 겉 2, 안 3, 겉 2, 안 2, 겉 3.
51단	안 3, 겉 2, 안 2, 겉 3, 안 2, 겉 3, 안 2, 겉 2, 안 2, 겉 2, 안 2, 겉 3, 안 2, 겉 3, 안 2, 겉 2, 안 3.
52~55단	50~51단과 같이 2회 반복 4단.
56~61단	44~45단과 같이 3회 반복 6단.
62단	(겉 2, 안 1)×16, 겉 2(총 50코).
63단	(안 2, 겉 1)×16, 안 2.
64~65단	62~63단과 같이 반복 2단. 고무단 덮어씌워 코막음으로 마무리.

| 소매 |

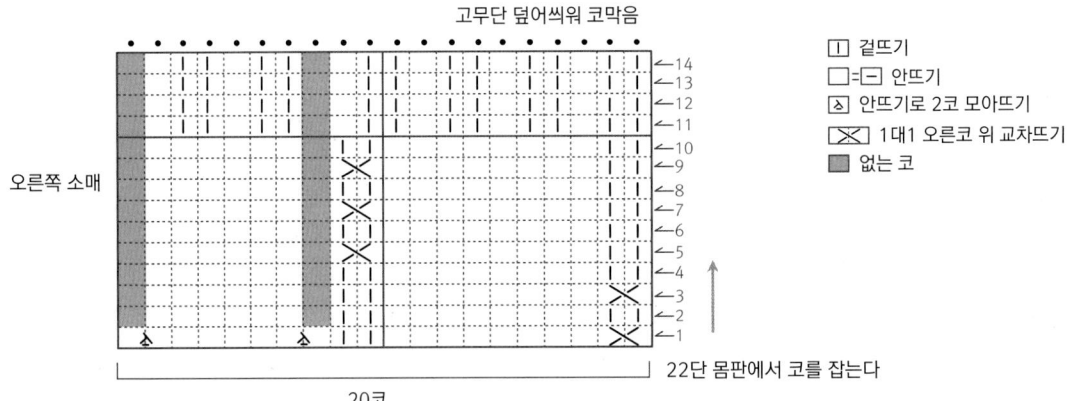

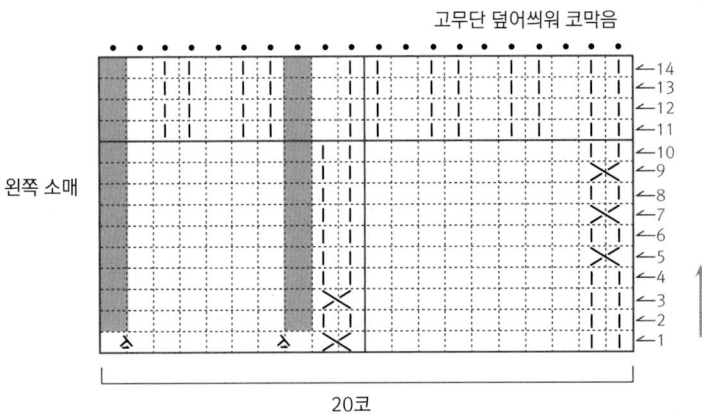

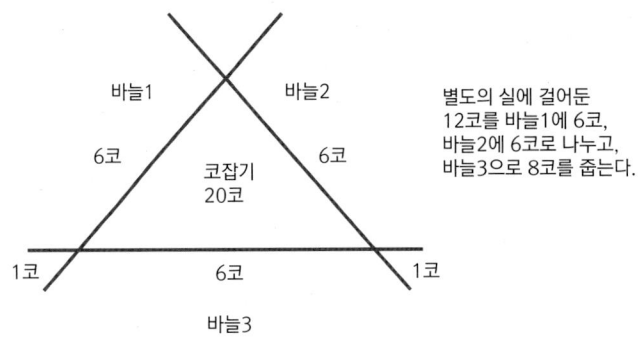

소매

먼저 오른쪽 소매를 1.5mm 바늘 4개로 원형뜨기 한다. 별도의 실에 걸어두었던 12코를 바늘 2개에 6코씩 나눠 끼우고, 바늘3에는 바늘2의 마지막 코와 감아코 사이에서 1코를 줍고, 감아코는 겉뜨기로 6코를 뜬 후, 바늘 1의 첫코 아래에서 1코를 주워 총 8코를 줍는다.

코잡기	총 20코(6+6+8).
1단	11오C 1, 안 8, 겉 2, 안2T 1, 안 4, 안2T 1(총 18코).
2단	겉 2, 안 8, 겉 2, 안 6.
3단	11오C 1, 안 8, 겉 2, 안 6.
4단	겉 2, 안 8, 겉 2, 안 6.
5단	겉 2, 안 8, 11오C 1, 안 6.
6단	겉 2, 안 8, 겉 2, 안 6.
7~10단	5~6단과 같이 2회 반복 4단.
11~14단	(겉 2, 안 1)×6. 고무단 덮어씌워 코막음으로 마무리.

왼쪽 소매도 위와 같은 방법으로 20코를 코잡기 한다.

1단	겉 2, 안 8, 11오C 1, 안2T 1, 안 4, 안2T 1(총 18코).
2단	겉 2, 안 8, 겉 2, 안 6.
3~4단	1~2단과 같이 반복 2단.
5단	11오C 1, 안 8, 겉 2, 안6
6단	겉 2, 안 8, 겉 2, 안 6.
7~10단	1~2단과 같이 2회 반복 4단.
11~14단	(겉 2, 안 1)×6. 고무단 덮어씌워 코막음으로 마무리.

마무리

1. 뜨개판의 겉면을 다림질한다.
2. 원피스의 밑단 끝에서부터 위쪽으로 4cm 남긴 지점까지 메리야스 잇기로 연결한다.
3. 단춧고리는 사슬뜨기 한다. 하이넥 칼라와 허리 부분에 각각 7mm 간격으로 단춧고리를 2개씩 만든다.
4. 맞은편에 단추용 진주비즈를 달아 고리를 건다.

HOW TO MAKE
FASHION ACCESSORIES
멋 낼까 기분 낼까

꽈배기 방울모자
비니
귀달이모자와 레그워머
토끼모자와 엄지장갑
리본 챙모자
복조리 가방
네트백
재스민 핸드백

KNITTED DOLL FASHION ITEMS

꽈배기 방울모자

난이도 ★★★☆☆ | PHOTO P.16

M 사이즈는 대부분의 1/6사이즈 인형에게 맞고, L 사이즈는 리틀초 용이다.
브라이스(머리 둘레 27cm) 용은 2.5mm 대바늘과 3합사(3ply 실)를 써서 L 사이즈 도안으로 뜬다.
중국 인형 훌랄라(머리 둘레 21cm) 용은 2mm 대바늘과 2합사(2ply 실)를 사용해 L 사이즈 도안으로 뜨면 된다.

모델	사라래(사라래 헤드)
크기	M 사이즈는 모자 둘레 14cm, 길이 5.5cm, L 사이즈는 모자 둘레 16cm, 길이 6.5cm
사용한 실	샤헨마이어 레기아(Schachenmayr Regia) 아이보리색(M 사이즈), 회색(L 사이즈). 다른 2합사(2ply 실)로 대체 가능.
바늘	1.5mm 막대바늘 4개
기타 준비물	꽈배기바늘, 가위, 돗바늘
게이지	무늬뜨기 60코×65단(1.5mm 바늘)

도구와 기법 180~217쪽 참조. 기법은 설명 부분 등 일부를 제외하고는 아래와 같이 약자로, 콧수와 횟수는 숫자로 표기.

① 겉 ← 겉뜨기 ② 안 ← 안뜨기 ③ 왼D ← 왼코 줄이기
④ 안2T ← 안뜨기로 2코 모아뜨기
⑤ 22왼C ← 2대2 왼코 위 교차뜨기
⑥ 22오C ← 2대2 오른코 위 교차뜨기

HOW TO MAKE

- 원형으로 코를 잡아 아래에서 위로 올라가는 방식으로 뜬다.
- 위쪽에서 코줄임을 한 뒤 방울을 달아 마무리한다.

L 사이즈

1.5mm 바늘을 사용하여 일반코잡기로 88코를 잡아 원형을 만든다.

1~6단	(겉 2, 안 2)를 끝까지 반복(2코 고무뜨기).
7단	(안 4, 겉 8)×8, 이때 도안에서처럼 안뜨기 부분에서 8코를 늘리면서 뜬다(총 96코).
8단	(안 4, 겉 8)×8.
9단	(안 4, 22윈C 1, 22오C 1)×8.
10~12단	(안 4, 겉 8)×8.
13단	(안 4, 22오C 1, 22윈C 1)×8.
14~16단	(안 4, 겉 8)×8.
17단	(안 4, 22윈C 1, 22오C 1)×8.
18~20단	(안 4, 겉 8)×8.
21단	(안 4, 22오C 1, 22윈C 1)×8.
22~24단	(안 4, 겉 8)×8.
25단	(안 4, 22윈C 1, 22오C 1)×8.
26~28단	(안 4, 겉 8)×8.
29단	(안2T 2, 22오C 1, 22윈C 1)×8(총 80코).
30~32단	(안 2, 겉 8)×8.
33단	(안2T 1, 22윈C 1, 22오C 1)×8(총 72코).
34~36단	(안 1, 겉 8)×8.
37단	(안 1, 22오C 1, 22윈C 1)×8(총 72코).
38단	(안 1, 겉 8)×8.
39단	(안 1, 윈D 4)×8(총 40코).
40단	(안 1, 겉 4)×8.
41단	(안 1, 윈D 2)×8(총 24코).
42단	(안 1, 윈D 1)×8(총 16코).

마무리(M, L 공통)

1. 실을 10cm 이상 남기고 자른다.
2. 자른 실을 돗바늘에 꿰어 남은 코에 통과시킨 후 잡아당겨 조인다.
3. 지름 2cm 크기의 방울을 만들어 모자 끝에 달아 마무리한다.

| 방울 만들기 |

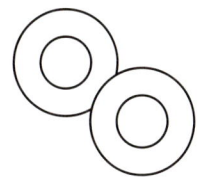

1. 원하는 지름의 크기로 그림과 같이 두꺼운 종이를 2장 만든다.

2. 2장을 겹쳐 실을 감는다.

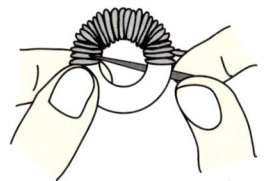

3. 중앙의 작은 원이 보이지 않을 정도로 실을 조밀하게 감는다.

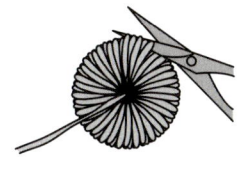

4. 종이 2장의 사이를 가로로 자른다.

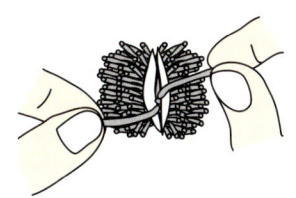

5. 2장의 사이를 벌려 중앙을 실로 감아 단단히 묶는다.

6. 종이를 떼어낸다.

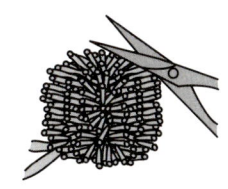

7. 가위로 동그랗게 다듬는다.

| L 사이즈 |

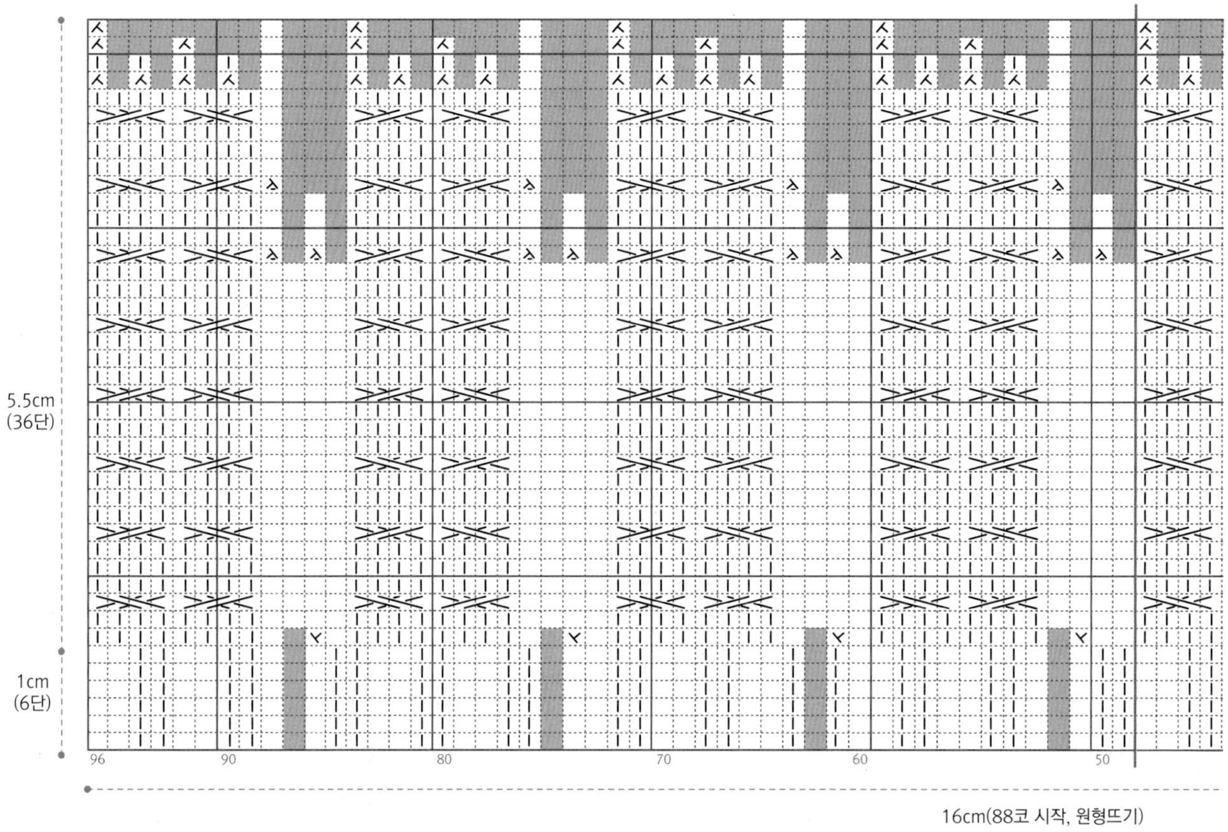

5.5cm
(36단)
1cm
(6단)
96
90
80
70
60
50
16cm(88코 시작, 원형뜨기)

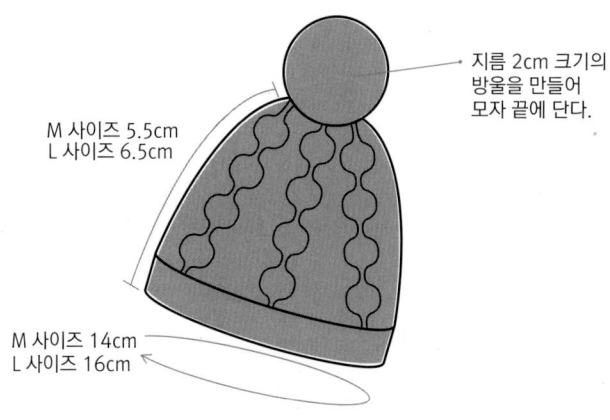

지름 2cm 크기의
방울을 만들어
모자 끝에 단다.
M 사이즈 5.5cm
L 사이즈 6.5cm
M 사이즈 14cm
L 사이즈 16cm

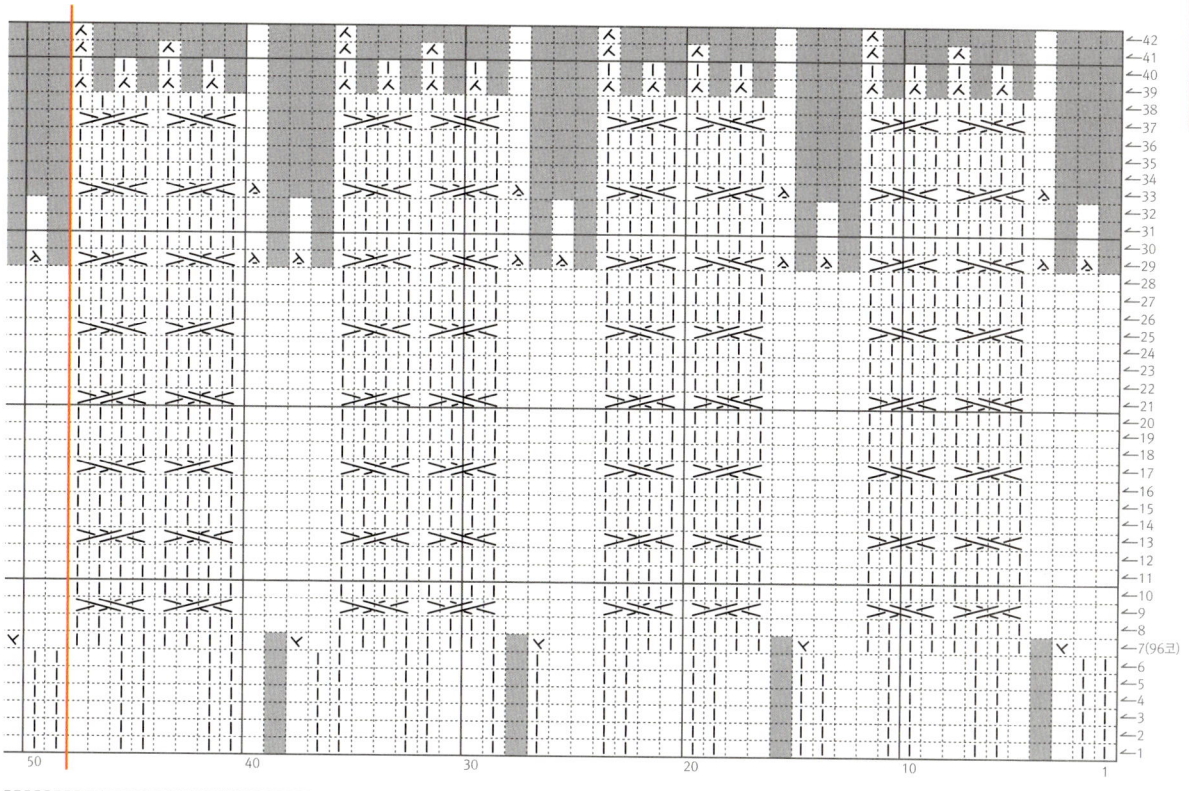

원형뜨기)

기호	설명
I	겉뜨기
□ = —	안뜨기
⋋	왼코 줄이기
⋎	오른코 늘리기
⋏	안뜨기로 2코 모아뜨기
⟩⟨⟩⟨	2대2 왼코 위 교차뜨기
⟩⟨⟩⟨	2대2 오른코 위 교차뜨기
▓	없는 코

| M 사이즈 |

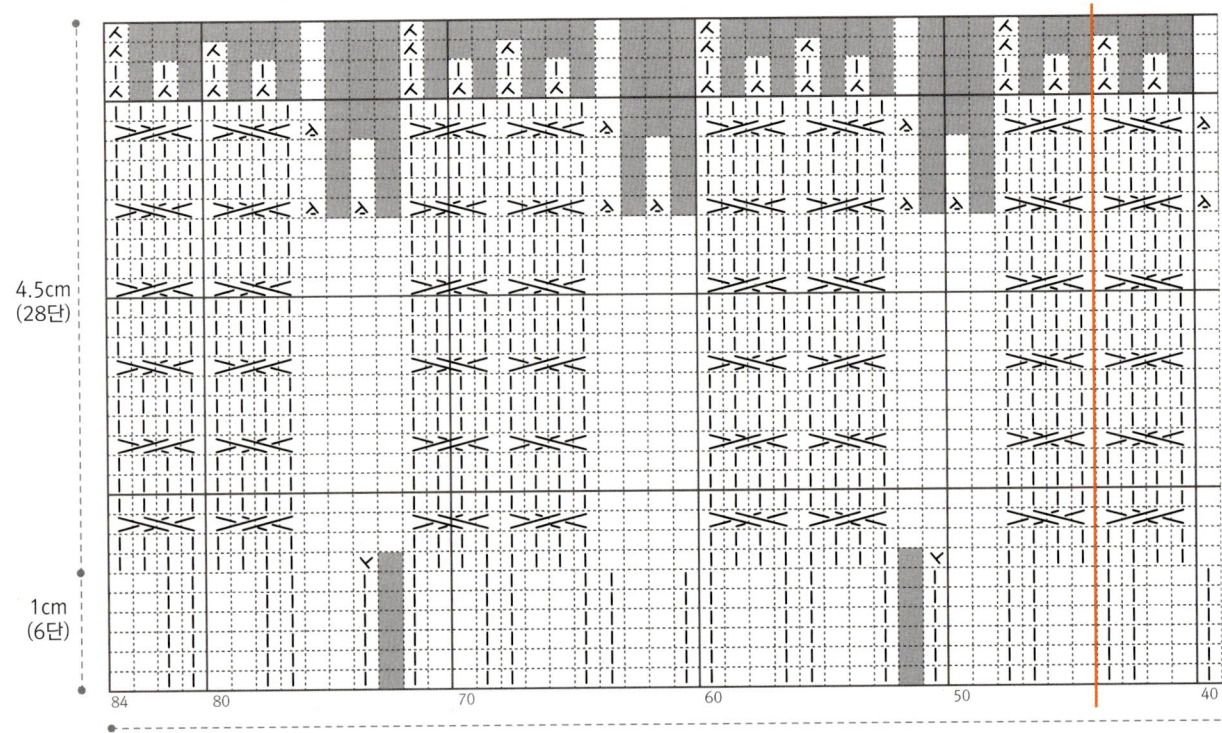

14cm(80코 시작,

M 사이즈

1.5mm 바늘을 사용하여 일반코잡기로 80코를 잡아 원형을 만든다. 무늬뜨기를 하며 코를 뒤쪽으로 빼둘 때는 꽈배기바늘이나 장갑바늘을 이용한다.

1~6단	(겉 2, 안 2)를 끝까지 반복(2코 고무뜨기).
7단	(안 4, 겉 8)×7, 이때 도안에서처럼 안뜨기 부분에서 4코를 늘리면서 뜬다(총 84코).
8단	(안 4, 겉 8)×7.
9단	(안 4, 22원C 1, 22오C 1)×7.
10~12단	(안 4, 겉 8)×7.
13단	(안 4, 22오C 1, 22원C 1)×7.
14~16단	(안 4, 겉 8)×7.
17단	(안 4, 22원C 1, 22오C 1)×7.
18~20단	(안 4, 겉 8)×7.
21단	(안 4, 22오C 1, 22원C 1)×7.
22~24단	(안 4, 겉 8)×7.
25단	(안2T 2, 22원C 1, 22오C 1)×7(총 70코).
26~28단	(안 2, 겉 8)×7.
29단	(안2T 1, 22오C 1, 22원C 1)×7(총 63코).
30단	(안 1, 겉 8)×7.
31단	(안 1, 왼D 4)×7(총 35코).
32단	(안 1, 겉 4)×7.
33단	(안 1, 왼D 2)×7(총 21코).
34단	(안 1, 왼D 1)×7(총 14코).

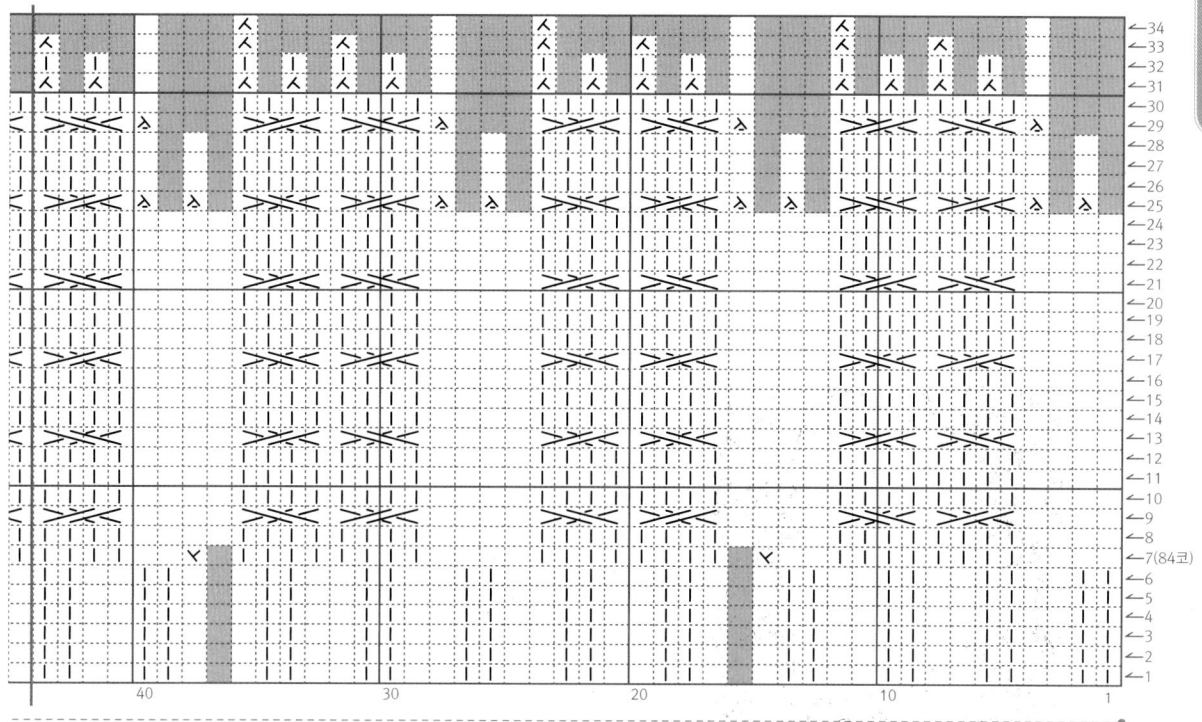

14cm(80코 시작, 원형뜨기)

기호	의미
│	겉뜨기
─	안뜨기
⟋	왼코 줄이기
⋎	오른코 늘리기
⟍	안뜨기로 2코 모아뜨기
⤫	2대2 왼코 위 교차뜨기
⤬	2대2 오른코 위 교차뜨기
■	없는 코

KNITTED DOLL FASHION ITEMS

비니

난이도 ★☆☆☆☆ | PHOTO P.18

M 사이즈는 대부분의 1/6사이즈 인형에게 맞고, L 사이즈는 리틀초 용이다.
브라이스(머리 둘레 27cm) 용은 3mm 대바늘과 5합사(5ply 실)를 써서 M 사이즈 도안으로 뜬다.
중국 인형 훌랄라(머리 둘레 21cm) 용은 2.5mm 대바늘과 3합사(3ply 실)를 사용해 M 사이즈 도안으로 뜨면 된다.

모델	리틀초
크기	M 사이즈는 모자 둘레 12cm, 길이 6cm, L 사이즈는 모자 둘레 16cm, 길이 7.5cm
사용한 실	샤헨마이어 레기아(Schachenmayr Regia) 회색(M 사이즈), 필다르 필 소프트(Phildar Phil Soft) 아이보리색(L 사이즈), 다른 2합사(2ply 실)로 대체 가능.
바늘	1.75mm 막대바늘 4개, 2.25mm 막대바늘 4개
기타 준비물	가위, 돗바늘
게이지	M 사이즈 2코 고무뜨기 60코×65단 (1.75mm 바늘), L 사이즈 2코 고무뜨기 30코×50단(2.25mm 바늘)

도구와 기법 180~217쪽 참조. 기법은 설명 부분 등 일부를 제외하고는 아래와 같이 약자로, 콧수와 횟수는 숫자로 표기.

① 겉 ← 겉뜨기 ② 안 ← 안뜨기 ③ 왼D ← 왼코 줄이기
④ 안2T ← 안뜨기로 2코 모아뜨기

HOW TO MAKE

- 원형으로 코를 잡아 아래에서 위로 올라가는 방식으로 뜬다.
- 위쪽에서 코를 줄여가며 마무리한다.

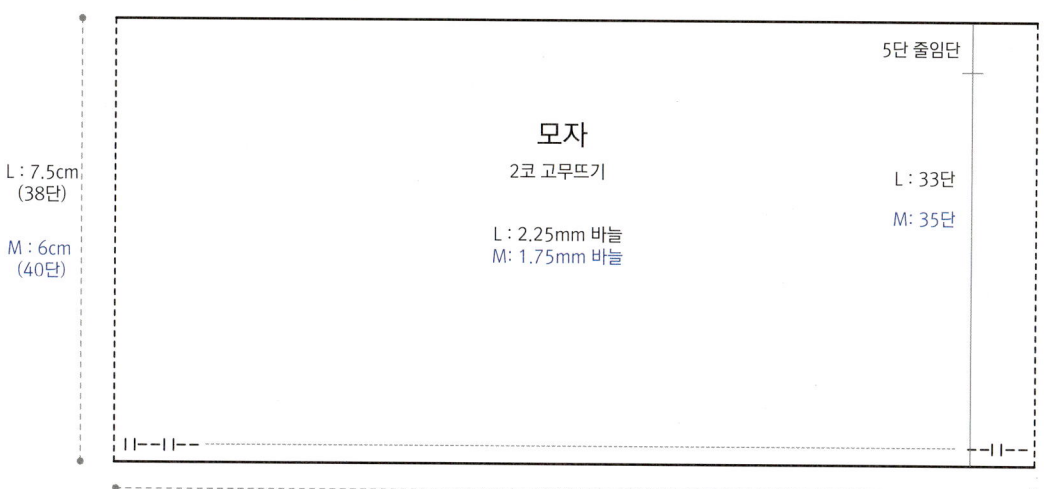

| M 사이즈 줄임단 |

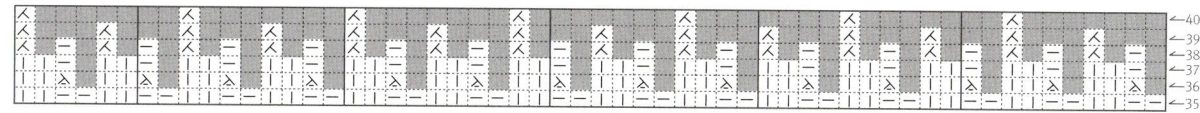

| L 사이즈 줄임단 |

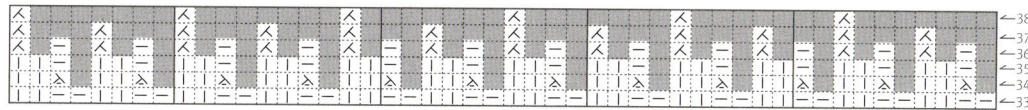

M 사이즈

1.75mm 바늘을 사용하여 일반코잡기로 56코를 잡아 원형을 만든다.

1~35단	(안 2, 겉 2)를 끝까지 반복(2코 고무뜨기).
36단	(안2T 1, 겉 2)×14.
37단	(안 1, 겉 2)×14.
38단	(안 1, 왼D 1)×14.
39단	왼D 14(총 14코).
40단	왼D 7(총 7코).

L 사이즈

2.25mm 바늘을 사용하여 일반코잡기로 48코를 잡아 원형을 만든다.

1~33단	(안 2, 겉 2)를 끝까지 반복(2코 고무뜨기).
34단	(안2T 1, 겉 2)×12.
35단	(안 1, 겉 2)×12.
36단	(안 1, 왼D 1)×12.
37단	왼D 12(총 12코).
38단	왼D 6(총 6코).

마무리(M, L 공통)

1. 실을 10cm 이상 남기고 자른다.
2. 자른 실을 돗바늘에 꿰어 남은 코에 통과시킨 후 잡아당겨 조인다.
3. 안쪽에서 실을 정리하고 마무리한다.

KNITTED DOLL FASHION ITEMS

귀달이모자와 레그워머

난이도 ★★★☆☆ | PHOTO P.34

모자 M 사이즈는 대부분의 1/6사이즈 인형에게 맞고, L 사이즈는 리틀초 용이다.
브라이스(머리둘레 27cm) 용은 3.5mm 대바늘과 7합사(7ply 실)를 써서 L 사이즈 도안으로 만들면 되고,
중국 인형 훌랄라(머리둘레 21cm) 용은 2.5mm 대바늘과 5합사(5ply 실)를 써서 L 사이즈 도안으로 뜨면 된다.
레그워머는 모든 1/6사이즈 인형에게 맞다.

모델	아이로아 모모
크기	모자 M 사이즈는 모자 둘레 12cm, 길이 5cm, L 사이즈는 모자 둘레 16cm, 길이 7cm, 레그워머는 둘레 4.5cm, 길이 6cm
사용한 실	제이미슨 & 스미스(Jamieson & smith) 진초록색, 노란색(M 사이즈), 보라색, 분홍색(L 사이즈). 다른 2합사(2ply 실)로 대체 가능.
바늘	2mm 줄바늘, 1.75mm 줄바늘
기타 준비물	가위, 돗바늘
게이지	모자는 메리야스뜨기 34코×52단 (2mm 바늘), 레그워머는 메리야스뜨기 36코×48단(1.75mm 바늘)

도구와 기법 180~217쪽 참조. 기법은 설명 부분 등 일부를 제외하고는 아래와 같이 약자로, 콧수와 횟수는 숫자로 표기.

① 겉 ← 겉뜨기 ② 안 ← 안뜨기 ③ 왼D ← 왼코 줄이기
④ 안2T ← 안뜨기로 2코 모아뜨기

HOW TO MAKE

- 귀달이 모자는 겉뜨기로 코잡기로 코를 만들어, 늘리는 되돌아뜨기 방식으로 귀 부분을 만든 다음 배색 무늬를 넣으며 뜨다가 위쪽에서 코줄임 한다.
- 레그워머는 원형뜨기로 코를 잡아 위에서부터 떠 내려오며 조금씩 코줄임 하는 방법으로 뜬다.

| M 사이즈 |

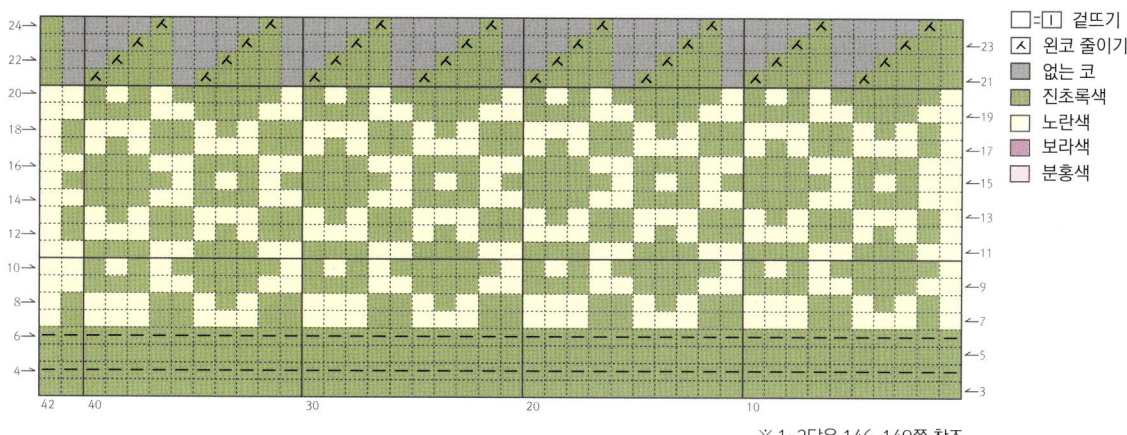

□=□ 겉뜨기
人 왼코 줄이기
없는 코
진초록색
노란색
보라색
분홍색

※ 1~2단은 146~149쪽 참조

| L 사이즈 |

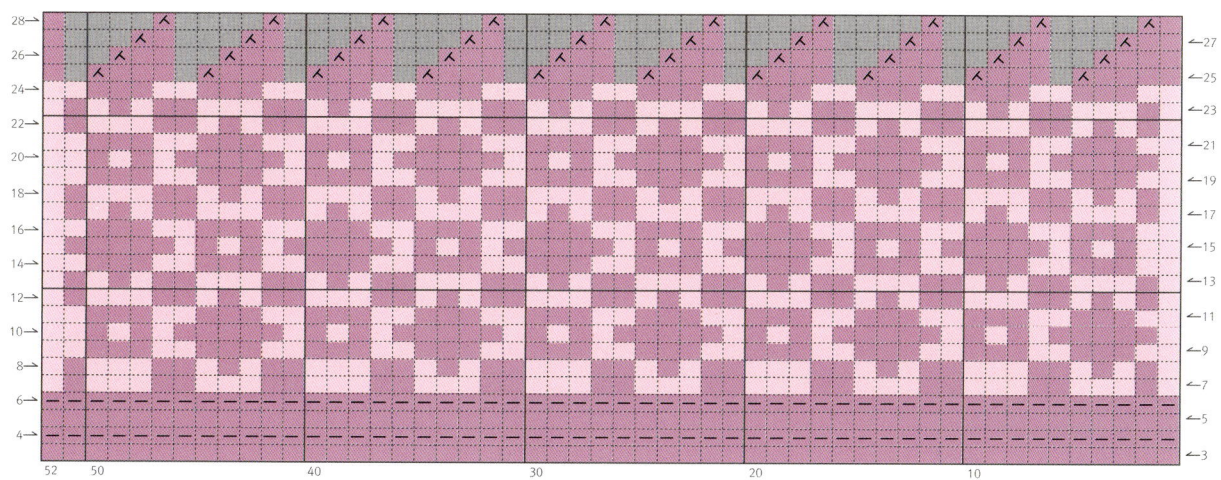

※ 1~2단은 144, 146~149쪽 참조

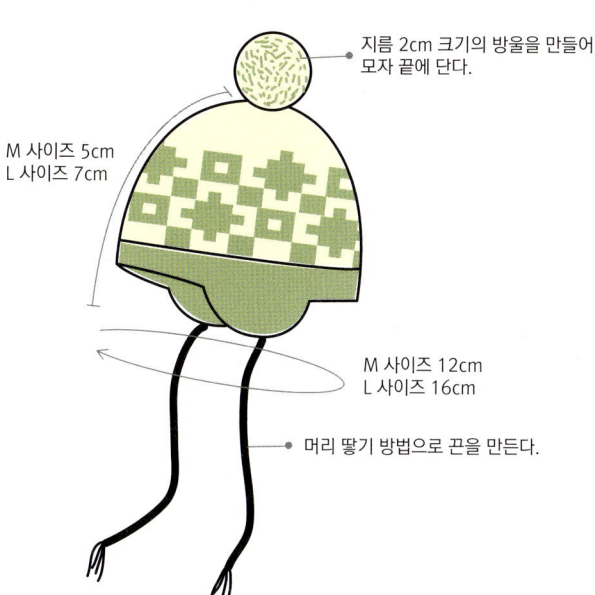

지름 2cm 크기의 방울을 만들어 모자 끝에 단다.

M 사이즈 5cm
L 사이즈 7cm

M 사이즈 12cm
L 사이즈 16cm

머리 땋기 방법으로 끈을 만든다.

143

모자 M 사이즈

2mm 바늘과 진초록색 실을 이용해 겉뜨기로 코잡기 기법으로 42코를 잡는다.

1~2단	146~149쪽 '늘리는 되돌아뜨기로 귀 만들기' 설명과 사진 참조.
3~6단	겉뜨기.

노란색 실과 진초록색 실로 배색 무늬를 뜬다. (노: 노란색 실, 진: 진초록색 실)

7단	겉뜨기로 노 1, 진 1, (노 3, 진 2)×7, 노 3, 진 1, 노 1.
8단	안뜨기로 노 1, 진 1, (노 3, 진 2, 노 1, 진 1, 노 1, 진 2)×4, 진 1, 노 1.
9단	겉뜨기로 (노 2, 진 3)×8, 노 2.
10단	안뜨기로 노 2, (진 1, 노 1, 진 1, 노 1, 진 5, 노 1)×4.
11단	9단과 같이 반복.
12단	8단과 같이 반복.
13단	7단과 같이 반복.
14단	안뜨기로 (노 2, 진 3)×8, 노 2.
15단	겉뜨기로 노 2, (진 1, 노 1, 진 1, 노 1, 진 5, 노 1)×4.
16단	안뜨기로 (노 2, 진 3)×8, 노 2.
17~20단	7~10단 반복 4단.

노란색 실은 여유를 두고 잘라내고 진초록색 실로만 뜬다.

21단	겉 1, (겉 3, 왼D 1)×8, 겉 1(총 34코).
22단	안 1, (안2T 1, 안 2)×8, 안 1(총 26코).
23단	겉 1, (겉 1, 왼D 1)×8, 겉 1(총 18코).
24단	안 1, 안2T 8, 안 1(총 10코).

모자 L 사이즈

2mm 바늘과 보라색 실을 이용해 겉뜨기로 코잡기 기법으로 52코를 잡는다.
1~2단 귀 만들기 부분은 콧수의 차이에 유의하며, 146~149쪽 '늘리는 되돌아뜨기로 귀 만들기' 설명과 사진을 참조한다.

1단(귀 만들기): 왼쪽 귀

① 겉뜨기 13코, 실을 앞으로 놓고, 다음 코를 뜨지 않고 오른쪽 바늘로 옮긴다. 실을 뒤로 보내고 오른쪽 바늘에 있던 코를 다시 왼쪽 바늘로 옮긴다. 뜨개 조직을 뒤로 돌린다.
② 실을 뒤로 보내고, 겉뜨기 2코, 실을 앞으로 놓고, 다음 코를 뜨지 않고 오른쪽 바늘로 옮긴다. 실을 뒤로 보내고 오른쪽 바늘에 있던 코를 다시 왼쪽 바늘로 옮긴다. 뜨개 조직을 뒤로 돌린다.
③ 실을 뒤로 보내고, 겉뜨기 2코, 다음 코에 걸려있는 코를 끌어올려 겉뜨기로 늘리기 1코(147쪽 15~18번 사진과 설명 참조), 실을 앞으로 놓고, 다음 코를 뜨지 않고 오른쪽 바늘로 옮긴다. 실을 뒤로 보내고 오른쪽 바늘에 있던 코를 다시 왼쪽 바늘로 옮긴다. 뜨개 조직을 뒤로 돌린다.
④ 실을 뒤로 보내고, 겉뜨기 4코, 다음 코에 걸려있는 코를 끌어올려 겉뜨기로 늘리기 1코(147~148쪽 22~25번 사진과 설명 참조), 실을 앞으로 놓고, 다음 코를 뜨지 않고 오른쪽 바늘로 옮긴다. 실을 뒤로 보내고 오른쪽 바늘에 있던 코를 다시 왼쪽 바늘로 옮긴다. 뜨개 조직을 뒤로 돌린다.
⑤ 실을 뒤로 보내고, 겉뜨기 6, 이하 ③번과 동일.
⑥ 실을 뒤로 보내고, 겉뜨기 7, 이하 ④번과 동일.
⑦ 실을 뒤로 보내고, 겉뜨기 8, 이하 ③번과 동일.
⑧ 실을 뒤로 보내고, 겉뜨기 9, 이하 ④번과 동일.
⑨ 실을 뒤로 보내고, 겉뜨기 10, 이하 ③번과 동일.
⑩ 실을 뒤로 보내고, 겉뜨기 11, 이하 ④번과 동일.
⑪ 실을 뒤로 보내고, 겉뜨기 12코, 다음 코에 걸려있는 코를 끌어올려 겉뜨기로 늘리기 1코(147쪽 15~18번 사진과 설명 참조).

1단(귀 만들기): 오른쪽 귀

① 겉뜨기 22코, 실을 앞으로 놓고, 다음 코를 뜨지 않고 오른쪽 바늘로 옮긴다. 실을 뒤로 보내고 오른쪽 바늘에 있던 코를 다시 왼쪽 바늘로 옮긴다. 뜨개 조직을 뒤로 돌린다.
② 왼쪽 귀 ②~⑩번과 동일.
⑪ 실을 뒤로 보내고, 겉뜨기 12코, 다음 코에 걸려있는 코를 끌어올려 겉뜨기로 늘리기 1코(147쪽 15~18번 사진과 설명 참조).

2단	겉뜨기 18코, 다음 코에 걸려있는 코를 끌어올려 겉뜨기로 늘리기 1코(147~148쪽 22~25번 사진과 설명 참조), 겉뜨기 27코, 다음 코에 걸려있는 코를 끌어올려 겉뜨기로 늘리기 1코(147~148쪽 22~25번 사진과 설명 참조), 겉뜨기 5코.
3~6단	겉뜨기.

분홍색 실과 보라색 실로 배색 무늬를 뜬다. (분: 분홍색 실, 보: 보라색 실)

7단	겉뜨기로 분 1, 보 1, (분 3, 보 2)×9, 분 3, 보 1, 분 1.
8단	안뜨기로 분 1, 보 1, (분 3, 보 2, 분 1, 보 1, 분 1, 보 2)×5, 보 1, 분 1.
9단	겉뜨기로 (분 2, 보 3)×10, 분 2.
10단	안뜨기로 분 2, (보 1, 분 1, 보 1, 분 1, 보 5, 분 1)×5.
11단	9단과 같이 반복.
12단	8단과 같이 반복.
13단	7단과 같이 반복.
14단	안뜨기로 (분 2, 보 3)×10, 분 2.
15단	겉뜨기로 분 2, (보 1, 분 1, 보 1, 분 1, 보 5, 분 1)×5.
16단	안뜨기로 (분 2, 보 3)×10, 분 2.
17~24단	7~14단 1회 반복 8단.

분홍색 실은 여유를 두고 잘라내고 보라색 실로만 뜬다.

25단	겉 1, (겉 3, 왼D 1)×10, 겉 1(총 42코).
26단	안 1, (안2T 1, 안 2)×10, 안 1(총 32코).
27단	겉 1, (겉 1, 왼D 1)×10, 겉 1(총 22코).
28단	안 1, 안2T 10, 안 1(총 12코).

마무리(M, L 공통)

1. 실을 10cm 이상 남기고 자른다.
2. 자른 실을 돗바늘에 꿰어 남은 코에 통과시킨 후 잡아당겨 조인다.
3. 돗바늘로 옆선을 메리야스 잇기로 꿰맨다.
4. 진초록색(L은 보라색) 실을 20cm(L은 30cm) 길이로 세 가닥 준비해 귀 부분에 꿴 다음 머리 땋기 방법으로 끈을 만든다.
5. 지름 2cm 크기의 방울을 만들어 모자 끝에 달아 마무리한다. 방울은 배색한 실을 섞어 만든다.

레그워머

1.75mm 바늘과 진초록색(L 보라색) 실로 16코를 잡아 원형뜨기 한다.

1단	안뜨기.
2단	겉뜨기.
3단	노란색(L 분홍색) 실로 겉뜨기.
4단	진초록색(L 보라색) 실로 겉뜨기.
5단	노란색(L 분홍색) 실로 겉뜨기.

6단부터는 진초록색(L 보라색) 실로만 뜬다.

6~11단	겉뜨기.
12단	겉 3, 왼D 1, 겉 6, 왼D 1, 겉 3(총 14코).
13~26단	겉뜨기.
27단	안뜨기. 겉뜨기로 코막음한 후 실을 10cm 정도 남기고 자른다.

같은 방법으로 1장을 더 뜬다.

마무리(M, L 공통)

돗바늘을 이용해 실을 안쪽으로 정리하여 마무리한다.

| 레그워머 |

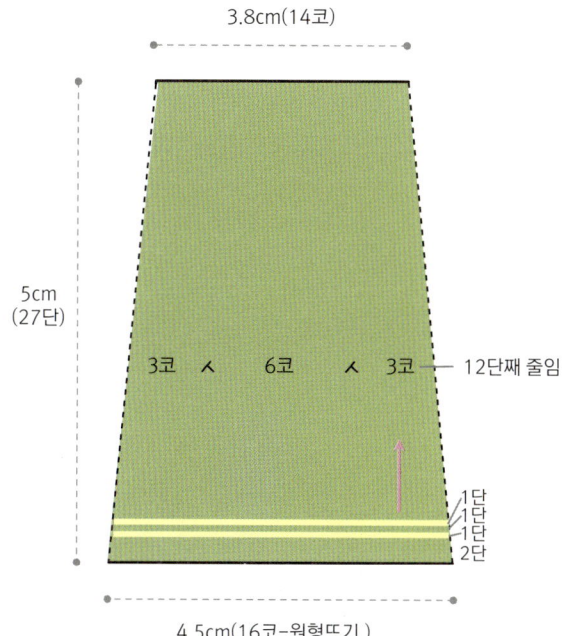

| 늘리는 되돌아뜨기로 귀 만들기(M 사이즈 1~2단) |

1단

1. 겉뜨기로 코잡기로 42코를 만든 후 11코를 뜬다(왼쪽 귀 1단 시작).

2. 뒤쪽에 있는 실을 앞쪽으로 넘긴다.

3. 왼쪽 바늘의 코에 안뜨기 방향으로 오른쪽 바늘을 넣는다.

4. 뜨지 않고 오른쪽 바늘로 옮긴다.

5. 앞쪽에 있던 실을 뒤쪽으로 넘긴다.

6. 오른쪽 바늘에 옮겨 놓았던 코를 다시 왼쪽 바늘로 옮긴다.

7. 코를 옮긴 모습.

8. 뜨개 조직을 뒤로 돌린다.

9. 앞쪽에 있던 실을 뒤쪽으로 넘긴다.

10. 겉뜨기로 2코를 뜬다.

11. 3~6번을 반복한다.

12. 코를 옮긴 모습.

13 뜨개 조직을 뒤로 돌린다.

14 겉뜨기로 2코를 뜬다.

15 화살표 방향으로 오른쪽 바늘을 넣어 코(a) 하나를 끌어올린다.

16 이어서 화살표 방향으로 왼쪽 바늘의 코(b)에 오른쪽 바늘을 넣는다.

17 바늘을 넣은 모습.

18 겉뜨기로 두 코(a, b)를 한꺼번에 뜬다.

19 겉뜨기로 1코를 더 뜬 후 3~6번을 반복한다.

20 뜨개 조직을 뒤로 돌린다.

21 겉뜨기코 4코를 뜬 후 화살표 방향으로 바늘을 넣는다.

22 바늘을 넣은 모습.

23 코를 끌어올려 왼쪽 바늘에 건다.

24 겉뜨기 방향으로 2코에 한꺼번에 오른쪽 바늘을 넣는다.

겉뜨기로 뜬다.

겉뜨기로 1코를 더 뜬다.

3~6번을 반복한 후, 뜨개 조직을 뒤로 돌린다.

겉뜨기로 6코를 뜬다.

3~6번을 반복한 후 코에 걸린 코를 끌어올려 겉뜨기로 뜬다(15~18번). 뜨개 조직을 뒤로 돌린다.

겉뜨기로 7코를 뜬다.

3~6번을 반복한 후 코에 걸린 코를 끌어올려 겉뜨기로 뜬다(22~25번). 뜨개 조직을 뒤로 돌린다.

겉뜨기로 8코를 뜬다.

3~6번을 반복한 후 코에 걸린 코를 끌어올려 겉뜨기로 뜬다(15~18번). 뜨개 조직을 뒤로 돌린다.

겉뜨기로 9코를 뜬다.

3~6번을 반복한 후 코에 걸린 코를 끌어올려 겉뜨기로 뜬다(22~25번). 뜨개 조직을 뒤로 돌린다.

겉뜨기로 10코를 뜬다.

3~6번을 반복한다(왼쪽 귀 1단 끝).

(오른쪽 귀 1단 시작) 겉뜨기로 17코를 뜬 후, 2~37번을 반복해 뜬다. 이어 겉뜨기로 4코를 뜨고(오른쪽 귀 1단 끝) 뜨개 조직을 뒤로 돌린다.

2단

(공통 2단 시작) 겉뜨기로 15코를 뜬 뒤 코에 걸린 코를 끌어올려 겉뜨기로 뜬다(22~25번 반복). 다시 겉뜨기로 21코를 뜨고, 코에 걸린 코를 끌어올려 겉뜨기로 뜬다(22~25번 반복). 다음 4코를 겉뜨기로 뜬다(공통 2단 끝).

1~2단 귀 부분 완성한 모습.

KNITTED DOLL FASHION ITEMS

토끼모자와 엄지장갑

난이도 ★★★☆☆ | PHOTO P.34

모자와 장갑 모두 대부분의 1/6사이즈 인형에게 맞다.
브라이스(머리 둘레 27cm) 용은 3.5mm 대바늘과 7합사(7ply 실)를 써서 M 사이즈 도안으로 뜨면 된다.
중국 인형 훌랄라(머리 둘레 21cm) 용은 2.5mm 대바늘과 5합사(5ply 실)를 사용해 M 사이즈 도안으로 뜨면 잘 맞는다.

모델	헤븐리키즈
크기	모자 둘레 12cm, 모자 길이 6cm
사용한 실	로완 알파카 클래식(Rowan Alpaca Classic) 아이보리색, 연분홍색. 다른 2합사(2ply 실)로 대체 가능.
바늘	2mm, 1.75mm 줄바늘 또는 장갑바늘 4개, 레이스용 코바늘 2호
기타 준비물	단추 1개, 가위, 돗바늘
게이지	메리야스뜨기 36코×56단(2mm 바늘, 모자)

도구와 기법 180~217쪽 참조. 기법은 설명 부분 등 일부를 제외하고는 아래와 같이 약자로, 콧수와 횟수는 숫자로 표기.

① 겉 ← 겉뜨기 ② 안 ← 안뜨기
③ 오D ← 오른코 줄이기 ③ 왼D ← 왼코 줄이기
④ 안2T ← 안뜨기로 2코 모아뜨기

HOW TO MAKE

- 앞단부터 뒤통수까지 떠서 꿰매어 보닛 형태로 만드는 모자다.
- 모자에 귀를 달아 마무리한다.

| 모자 |

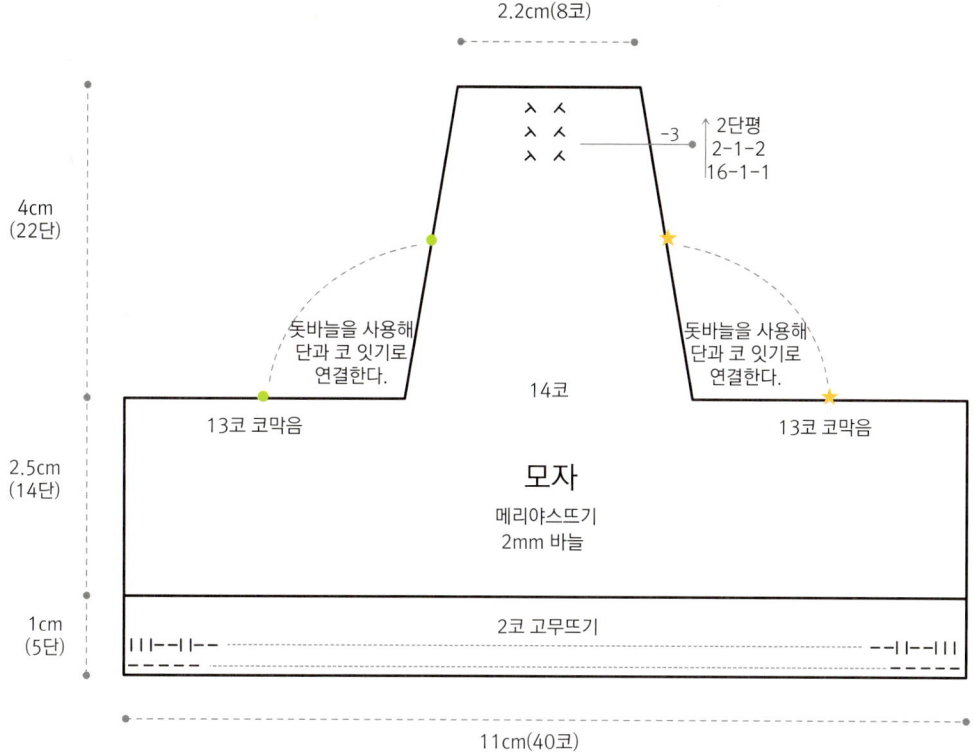

| 모자 줄임 |

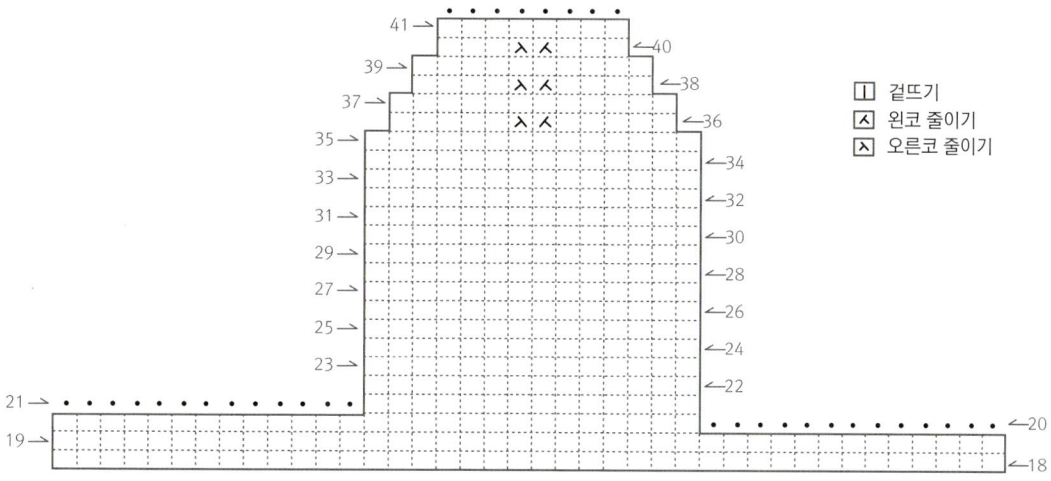

| 토끼 귀 |

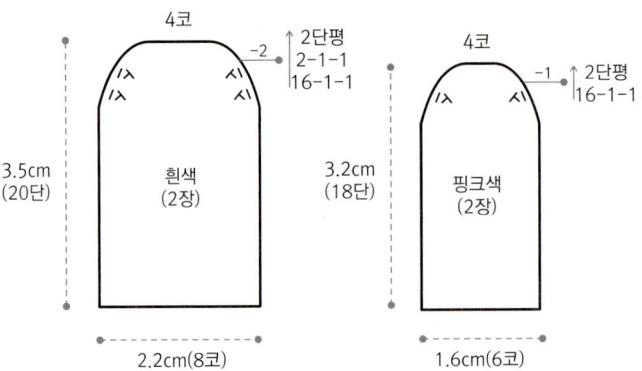

🟠 모자

2mm 바늘과 아이보리색 실을 사용해 일반코잡기로 40코를 잡는다.

1단	겉뜨기.
2단	겉 3, 안 2, (겉 2, 안 2)×8, 겉 3.
3단	안 3, 겉 2, (안 2, 겉 2)×8, 안 3.
4~5단	위의 2~3단과 같이 반복 2단.
6단	겉뜨기.
7단	안뜨기.
8~19단	위의 6~7단과 같이 6회 반복 12단.
20단	겉뜨기로 코막음 13코, 겉 27(총 27코).
21단	안뜨기로 코막음 13코, 겉 14(총 14코).
22~35단	위의 6~7단과 같이 7회 반복 14단.
36단	겉 5, 왼D 1, 오D 1, 겉 5(총 12코).
37단	안뜨기.
38단	겉 4, 왼D 1, 오D 1, 겉 4(총 10코).
39단	안뜨기.
40단	겉 3, 왼D 1, 오D 1, 겉 3(총 8코).
41단	안뜨기. 겉뜨기로 코막음하여 마무리한다.

다음으로 아이보리색 귀 2장을 뜬다. 2mm 바늘과 아이보리색 실을 사용하여 일반코잡기로 8코를 잡는다.

1단	겉뜨기.
2단	안뜨기.
3~16단	1~2단과 같이 7회 반복 14단.
17단	겉 1, 왼D 1, 겉 2, 오D 1, 겉 1(총 6코).
18단	안뜨기.
19단	겉 1, 왼D 1, 오D 1, 겉 1(총 4코).
20단	안뜨기. 겉뜨기로 코막음하여 마무리한다.

다음으로 연분홍색 귀 2장을 뜬다. 2mm 바늘과 연분홍색 실을 사용하여 일반코잡기로 6코를 잡는다.

1단	겉뜨기.
2단	안뜨기.
3~16단	1~2단과 같이 7회 반복 14단.
17단	겉 1, 왼D 1, 오D 1, 겉 1(총 4코).
18단	안뜨기. 겉뜨기로 코막음하여 마무리한다.

🟠 마무리

1. 모자는 그림과 같이 같은 무늬끼리 돗바늘로 꿰매어 연결한다.
2. 아이보리색 귀는 뒤로 놓고, 연분홍색 귀는 안메리야스(메리야스 조직의 안쪽 면)가 겉으로 나오게 위에 놓은 다음 돗바늘로 옆선을 꿰매어 서로 붙인다. 그런 다음 양 옆선을 앞쪽에서 모아 3땀 정도 꿰매어 귀 모양을 만든다.
3. 목둘레 단은 30코를 잡고, 감아코 10코를 더해 40코를 만든다. 안뜨기 3코로 시작해서 2코 고무뜨기(겉뜨기 2코, 안뜨기 2코)로 2단을 뜨는데, 두 번째 단에는 도안과 같이 안뜨기 1코, 왼코 줄이기 1회, 바늘비우기 1회로 단춧구멍을 만든다. 다음으로 겉뜨기 1단을 뜬 뒤 겉뜨기로 코막음 한다.
4. 귀는 모자의 양 옆에서 위쪽으로 15코, 7째번 위치에 밑 부분을 둥글게 돌려가며 꿰매어 붙인다.
5. 단춧구멍의 반대쪽에 단추를 달고, 안쪽에서 실을 정리해 마무리한다.

| 마무리 |

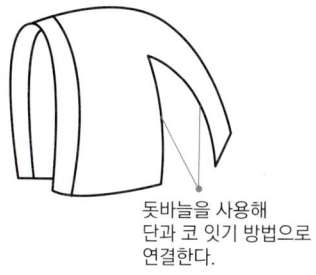
돗바늘을 사용해 단과 코 잇기 방법으로 연결한다.

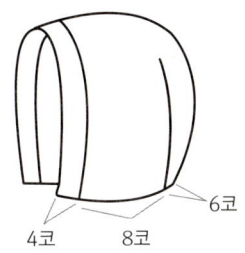
4코 8코 6코

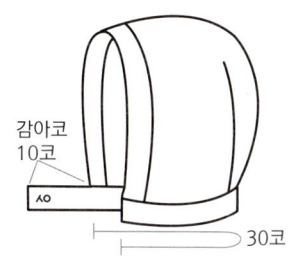
감아코 10코
30코

목둘레에서 30코, 감아코 10코 총 40코를 잡아서 2코 고무뜨기로 2단, 겉뜨기로 1단을 뜬 후 겉뜨기로 코막음을 한다.

| 목둘레 단 |

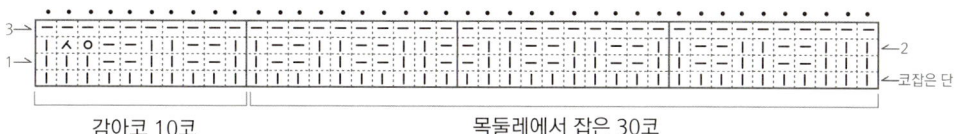

감아코 10코 | 목둘레에서 잡은 30코

| 토끼 귀 만들기 |

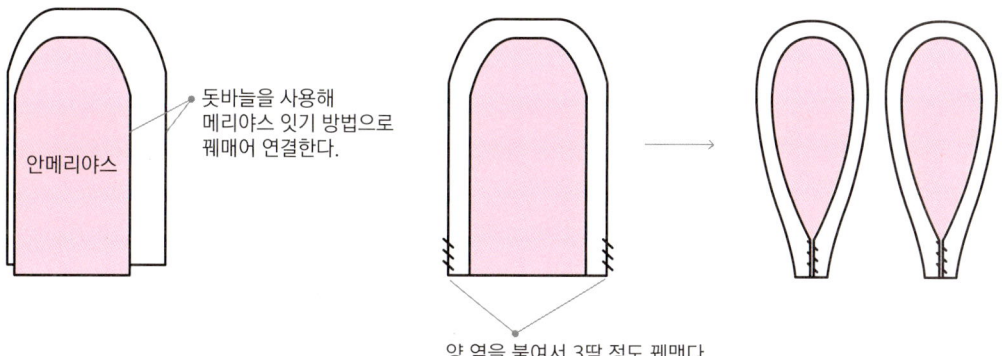

안메리야스

돗바늘을 사용해 메리야스 잇기 방법으로 꿰매어 연결한다.

양 옆을 붙여서 3땀 정도 꿰맨다.

| 귀 달기 |

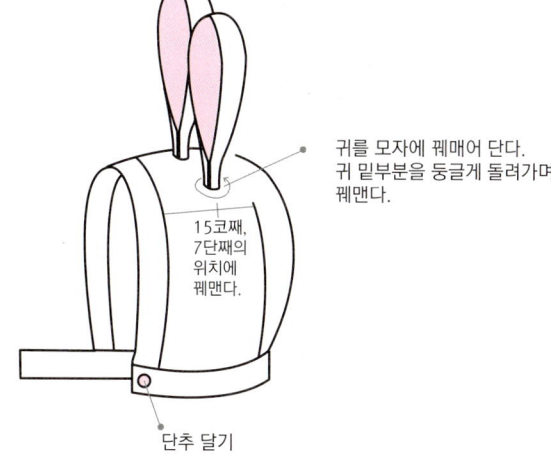

귀를 모자에 꿰매어 단다. 귀 밑부분을 둥글게 돌려가며 꿰맨다.

15코째, 7단째의 위치에 꿰맨다.

단추 달기

| 장갑 |

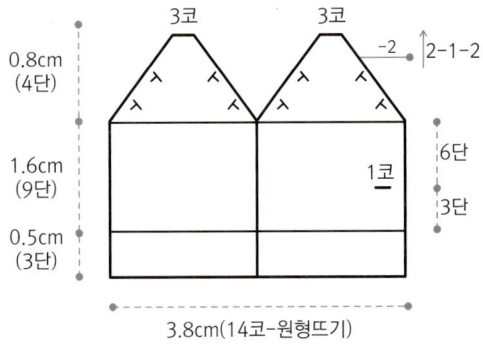

장갑

1.75mm 바늘과 연분홍색 실을 사용하여 일반코잡기로 14코를 잡은 후 원형뜨기 한다.

| 1단 | (겉 1, 안 1)을 반복. |
| 2~3단 | (겉 1, 안 1)을 반복. |

연분홍색 실은 여유를 두고 자르고 아이보리색 실로 바꾼다.

4~6단	겉뜨기 3단.
7단	겉 1, 다른 색 실로 겉 1(엄지 부분), 겉 12.
8단	7단 반복.
9~12단	겉뜨기 4단.

아이보리색 실은 여유를 두고 자르고 연분홍색 실로 바꾼다.

13단	겉뜨기.
14단	왼D 1, 겉 3, 오D 1, 왼D 1, 겉 3, 오D 1 (총 10코).
15단	겉뜨기.
16단	왼D 1, 겉 1, 오D 1, 왼D 1, 겉 1, 오D 1 (총 6코).

실을 여유 있게 자르고 돗바늘에 실을 걸어 남은 코를 꿰어 잡아당겨 오므린다.

다음으로 장갑 엄지 부분을 뜬다. 아이코드 뜨기 설명과 사진 참조.

1. 다른 색으로 표시해 둔 실을 풀어내고, 사진과 같이 아래, 위에서 5코를 잡아낸다.
2. 아이코드 뜨기로 3단을 뜬다. 실을 여유 있게 자르고 돗바늘에 실을 걸어 남은 코를 꿰어 잡아당겨 오므린다.
3. 같은 방법으로 다른 한쪽 장갑도 뜬다.

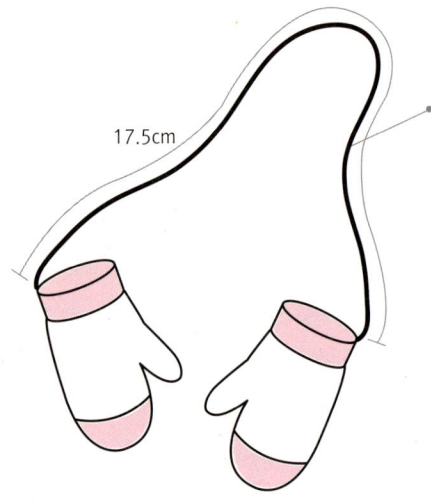

마무리

1. 레이스용 코바늘 2호와 아이보리색 실을 사용하여 한쪽 장갑 옆에 실을 걸어 48코를 사슬뜨기한 후 다른 한쪽 장갑 옆에 빼뜨기한다.
2. 안쪽에서 실을 정리하여 마무리한다.

아이코드 뜨기(장갑 엄지 부분)

1. 다른 색으로 떠 놓은 장갑 엄지 부분.

2. 다른 색으로 뜬 실을 잘라 풀어낸다.

3. 실을 풀어낸 모습. 점으로 표시한 부분이 코 잡는 위치이다.

4. 아랫부분의 1코에 바늘을 넣는다.

5. 바늘에 실을 감는다.

6. 아랫부분에서 잡아 올린 코 사이로 실을 빼낸다.

7. 화살표 방향으로 바늘을 넣는다.

8. 바늘에 실을 감는다.

9. 코 사이로 실을 빼낸다.

10. 3번의 표기된 세 번째 코에 바늘을 넣는다.

11. 바늘에 실을 감아 빼낸다.

12. 3번의 표기된 네 번째 코에 바늘을 넣는다.

13 바늘에 실을 감아 빼낸다.

14 4코를 잡은 모습.

15 3번의 표기된 다섯 번째 코에 바늘을 넣는다.

16 바늘에 실을 감아 빼낸다.

17 5코를 잡은 모습.

18 왼쪽 바늘에 1코를 건다.

19 1코를 왼쪽 바늘로 옮긴다.

20 차례대로 왼쪽 바늘로 5코를 모두 옮긴다.

21 첫 번째 코를 겉뜨기로 뜬다.

22 남은 코를 모두 겉뜨기로 뜬다.

23 다섯 코를 겉뜨기로 뜬 모습.

24 18~22번까지 2차례 반복한다.

25 실을 여유 있게 자르고 왼쪽 바늘의 코를 돗바늘에 꿴다.

26 돗바늘에 5코를 꿴 모습.

27 실을 잡아당겨 오므린다.

28 실을 잡아당긴 모습.

29 남은 실은 손가락의 중앙으로 넣는다.

30 엄지 부분 완성.

CROCHETED DOLL FASHION ITEMS

리본 챙모자

난이도 ★☆☆☆☆ | PHOTO P.36

S 사이즈는 도란도란, L 사이즈는 리틀초에 잘 맞고, 다른 1/6사이즈 인형 대부분은 M 사이즈로 뜨면 된다.
브라이스(머리둘레 27cm) 용은 모사용 코바늘 3/0호와 5합사(5ply 실)를 써서 M 사이즈 도안으로 뜬다.
중국 인형 훌랄라(머리둘레 21cm) 용은 레이스용 코바늘 0호와 3합사(3ply 실)를 써서 M 사이즈 도안으로 뜨면 된다.

모델	쿠쿠클라라 코지 2019 클라라
크기	S 사이즈는 모자 둘레 10cm, M 사이즈는 모자 둘레 12cm, L 사이즈는 모자 둘레 16cm
사용한 실	올림푸스 금표 레이스 40수 붉은 베이지색 (S, M 사이즈), 랑 마리사(Lang Marisa) 베이지색(L 사이즈). 다른 40수 면사 (S, M 사이즈), 20수 면사(L 사이즈)로 대체 가능.
바늘	레이스용 코바늘 6호(S, M 사이즈), 2호(L 사이즈)
기타 준비물	가위, 돗바늘

도구와 기법 180~217쪽 참조. 기법은 설명 부분 등 일부를 제외하고는 아래와 같이 약자로, 콧수와 횟수는 숫자로 표기.

① 짧C ← 짧은뜨기 ② 짧이 ← 짧은 이랑뜨기
③ 짧이L ← 짧은 이랑뜨기 2코 늘려뜨기
④ 짧B ← 짧은뜨기 뒤걸어뜨기
⑤ 짧F ← 짧은뜨기 앞걸어뜨기

HOW TO MAKE

- 모자 윗부분부터 규칙적으로 코를 늘려 내려오는 방법으로 뜬다.

| S, L 사이즈 |

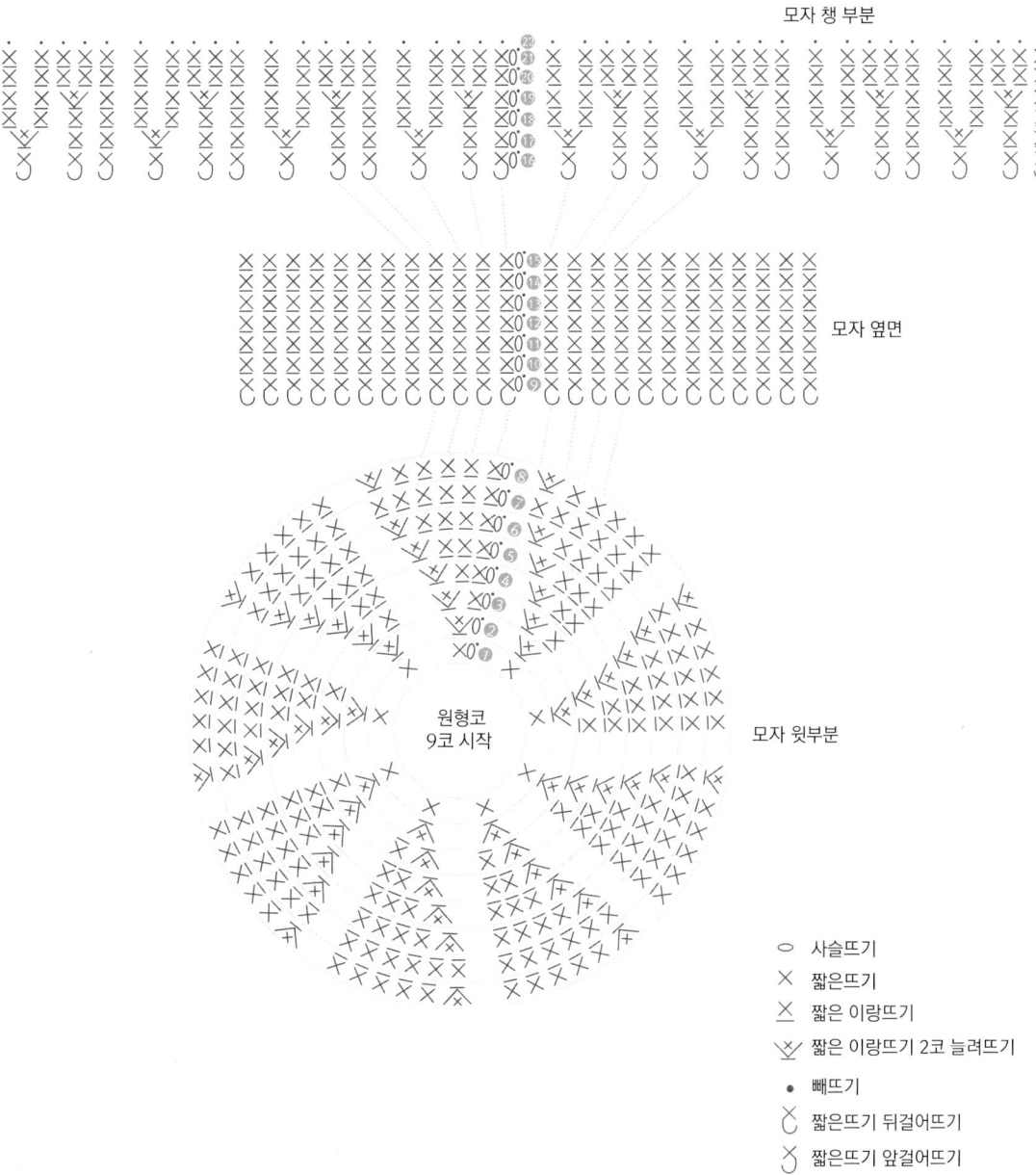

| M 사이즈 |

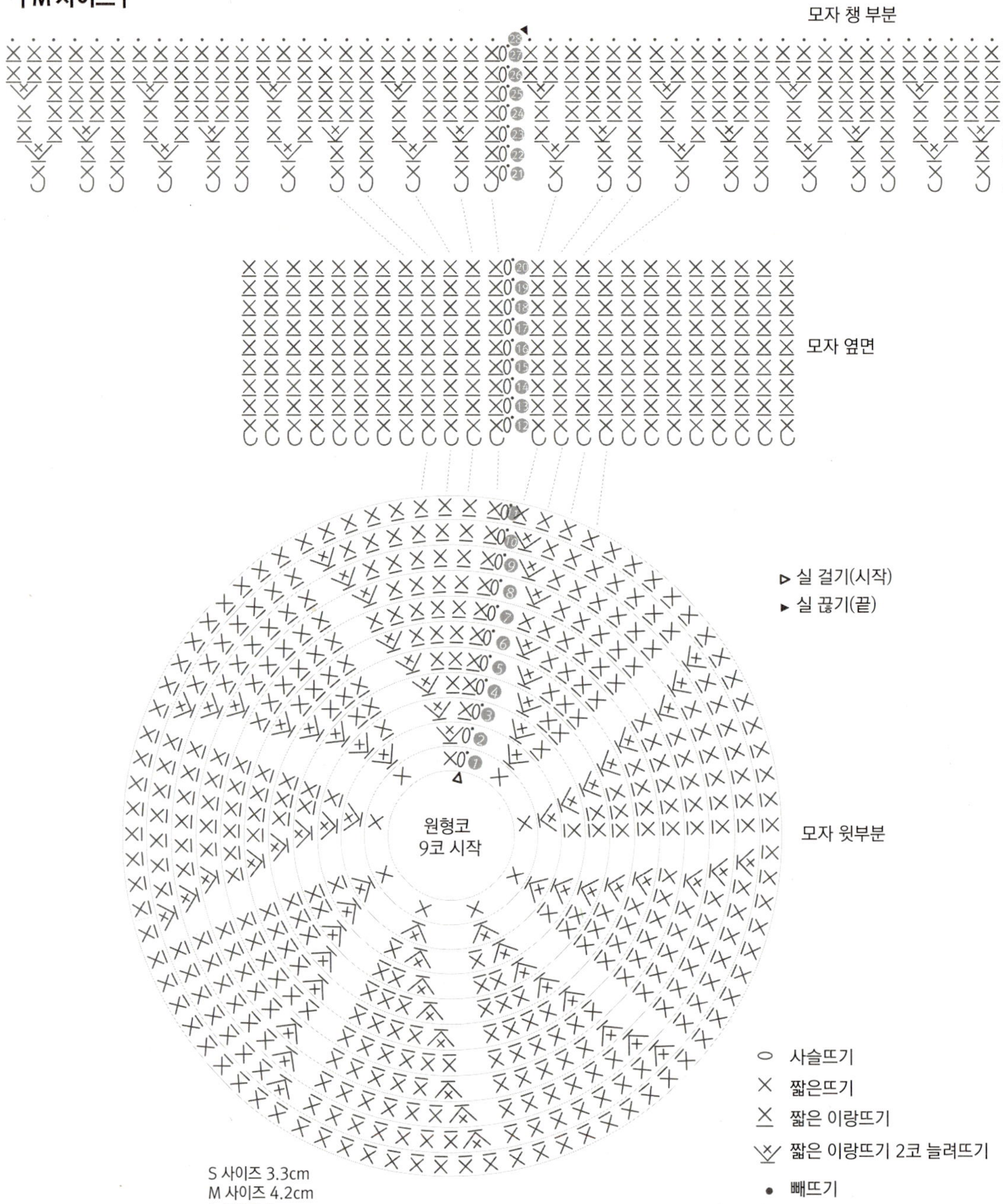

모자 챙 부분

모자 옆면

▷ 실 걸기(시작)
▶ 실 끊기(끝)

원형코
9코 시작

모자 윗부분

○ 사슬뜨기
× 짧은뜨기
⋈ 짧은 이랑뜨기
⩔ 짧은 이랑뜨기 2코 늘려뜨기
● 빼뜨기
⊂ 짧은뜨기 뒤걸어뜨기
⊃ 짧은뜨기 앞걸어뜨기

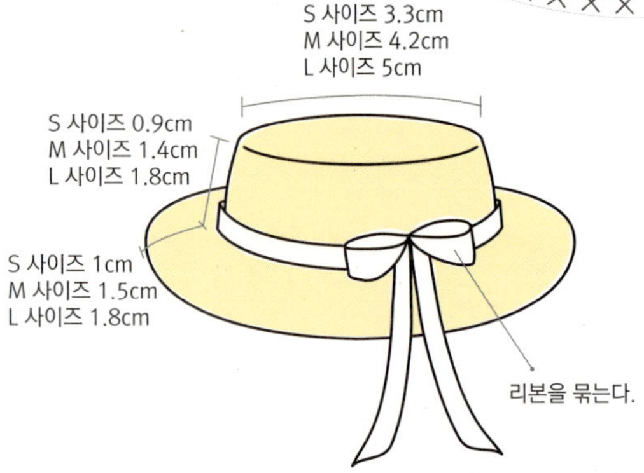

S 사이즈 3.3cm
M 사이즈 4.2cm
L 사이즈 5cm

S 사이즈 0.9cm
M 사이즈 1.4cm
L 사이즈 1.8cm

S 사이즈 1cm
M 사이즈 1.5cm
L 사이즈 1.8cm

리본을 묶는다.

S, L 사이즈

S 사이즈는 레이스용 코바늘 6호, L 사이즈는 2호를 사용하여 원형코를 만든다.

1단	기둥코 1, 짧C 9, 빼뜨기 연결(총 9코).
2단	기둥코 1, 짧이L 9, 빼뜨기 연결(총 18코).
3단	기둥코 1, (짧이 1, 짧이L 1)×9, 빼뜨기 연결(총 27코).
4단	기둥코 1, (짧이 2, 짧이L 1)×9, 빼뜨기 연결(총 36코).
5단	기둥코 1, (짧이 3, 짧이L 1)×9, 빼뜨기 연결(총 45코).
6단	기둥코 1, (짧이 4, 짧이L 1)×9, 빼뜨기 연결(총 54코).
7단	기둥코 1, 짧이 54, 빼뜨기 연결.
8단	기둥코 1, (짧이 5, 짧이L 1)×9, 빼뜨기 연결(총 63코).
9단	기둥코 1, 짧B 63, 빼뜨기 연결.
10~15단	기둥코 1, 짧이 63, 빼뜨기 연결.
16단	기둥코 1, 짧F 63, 빼뜨기 연결.
17단	기둥코 1, (짧이 2, 짧이L 1)×21, 빼뜨기 연결(총 84코).
18단	기둥코 1, 짧이 84, 빼뜨기 연결.
19단	기둥코 1, 짧이 1, 짧이L 1, (짧이 3, 짧이L 1)×20, 짧이 2, 빼뜨기 연결(총 105코).
20~21단	기둥코 1, 짧이 105, 빼뜨기 연결.
22단	뒤쪽 반 코씩만 잡아 빼뜨기 105코.

M 사이즈

레이스 코바늘 6호를 사용하여 원형코를 만든다.

1단	기둥코 1, 짧C 9, 빼뜨기 연결(총 9코).
2단	기둥코 1, 짧이L 9, 빼뜨기 연결(총 18코).
3단	기둥코 1, (짧이 1, 짧이L 1)×9, 빼뜨기 연결(총 27코).
4단	기둥코 1, (짧이 2, 짧이L 1)×9, 빼뜨기 연결(총 36코).
5단	기둥코 1, (짧이 3, 짧이L 1)×9, 빼뜨기 연결(총 45코).
6단	기둥코 1, (짧이 4, 짧이L 1)×9, 빼뜨기 연결(총 54코).
7단	기둥코 1, 짧이 54, 빼뜨기 연결.
8단	기둥코 1, (짧이 5, 짧이L 1)×9, 빼뜨기 연결(총 63코).
9단	기둥코 1, (짧이 6, 짧이L 1)×9, 빼뜨기 연결(총 72코).
10단	기둥코 1, (짧이 7, 짧이L 1)×9, 빼뜨기 연결(총 81코).
11단	기둥코 1, 짧이 81, 빼뜨기 연결.
12단	기둥코 1, 짧B 81, 빼뜨기 연결.
13~20단	기둥코 1, 짧이 81, 빼뜨기 연결.
21단	기둥코 1, 짧F 81, 빼뜨기 연결.
22단	기둥코 1, (짧이 2, 짧이L 1)×27, 빼뜨기 연결(총 108코).
23단	기둥코 1, 짧이 1, 짧이L 1, (짧이 3, 짧이L 1)×26, 짧이 2, 빼뜨기 연결(총 135코).
24단	기둥코 1, 짧이 135, 빼뜨기 연결.
25단	기둥코 1, (짧이 4, 짧이L 1)×27, 빼뜨기 연결(총 162코).
26~27단	기둥코 1, 짧이 162, 빼뜨기 연결.
28단	뒤쪽 반 코씩만 잡아 빼뜨기 162코.

마무리(S, M, L 공통)

1. 실을 10cm 이상 두고 자른다.
2. 자른 실을 돗바늘에 꿰어 처음 코에 연결하여 꿰맨 후 안쪽에서 실을 정리한다.
3. 리본을 S 32cm, M 35cm, L 38cm 정도 길이로 잘라 모자 둘레에 예쁘게 묶어 마무리한다.

복조리 가방

난이도 ★☆☆☆☆ | PHOTO P.36

모델	쿠쿠클라라 코지 2019 클라라
크기	밑면 지름 3.3cm, 세로 높이 4cm, 끈 길이 14~16cm
사용한 실	리즈베스 트월즈(Lizbeth Twirlz) 20수 (회색, 분홍색, 초록색, 파란색), 리즈베스 메탈릭(Metallic) 20수(금색). 다른 20수 면사로 대체 가능.
바늘	레이스용 코바늘 4호
기타 준비물	가위, 돗바늘

도구와 기법 178~216쪽 참조. 기법은 설명 부분 등 일부를 제외하고는 아래와 같이 약자로, 콧수와 횟수는 숫자로 표기.

① 사슬 ← 사슬뜨기 ② 짧C ← 짧은뜨기
③ 짧2L ← 짧은뜨기 2코 늘려뜨기
④ 짧이 ← 짧은 이랑뜨기

HOW TO MAKE

- 밑면부터 균등하게 코를 늘려가며 떠서 바닥을 만든다.
- 밑면 둘레에서 떠 올라가며 완성한다.

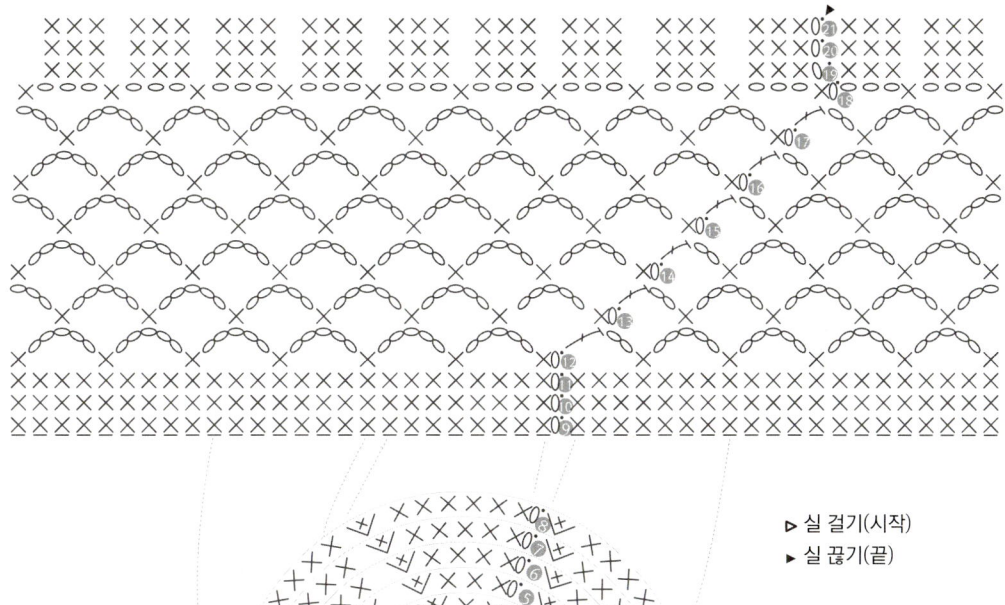

가방 옆면

가방 바닥

원형코
7코 시작

▶ 실 걸기(시작)
▶ 실 끊기(끝)

○ 사슬뜨기
× 짧은뜨기
∨ 짧은뜨기 2코 늘려뜨기
● 빼뜨기
┬ 한길긴뜨기

가방

레이스용 코바늘 4호를 사용하여 리스베스 트윌리 파란색으로 원형코를 만든다(분홍색, 초록색, 회색 실도 같은 방법으로 뜬다).

1단	기둥코 1, 짧C 7, 빼뜨기 연결(총 7코).
2단	기둥코 1, 짧2L 7, 빼뜨기 연결(총 14코).
3단	기둥코 1, (짧C 1, 짧2L 1)×7, 빼뜨기 연결(총 21코).
4단	기둥코 1, (짧C 2, 짧2L 1)×7, 빼뜨기 연결(총 28코).
5단	기둥코 1, (짧C 3, 짧2L 1)×7, 빼뜨기 연결(총 35코).
6단	기둥코 1, (짧C 4, 짧2L 1)×7, 빼뜨기 연결(총 42코).
7단	기둥코 1, (짧C 5, 짧2L 1)×7, 빼뜨기 연결(총 49코).
8단	기둥코 1, (짧C 6, 짧2L 1)×7, 빼뜨기 연결(총 56코).
9단	기둥코 1, 짧이 56, 빼뜨기 연결.
10단	기둥코 1, 짧C 56, 빼뜨기 연결.
11단	기둥코 1, 짧C 56, 빼뜨기 연결. 실을 여유 있게 잘라 마무리한다.
12단	메탈릭 금색 실로 바꿔서 기둥코 1, 짧C 1, (사슬 5, 밑의 짧은뜨기 4번째 코에 짧은뜨기 1)×13, 사슬 2, 한길긴뜨기 1코를 처음 시작 코에 연결.
13단	기둥코 1, 짧C 1, (사슬 5, 짧C 1)×13, 사슬 2, 한길긴뜨기 1코를 처음 시작 코에 연결.
14~17단	13단처럼 반복 4단.
18단	기둥코 1, 짧C 1, (사슬 3, 짧C 1)×13, 사슬 3, 빼뜨기 연결.
19단	기둥코 1, 짧C 42, 빼뜨기 연결.
20~21단	기둥코 1, 짧C 42, 빼뜨기 연결.

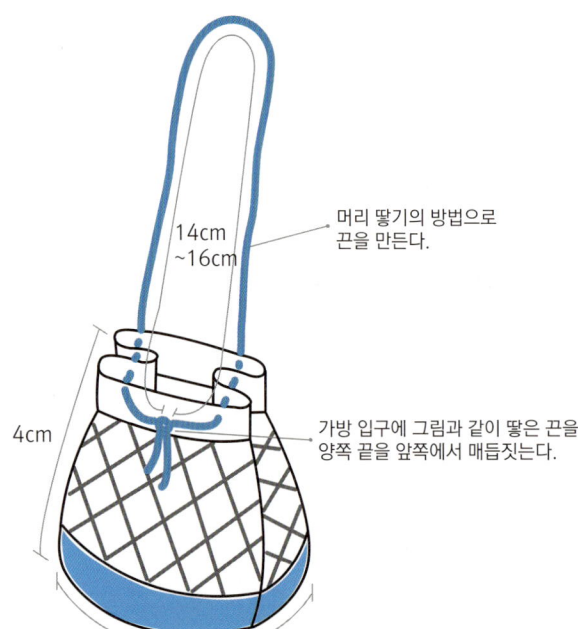

14cm ~16cm

머리 땋기의 방법으로 끈을 만든다.

4cm

가방 입구에 그림과 같이 땋은 끈을 꿴 후 양쪽 끝을 앞쪽에서 매듭짓는다.

바닥 지름 3.3cm

마무리

1. 실을 여유를 두고 자른다.
2. 자른 실을 돗바늘에 꿰어 처음 코에 연결하여 꿰맨 후 안쪽에서 실을 정리한다.

| 머리 땋기 방법 |

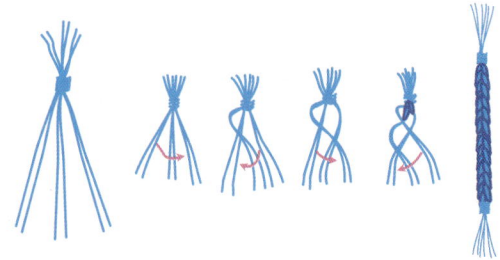

끈 만들기

1. 파란색(또는 회색, 분홍색, 초록색) 실을 18cm 정도 길이로 잘라 6가닥을 준비한다(끈 길이는 인형 사이즈에 맞춰 조절한다).
2. 6가닥을 합쳐 머리 땋기 방법으로 땋는다.
3. 가방 윗부분에 그림과 같이 끈을 꿴 다음 양 끝을 모아 풀리지 않게 묶는다.
4. 파란색(또는 회색, 분홍색, 초록색) 실을 8cm 정도 길이로 6가닥 준비한다. 끈의 매듭 부분에 태슬을 만들고 남은 실은 길이를 맞춰 다듬는다.

| 태슬 만들기 |

6cm 길이로 6가닥을 잘라 매듭 안쪽으로 넣은 후 반을 접는다.

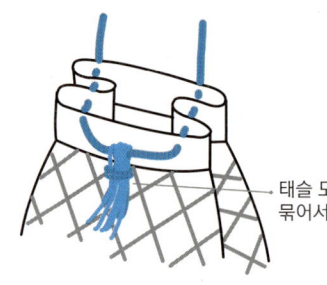

태슬 모양을 만들어 묶어서 고정한다.

CROCHETED DOLL FASHION ITEMS

네트백

난이도 ★☆☆☆☆ | PHOTO P.10

모델	아이로아 엘리
크기	가로 6cm, 세로 5cm. 끈 길이 6cm
사용한 실	랑 마리사(Lang Marisa) 아이보리색, 베이지색, 미스바틱(Miss Batik) 그러데이션 회색. 다른 10수 면사로 대체 가능.
바늘	레이스용 코바늘 2호
기타 준비물	가위, 돗바늘
도구와 기법	178~216쪽 참조. 기법은 설명 부분 등 일부를 제외하고는 아래와 같이 약자로, 콧수와 횟수는 숫자로 표기.

① 사슬 ← 사슬뜨기 ② 한긴C ← 한길긴뜨기
③ 짧C ← 짧은뜨기

HOW TO MAKE

- 바닥을 만든 다음 전체 둘레를 떠 올라가며 끈까지 한꺼번에 완성한다.

| 가방 끈 |

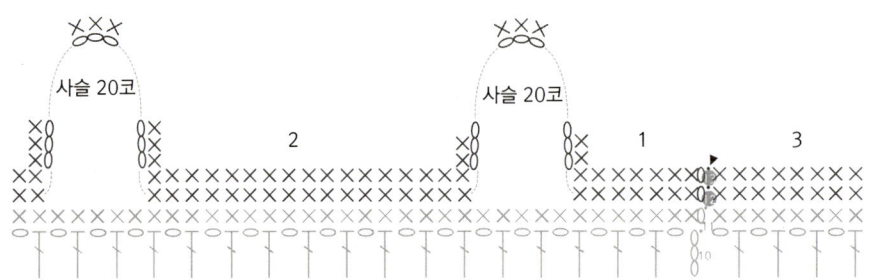

| 가방 |

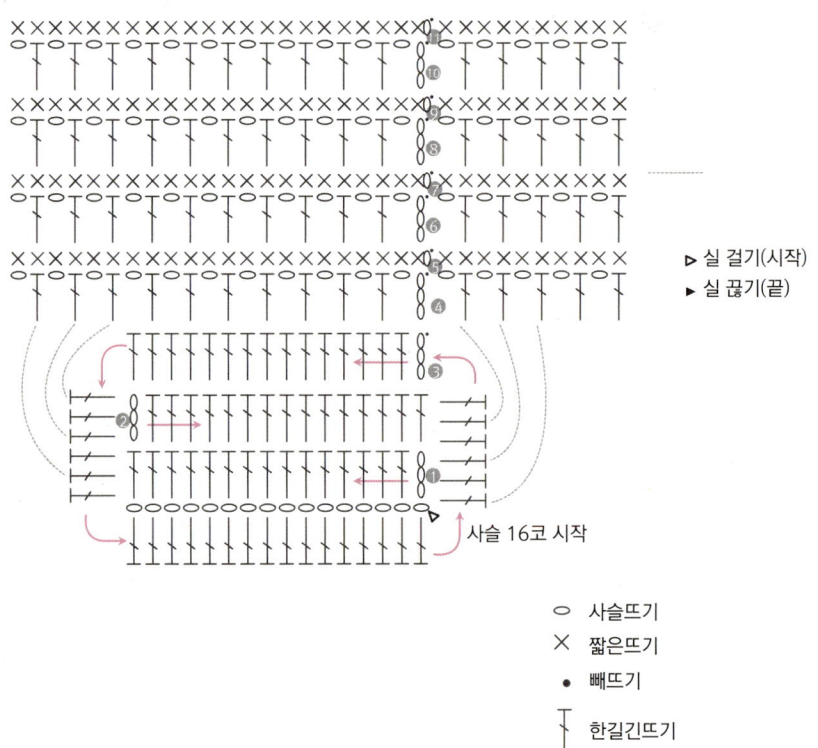

▷ 실 걸기(시작)
▶ 실 끊기(끝)

○ 사슬뜨기
× 짧은뜨기
• 빼뜨기
┬ 한길긴뜨기

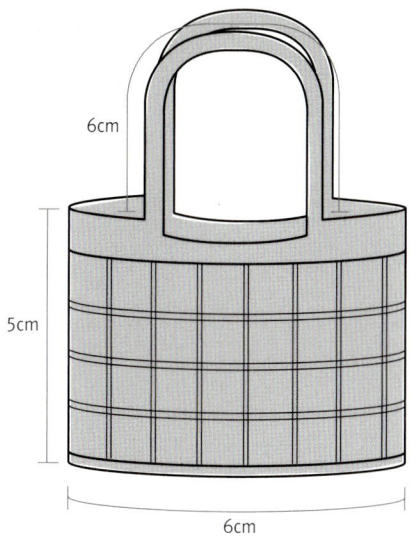

가방

레이스용 코바늘 2호와 그러데이션 회색 실을 사용하여 사슬뜨기로 16코를 뜬다(아이보리색과 베이지색도 같은 방법으로 뜬다).

1단	기둥코 3, 한긴C 15.
2단	기둥코 3, 한긴C 15.
3단	기둥코 3, 한긴C 15, 옆면에서 한긴C 6, 밑면에서 한긴C 16, 옆면에서 한긴C 6, 빼뜨기로 연결.
4단	기둥코 3, (사슬 1, 한긴C 1)×21, 사슬 1, 빼뜨기로 연결.
5단	기둥코 1, 짧C 44, 빼뜨기로 연결.
6~11단	4~5단과 같이 3회 반복 6단.
12단	기둥코 1, 짧C 7, 사슬 20, 밑단의 짧은뜨기 5코를 건너뛰고, 6번째 코부터 짧C 17, 사슬 20, 밑단의 짧은뜨기 5코를 건너뛰고, 6번째 코부터 짧C 10, 빼뜨기로 연결.
13단	기둥코 1, 짧C 7(가방 끈 도안에서 1번), 짧C 20(손잡이), 짧C 17(가방 끈 도안에서 2번), 짧C 20(손잡이), 짧C 10(가방 끈 도안에서 3번), 빼뜨기로 연결.

마무리

1. 실을 15cm 정도 자른다.
2. 자른 실을 돗바늘에 꿰어 안쪽에서 실을 정리한다.

CROCHETED DOLL FASHION ITEMS

재스민 핸드백

난이도 ★★★☆☆ | PHOTO P.20

모델	아이로아 쥬디
크기	원형 지름 4.5cm, 끈 길이 15cm
사용한 실	애플톤(Appletons) 울 자수사 분홍색, 하늘색, 겨자색. 다른 2합사(2ply 실)로 대체 가능.
바늘	모사용 코바늘 2/0호
기타 준비물	오링 2개, 체인 15cm, 가위, 돗바늘
도구와 기법	178~216쪽 참조

HOW TO MAKE

- 원형코를 만들어 꽃잎을 한 개씩 뜨는 재스민 스티치 기법으로 2장을 만들어 짧은뜨기로 연결한다.

| 가방 뜨기(2장) |

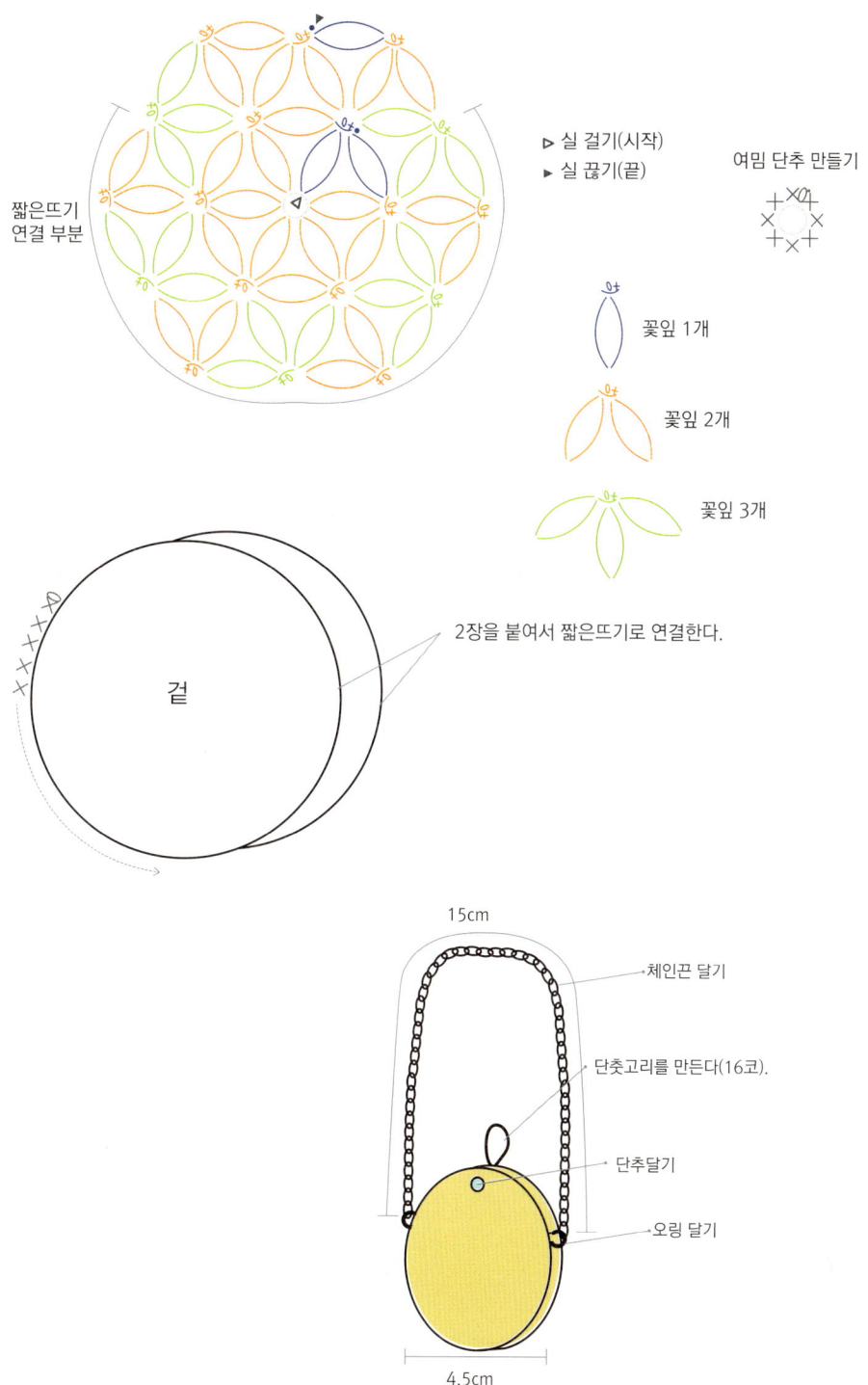

가방

모사용 코바늘 2/0호와 겨자색 실로 원형코를 잡는다(분홍색, 하늘색도 같은 방법으로 뜬다).

1단	재스민 스티치로 꽃잎을 6개 만든다. 재스민 스티치 설명과 사진 참조.
2단	꽃잎을 12무늬로 늘려가며 뜬다. 중심을 기준으로 6개의 무늬가 나와야 한다.

같은 방법으로 1장을 더 뜬다.

단추

1. 모사용 코바늘 2/0호와 하늘색(하늘색 핸드백에는 분홍색, 분홍색 핸드백에는 겨자색) 실로 원형코를 잡는다.
2. 기둥코 1코, 짧은뜨기 8코를 뜬 다음 빼뜨기로 연결한다.
3. 10cm 정도 여유를 두고 실을 자른다. 돗바늘을 사용하여 코를 둘러가며 꿰고 잡아당겨 단추 모양을 만든다.

마무리

1. 실을 여유 있게 자르고 안쪽에서 실을 정리한다.
2. 떠놓은 원형 2장의 안쪽을 맞대고, 입구의 4무늬 부분을 빼고 짧은뜨기로 연결한다.
3. 입구의 트임 부분 바로 밑에 오링과 체인 끈을 연결한다.
4. 만들어 놓은 단추를 앞부분 입구에 꿰매어 단다.
5. 돗바늘을 사용하여 단춧고리를 16코 정도 만든 다음 단단하게 꿰매어 단다.

| 재스민 스티치 |

1

실을 두 번 감아 원형 고리를 만든다.

2

바늘을 고리 안으로 넣어 실을 걸어 빼뜨기를 한 번 해서 고정한다.

3

꽃잎의 길이만큼 코를 길게 뺀다.

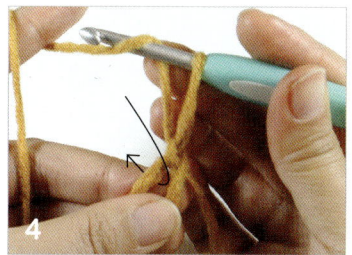

4

바늘에 실을 감은 후 화살표 방향으로 바늘을 넣는다.

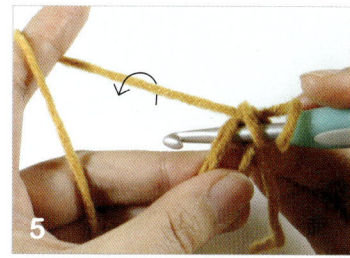

5

원형 고리에 바늘을 넣은 후 실을 감는다.

6

실을 감아 원형 고리 안으로 빼낸다.

7

4~5번을 반복한다.

8

엄지와 검지로 실을 잡는다.

9

실을 잡은 상태에서 바늘에 실을 감은 후 코 사이로 빼낸다.

10

코를 빼낸 후 화살표 방향으로 바늘을 넣는다.

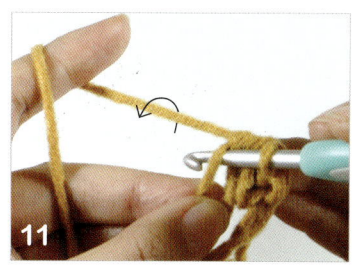

11

바늘을 넣은 후 실을 감는다.

12

실을 빼내면 2코가 된다.

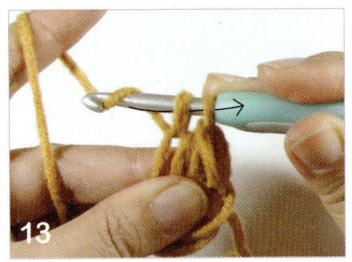
실을 감아 화살표 방향으로 빼낸다.

코를 빼낸 모습.

꽃잎의 길이만큼 코를 길게 뺀다.

실을 감아 화살표 방향으로 바늘을 넣는다.

4~5번을 2회 반복한다.

바늘에 실을 감은 후 화살표 방향으로 바늘을 넣는다.

바늘을 넣은 모습.

4~5번을 2회 반복한다.

엄지와 검지로 실을 잡은 다음 바늘에 실을 감아 화살표 방향으로 빼낸다.

코를 빼낸 후 화살표 방향으로 바늘을 넣는다.

바늘을 넣은 모습.

실을 감아 빼내면 2코가 된다.

25

실을 감는다.

26

2코를 한꺼번에 빼낸다. 꽃잎 2개를 연결해서 뜬 모습.

27

15~26번을 5차례 반복해서 2개씩 연결한 꽃잎 6개를 만든다.

28

화살표 방향으로 실을 잡아당기면 1번 실이 줄어들고, 2번 실이 늘어진다.

29

1번 실이 줄어들고, 2번 실이 늘어진 모습. 1번 실을 화살표 방향으로 잡아당긴다.

30

2번 실이 줄어들어 꽃잎이 모이고 1번 실이 늘어진다.

31

1번 실은 그대로 두고 실 끝을 화살표 방향으로 잡아당긴다.

32

실을 잡아당겨 꽃잎이 모인 모습.

33

꽃잎의 크기만큼 코를 길게 뺀다.

34

4~5번을 2번 반복하고, 꽃잎 한 개를 만든다. 화살표 방향으로 바늘을 넣는다.

35

바늘을 넣은 모습.

36

빼뜨기로 코를 빼낸다. 1단 완성.

37
꽃잎의 크기만큼 코를 길게 뺀다.

38
15~26번을 2회 반복하여 꽃잎 2개를 만들고, 15~20번을 반복한다. 화살표 방향으로 바늘을 넣는다.

39
바늘을 넣은 모습.

40
4~5번을 2회 반복한다.

41
엄지와 검지로 실을 잡고, 바늘에 실을 감아 화살표 방향으로 빼낸다.

42
실을 빼낸 후 화살표 방향으로 바늘을 넣는다.

43
바늘을 넣은 모습.

44
실을 감아 빼면 2코가 된다.

45
실을 감아 2코를 한꺼번에 빼낸다. 꽃잎 3개를 연결한 모습.

46
꽃잎의 크기만큼 코를 길게 뺀다.

47
꽃잎 2개 연결 뜨기(15~26번) 1회, [꽃잎 2개 연결 뜨기 1회, 꽃잎 3개 연결 뜨기(38~45번) 1회]를 4회 반복한다.

48
꽃잎의 크기만큼 코를 길게 뺀다.

4~5번을 2회 반복한다.

실을 감아 빼내서 꽃잎 1개를 만든다. 화살표 부분에 바늘을 넣는다

빼뜨기로 연결한다.

마지막 코 사이로 실을 잡아 뺀 후 가위로 자른다. 핸드백의 한쪽 면 완성.

1. 일러두기
2. 도구와 재료
3. 대바늘 뜨기 기법
4. 코바늘 뜨기 기법
5. 도안 보는 법
6. 모델 소개

1. 일러두기

1. 내 인형에 맞는 옷일까?
이 책에 소개한 손뜨개 인형옷은 신축성이 좋아 대개 1/6사이즈 인형들에 맞지만, 규격이 정해져 있지 않은 인형의 특성상 내 인형에 맞지 않을 수도 있다. 각 옷들의 '만드는 방법'(how to make)에는 모델 인형뿐 아니라 해당 옷을 입힐 수 있는 인형들의 이름이 적혀 있으니 참고하자. 모든 인형을 분류해 표기하지는 못했지만 언급된 인형들에 견주어 내 인형에 이 옷이 맞을지 맞지 않을지 가늠해보는 데는 도움 될 것이다.

2. 꼭 게이지를 내고 뜨자
인형옷은 실과 바늘, 뜨는 습관에 따라 크기에 차이가 많이 날 수 있다. 따라서 게이지를 내보는 과정이 중요하다. 이 책에 제시된 굵기의 실과 바늘로 가능한 한 크게(사방 15cm 내외) 편물을 떠서 스팀다리미로 살살 다린 다음, 게이지 자를 준비하고 10×10cm 크기 안의 콧수와 단수를 재서 게이지를 낸다. 내가 낸 게이지를 이 책의 게이지와 비교해 보면, 바늘이나 실을 바꿔야할지, 콧수나 단수를 임의 조정해 떠야할지 판단하는 데 도움이 될 것이다.

3. 치수 재는 법
이 책에 소개한 인형옷과 소품에는 크기(치수)가 적혀 있다. 인형의 몸이 아니라 옷이나 소품의 치수다. 치수 재는 방법은 다음과 같다.
옷 길이 위에서 아래까지 제일 긴 부분을 잰다.
가슴둘레 소매 바로 밑부터 윗가슴둘레를 잰다.
소매 길이 어깨쪽 소매가 시작되는 지점에서 소매 끝까지 재는데, 톱다운 방식은 목둘레 바로 밑에서 소매 부분이 시작된다.
모자 둘레 모자에서 챙을 제외하고 가장 넓은 부분을 잰다.
모자 길이 방울 등 장식을 제외하고 위에서 아래까지 잰다

4. 실 구매처
인형옷은 아주 가는 실로 뜬다. 가장 구하기 쉬운 인형옷 실은 애플톤 울 자수사다. 이 실은 색상이 다양해 인형옷이나 소품을 뜨기에 좋고, 실크로드, 패션메이드, 엔조이 퀼트 등 판매하는 온라인 상점이 많다. 인터넷에서 실 이름으로 검색해 구매해도 되고 퀼트 숍이나 프랑스자수 숍, 서울 동대문종합시장 등에서도 살 수 있다.
이밖에 이 책의 인형옷 제작에 쓰인 랑 메리노 400 레이스 실, 로완 키드실크 헤이즈 모헤어 실, 샤헨마이어 레기아 실 등은 마이니트닷컴과 니트빌리지 등에서 구매 가능하다.

인형 소품을 뜰 때는 30~40수 면사, 자수 실이나 태팅 레이스용 실을 사용한다. 이 책에서는 위에 소개한 애플톤 울 자수사를 비롯해, 리즈베스의 메탈릭, 트월즈 실(태팅 레이스용 실)을 주로 사용했다. 리즈베스 실을 구매한 사이트는 앵콜스 뜨개실, 키스더레이스 등이다.

실크로드 silkroads.kr	엔조이 퀼트 enjoyquilt.co.kr
패션메이드 fashionmade.co.kr	러브 퀼트 lovequilt.com
마이니트닷컴 myknit.com	앵콜스 뜨개실 ancalls.com
니트빌리지 knittking.cafe24.com	키스더레이스 kiss-the-lace.com

인형옷에 주로 쓰이는 실과 바늘

가닥 수	실 굵기 표시	주로 사용하는 바늘
1사(1ply 실)	극세사: 레이스(lace)	1~1.75mm
2합사(2ply 실)	극세사: 레이스(lace)	1~1.75mm
3합사(3ply 실)	극세사: 레이스(lace)	1~1.75mm

5. 바늘과 단추, 기타 부자재 구매처

인형옷을 만들 때는 대개 1~2mm 굵기 막대바늘과 줄바늘을 쓴다. 브랜드는 아디(Addi), 치아오구(ChiaoGoo), 히야히야(HiyaHiya), 니트프로(Knitpro) 등이 인기 있다.

바늘과 돗바늘, 시침핀, 가위 등은 인터넷에서 검색하면 판매 상점이 많은데, 바늘의 경우 굵기가 적당한지, 인형옷 제작 과정에 적합한 도구인지 잘 살펴보고 구매하도록 한다. 마이니트닷컴, 동대문종합시장 내 해비치 등을 추천한다.

인형옷용 단추나 진주비즈는 돌프리마켓이나 육일전 등에서 구할 수 있고, 인터넷에서는 러브퀼트, 엔조이퀼트 등에서 살 수 있다. 인터넷에서 '미니단추'나 '인형옷 단추'로 검색해보고 원하는 제품을 구입해도 된다. 수입품이 많이 소개되어 있고, 국내 핸드메이드 제품도 늘어나는 추세다. 체인이나 오링은 액세서리 재료를 파는 숍에서 살 수 있다.

2. 도구와 재료

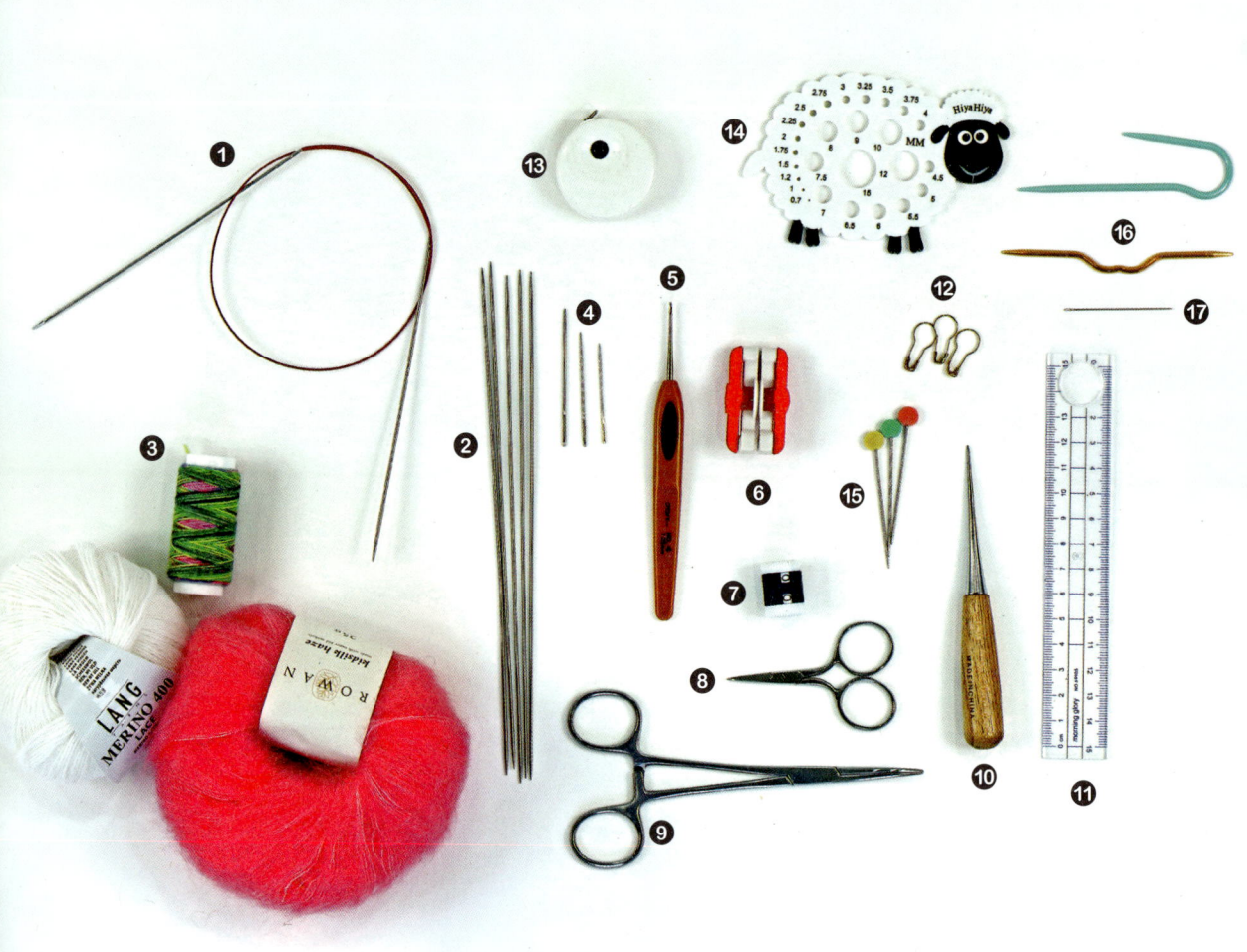

1. **줄바늘** 인형옷에는 40~60cm 길이, 1.25~2mm 굵기의 바늘을 주로 쓴다. 대바늘에는 크게 줄바늘과 막대바늘이 있는데, 기호나 필요에 따라 선택해 사용하면 된다.

2. **막대바늘, 장갑바늘** 주로 1.25~2mm 굵기의 바늘을 사용한다. 바늘 4개가 필요한 소매 원형뜨기 등에는 15~20cm 길이 막대바늘이 적당하다. 사진처럼 뒤가 막히지 않은 막대바늘을 '장갑바늘'이라고도 한다.

3. **뜨개실, 바느질실** 뜨개실은 2합사(2ply 실) 굵기의 레이스실과 모헤어 실을 많이 사용한다. 단추를 달 때 쓰는 바느질실도 준비한다.

4. **돗바늘** 뜨개 조직을 꿰매어 연결할 때, 마무리 실 끝을 정리할 때 사용한다. 작은 돗바늘일수록 쓰기 편하다.

5. **레이스용 코바늘** 코바늘에는 레이스용 코바늘과 모사용 코바늘 2종류가 있다. 인형옷은 가는 실로 뜨기 때문에 주로 레이스용 코바늘 2, 4, 6호를 쓴다. 코바늘은 소품이나 옷을 뜰 때도 사용하지만 빠진 코를 주을 때, 코를 만들 때도 쓴다.

6. **미니 폼폼 메이커** 미니 폼폼 메이커를 사용하면 작은 폼폼도 만들기 편리하다.

7. **단수체크기** 단수체크기를 사용하면 몇 단을 떴는지 쉽게 알 수 있다.

8. **가위** 뜨개 조직을 건드리지 않고 실만 자를 수 있도록 끝이 뾰족한 가위를 쓴다.

9. **겸자** 뜨개 조직을 뒤집거나 단춧구멍을 넓힐 때 사용한다.

10. **송곳** 단춧구멍을 확인할 때, 끈을 끼울 구멍을 뚫을 때 사용한다.

11. **자** 패턴을 그릴 때, 옷의 사이즈를 잴 때, 게이지를 확인할 때 사용한다.

12. **마커** 무늬를 구분하거나, 몸판과 소매 부분을 표시할 때 사용하면 콧수를 확인하기 편하다.

13. **줄자** 인형이나 뜨개 조직의 치수를 잴 때 사용한다.

14. **바늘 굵기 체크 자** 구멍에 대바늘을 끼워 바늘 굵기를 확인할 수 있다. 1mm대 가는 바늘도 잴 수 있는 자로 준비한다.

15. **시침핀** 뜨개 조직을 시침핀으로 다리미판에 고정하고 다림질하면 편리하다. 단추와 단춧구멍의 위치를 상하 대칭으로 맞출 때, 바느질을 위해 두 개의 뜨개 조직을 맞댈 때도 사용한다.

16. **꽈배기바늘** 교차뜨기(꽈배기무늬)를 할 때 쓴다. 인형옷을 뜨는 실은 일반실보다 가늘어서 상대적으로 사이즈가 큰 국산 꽈배기바늘을 이용하기가 힘들다. 인형옷에 맞는 수입 꽈배기바늘을 쓰거나 짧은 장갑바늘로 대체해서 써도 된다.

17. **바늘** 바느질용 바늘. 단추나 부속 장식을 달 때 쓴다.

3. 대바늘 뜨기 기법

1) 시작코잡기

① 일반코잡기

1

실을 고리 모양으로 만들어 왼손 엄지와 검지에 건다. 이때 실 끝부분은 왼손 엄지 쪽으로 둔다.

2

사진과 같이 왼손을 돌려 실을 위쪽으로 넘긴다.

3

엄지 아래쪽으로 바늘을 넣는다.

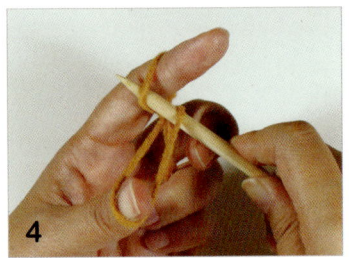

4

검지에 걸려 있는 실을 가져온다.

5

엄지의 실 사이로 가져온 실을 빼낸다.

6

1코를 만든 상태.

7

실을 당겨서 느슨하지 않게 만든다.

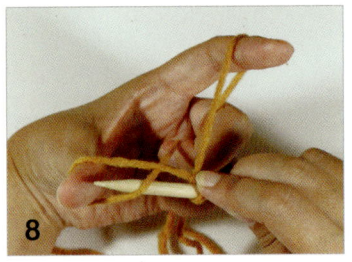

8

3번과 같이 엄지 아래쪽으로 바늘을 넣는다.

9

4번과 같이 검지에 걸려 있는 실을 가져온다.

5번과 같이 엄지의 실 사이로 가져온 실을 빼낸다.

2코를 만든 상태.

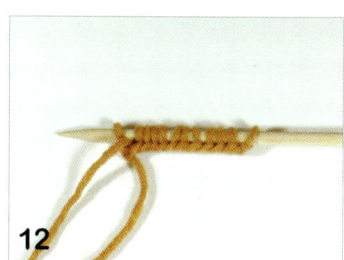
3~5번을 반복하여 원하는 콧수만큼 뜬다.

② 나중에 풀어낼 코 만들기

코바늘과 나중에 풀어낼 실을 사용해 원하는 콧수만큼 사슬코를 만든다.

사슬코의 뒷산에 대바늘을 넣는다.

진행 실(뜨개에 쓸 실)을 대바늘에 감는다.

실을 빼낸다. 1코를 완성한 모습.

3~4번을 반복하여 원하는 콧수만큼 뜬다.

③ 겉뜨기로 코잡기

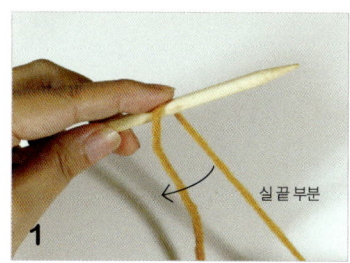
실을 바늘에 건다. 이때 실 끝 부분을 뒤쪽으로 두고, 이 실을 화살표 방향으로 보낸다.

앞으로 보낸 실 끝 부분을 왼쪽 엄지로 풀어지지 않게 잡는다.

겉뜨기 방향으로 대바늘을 넣는다.

바늘에 실을 감는다.

코 사이로 실을 빼낸다. 화살표 방향으로 코를 꼰다.

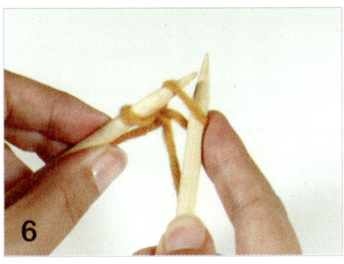

꼰 실을 왼쪽 바늘에 건다.

2코를 만든 모습. 화살표 방향으로 바늘을 넣는다.

첫 번째 코와 두 번째 코 사이로 바늘을 넣은 모습.

바늘에 실을 감는다.

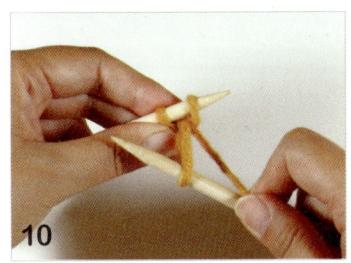

코 사이로 실을 빼내어 5번과 같은 방법으로 코를 꼰다.

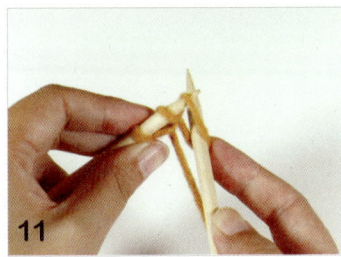

꼰 실을 왼쪽 바늘에 건다.

3코를 만든 모습. 다음 코는 두 번째와 세 번째 코 사이로 바늘을 넣는다.

7~11번을 반복하면서 원하는 콧수만큼 코를 만든다.

2) 겉뜨기 ▯

첫코에 바깥쪽 방향으로 바늘을 넣는다.

실을 바깥쪽에서 안쪽으로 바늘에 감는다.

코 사이로 실을 빼낸다.

1코를 뜬 모습.

2~3번을 반복하여 원하는 콧수만큼 코를 만든다.

3) 안뜨기 ▭

첫코에 안쪽 방향으로 바늘을 넣는다.

바늘에 실을 바깥쪽에서 안쪽으로 감는다.

코 사이로 실을 빼낸다.

1코를 뜬 모습.

2~4번을 반복하여 원하는 콧수만큼 코를 만든다.

4) 메리야스뜨기 / 안메리야스뜨기 / 가터뜨기 / 1코 고무뜨기 / 배색 1코 고무뜨기 / 첫코 걸러뜨기 [V]

1

메리야스뜨기는 대바늘뜨기의 가장 기본 조직이다. 겉뜨기 1단, 안뜨기 1단을 반복하며 뜨면 된다.

2

메리야스뜨기의 뒷면. 이렇게 뜨는 것을 '안메리야스뜨기'라고 부른다.

3

가터뜨기. 겉뜨기만 계속 뜨거나 안뜨기만 계속 뜨면 가터뜨기가 된다.

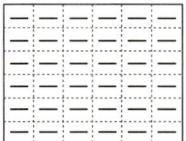

메리야스뜨기

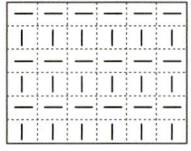

안메리야스뜨기

가터뜨기

4

1코 고무뜨기는 겉뜨기와 안뜨기를 1코씩 교대로 뜨는 방법이다. 신축성이 좋아 니트의 밑단, 소매 단, 목둘레 단에 많이 사용한다.

5

배색 1코 고무뜨기는 1코 고무뜨기와 방법이 같은데, 안뜨기만 다른 색상으로 뜨면 된다.

6

첫코 걸러뜨기는 첫코를 뜨지 않고 왼쪽 바늘에서 오른쪽 바늘로 옮기기만 하면 된다.

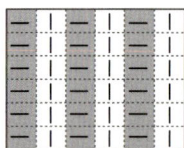

1코 고무뜨기

배색 1코 고무뜨기

5) 코막음

① 겉뜨기로 코막음, 안뜨기로 코막음 ·

1

겉뜨기로 2코를 뜬다.

2

왼쪽 바늘을 오른쪽 바늘의 오른쪽 코에 넣은 다음 그 코를 왼쪽 코 위를 거쳐 오른쪽 바늘 밖으로 빼낸다.

3

오른쪽 바늘에서 빼낸 코에서 화살표 방향으로 왼쪽 바늘을 빼낸다.

4

다음 코를 겉뜨기로 뜬다.

5

오른쪽 바늘에 2코가 된 모습.

6

2번과 같은 방법으로 뜬다.

7

3번과 같이 왼쪽 바늘을 빼낸다.

8

2~3번을 반복해 겉뜨기로 코막음을 한 모습.

9

안뜨기로 코막음을 한 모습. 겉뜨기 대신 안뜨기로 뜨면서 1~8번과 같은 순서로 뜨면 된다.

② 고무단 돗바늘 마무리

1

(1코 고무단 기준) 실을 꿴 돗바늘을 준비한다. 첫 번째 겉뜨기코에 안뜨기 뜨는 방향으로 돗바늘을 넣어 그 코를 돗바늘로 옮긴다.

2

두 번째 안뜨기코에 겉뜨기 뜨는 방향으로 돗바늘을 넣고 위쪽으로 빼내어, 돗바늘에 걸린 코에 실을 통과시킨다.

3

다시 1번의 첫 번째 겉뜨기코와 세 번째 겉뜨기코에 안뜨기 뜨는 방향으로 한꺼번에 돗바늘을 넣어 빼내어 실을 통과시킨다.

4
두 번째 안뜨기코에 뒤쪽에서 앞쪽으로 돗바늘을 넣는다.

5
네 번째 안뜨기코에 겉뜨기 뜨는 방향으로 돗바늘을 넣고 위쪽으로 빼낸다.

6
다시 세 번째 겉뜨기코에 안뜨기 뜨는 방향으로 돗바늘을 넣는다.

7
다섯 번째 겉뜨기코에도 안뜨기 방향으로 돗바늘을 넣은 후 위쪽으로 빼낸다.

8
네 번째 안뜨기코에 뒤쪽에서 앞쪽으로 돗바늘을 넣는다.

9
여섯 번째 안뜨기코에 겉뜨기 뜨는 방향으로 돗바늘을 넣고 위쪽으로 빼낸다.

10
1~9번 방법으로 겉뜨기코는 겉뜨기끼리, 안뜨기코는 안뜨기끼리 연결하면서 마무리한다. 완성한 모습.

③ 고무단 덮어씌워 코막음

1
(1코 고무단 기준) 첫 번째 코를 겉뜨기로 뜬다.

2
두 번째 코를 안뜨기로 뜬다.

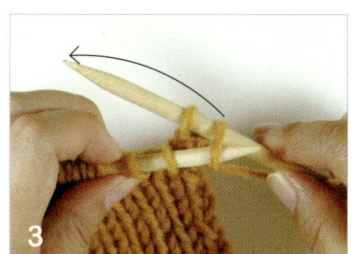
3
왼쪽 바늘을 오른쪽 바늘의 오른쪽 코에 넣은 다음 그 코를 왼쪽 코 위를 거쳐 오른쪽 바늘 밖으로 빼낸다.

오른쪽 바늘에서 빼낸 코에서 화살표 방향으로 왼쪽 바늘을 빼낸다.

세 번째 코를 겉뜨기로 뜬다.

3번과 같은 방법으로 오른쪽 바늘의 오른쪽 코를 빼낸다.

4번과 같이 왼쪽 바늘을 빼낸다.

겉뜨기코는 겉뜨기로, 안뜨기코는 안뜨기로 뜨면서 3~7번을 반복한다. 완성한 모습.

6) 늘리기

① 오른코 늘리기 ☑

왼쪽 코의 1단 아래 오른쪽 코에 오른쪽 바늘을 넣는다.

그 코를 끌어올려 왼쪽 바늘에 건다.

겉뜨기 방향으로 오른쪽 바늘을 넣는다.

바늘에 실을 감은 후 빼낸다.

완성한 모습.

② 왼코 늘리기

1. 오른쪽 코의 2단 아래 왼쪽 코에 왼쪽 바늘을 넣는다.

2. 그 코를 끌어올린다.

3. 겉뜨기 방향으로 오른쪽 바늘을 넣는다.

4. 바늘에 실을 감은 후 빼낸다.

5. 완성한 모습.

③ 감아코 만들기

1. 화살표 방향으로 고리를 만든다.

2. 만들어 놓은 고리를 바늘에 건다.

3. 실을 잡아당긴다. 1코를 완성한 모습.

4. 1~2번을 반복하여 원하는 콧수만큼 코를 만든다.

④ 앞뒤로 늘리며 겉뜨기 / 앞뒤로 늘리며 안뜨기

1
왼쪽 바늘의 첫코에 오른쪽 바늘을 넣어 겉뜨기 방향으로 한 코를 빼낸다.

2
이때 겉뜨기를 할 때처럼 왼쪽 바늘에서 코를 빼지는 말고, 왼쪽 바늘에 첫코를 그대로 걸어 둔다.

3
다시 왼쪽 첫코의 뒤쪽 반 코에 겉뜨기 방향으로 오른쪽 바늘을 넣는다.

4
바늘에 실을 감아 겉뜨기한다.

5
앞뒤로 늘리며 겉뜨기를 한 모습.

6
앞뒤로 늘리며 안뜨기를 한 모습. 1~4와 같은 방법으로 뜨는데, 안뜨기 방향에 안뜨기로 뜨는 것이 다르다.

⑤ 끌어올려 안뜨기로 늘리기 / 끌어올려 겉뜨기로 늘리기

1
화살표 방향으로 오른쪽 바늘을 옆실에 넣는다.

2
옆실을 끌어올린다.

3
끌어올린 옆실을 왼쪽 바늘에 건다. 뒤쪽 반 코에 안뜨기 방향으로(화살표 참조) 바늘을 넣어 한 차례 뜬다.

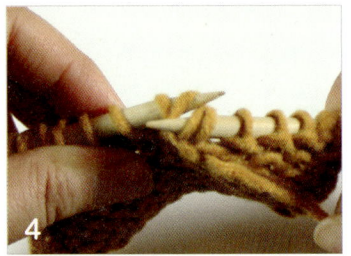
뒤쪽 반 코에 바늘을 넣은 모습.

안뜨기로 뜬다. 끌어올려 안뜨기로 늘리기를 한 모습.

끌어올려 겉뜨기로 늘리기를 한 모습. 1~5와 같은 방법으로 뜨는데, 뒤쪽 반 코에 겉뜨기 방향으로 바늘을 넣어 한 차례 꼬고, 겉뜨기로 뜨는 것이 다르다.

7) 줄이기

① 오른코 줄이기 ∧

왼쪽 바늘의 코에 겉뜨기 방향으로 바늘을 넣어 오른쪽 바늘로 옮긴다.

오른쪽 바늘로 옮긴 모습.

다음 코도 1번과 같은 방법으로 오른쪽 바늘로 옮긴다.

2코를 옮긴 모습.

옮긴 2코에 왼쪽 바늘을 일자로 넣는다.

오른쪽 바늘에 실을 감는다.

감은 실을 2코 사이로 빼낸다.

오른코 줄이기를 완성한 모습.

② 왼코 줄이기(겉뜨기로 2코 모아뜨기) ⃞

1
왼쪽바늘의 앞쪽 2코에 겉뜨기 방향으로 오른쪽 바늘을 넣는다.

2
오른쪽 바늘에 실을 걸어 겉뜨기한다.

3
겉뜨기를 마친 모습.

4
왼코 줄이기를 완성한 모습.

③ 모아뜨기(안뜨기로 왼코 줄이기) ⃞

1
왼쪽 바늘에 걸린 1코를 뜨지 않고 사진과 같이 그대로 오른쪽 바늘로 옮긴다.

2
1번과 같은 방법으로 다음 1코를 오른쪽 바늘로 옮긴다.

3
옮긴 2코의 앞쪽에 왼쪽 바늘을 넣는다.

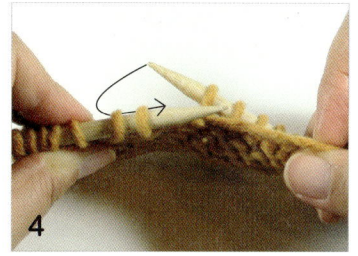
4
왼쪽 바늘에 다시 2코를 옮긴 모습. 화살표 방향으로 오른쪽 바늘을 넣는다.

5
뒤쪽에서 바늘을 넣은 모습.

6
안뜨기로 뜬다. 완성한 모습.

④ 안뜨기로 2코 모아뜨기

1
왼쪽 바늘의 2코에 안뜨기 방향으로 오른쪽 바늘을 넣는다.

2
오른쪽 바늘에 실을 감는다.

3
코 사이로 실을 빼낸다.

4
완성한 모습.

5

⑤ 오른코 3코 모아뜨기

1
왼쪽 바늘의 1코에 겉뜨기 방향으로 오른쪽 바늘을 넣는다.

2
뜨지 않고 오른쪽 바늘로 옮긴다.

3
왼쪽 바늘의 2코에 겉뜨기 방향으로 오른쪽 바늘을 넣는다.

4
바늘에 실을 감아 겉뜨기한다.

5
뜨지 않고 오른쪽 바늘에 옮겨 놓았던 코에 왼쪽 바늘을 넣은 다음 그 코를 왼쪽 코 위를 거쳐 오른쪽 바늘 밖으로 빼낸다.

6
코를 빼낸 모습.

7

빼낸 코에서 왼쪽 바늘을 빼 완성한 모습.

8

⑥ 중심 3코 모아뜨기 ⋏

1

왼쪽 바늘의 2코에 겉뜨기 방향으로 오른쪽 바늘을 넣어 뜨지 않고 그대로 옮긴다.

2

다음 코에 겉뜨기 방향으로 오른쪽 바늘을 넣고, 바늘에 실을 감아 겉뜨기한다.

3

처음에 뜨지 않고 옮겨 놓았던 2코에 왼쪽 바늘을 넣은 다음 그 2코를 왼쪽 코 위를 거쳐 오른쪽 바늘 밖으로 빼낸다.

4

코를 빼낸 모습.

5

빼낸 코에서 왼쪽 바늘을 빼 완성한 모습.

6

8) 바늘 비우기 ⃞

1 겉뜨기한 코의 뒤쪽에 있던 실을 안뜨기 방향인 앞쪽으로 옮긴다.

2 실이 앞에 있는 상태에서 왼쪽 바늘의 코에 겉뜨기 방향으로 오른쪽 바늘을 넣는다.

3 앞쪽의 실을 오른쪽 바늘에 걸고 겉뜨기한다.

4 바늘 비우기를 완성한 모습.

9) 잇기

① 메리야스 잇기

1 뜨개 조직을 겉쪽으로 놓고 마주 댄다. 왼쪽 조직의 처음 코에 별도의 실을 꿴 돗바늘을 넣는다.

2 오른쪽 조직의 처음 코에 돗바늘을 넣는다.

3 왼쪽 조직의 끝에서 1코 들어간 코의 옆실 1단을 돗바늘로 뜬다.

4 오른쪽 조직의 끝에서 1코 들어간 코의 옆실 1단을 돗바늘로 뜬다.

5 왼쪽, 오른쪽을 교대로 한단씩 뜨면서 꿰맨다.

6 완성한 모습.

② 코와 코 마주대고 잇기

1 아래쪽 조직의 첫코에 바늘을 넣은 후 위쪽 조직에 화살표 방향으로 바늘을 넣는다.

2 위쪽 조직에 바늘을 넣은 모습.

3 아래쪽 첫코에 다시 바늘을 넣은 후 화살표 방향으로 바늘을 넣는다.

4 바늘을 넣은 모습.

5 위쪽 조직의 첫코에 다시 바늘을 넣은 후 화살표 방향으로 바늘을 넣는다.

6 바늘을 넣은 모습.

7 실을 당긴 모습.

8 3~4번과 같은 방법으로 2번째와 3번째를 연결한다.

9 3~6번을 반복해서 완성한다.

③ 단과 코 잇기

1
사진과 같이 단과 코를 겉쪽으로 놓고 마주 댄다. 왼쪽 조직의 처음 코에 돗바늘을 넣는다(코).

2
오른쪽 조직의 처음 코에 돗바늘을 넣는다(단).

3
왼쪽 코 조직의 첫코 앞쪽에서 바늘을 넣어 두 번째 코의 뒤쪽에서 앞쪽으로 뺀다.

4
오른쪽 단 조직의 끝에서 1코 들어간 코의 옆 실 2단을 돗바늘로 뜬다.

5
3번과 같은 방법으로 두 번째 코의 앞쪽에서 바늘을 넣어 세 번째 코의 뒤쪽에서 앞쪽으로 뺀다.

6
오른쪽 단 조직의 실 나왔던 곳으로 바늘을 넣고 2단을 돗바늘로 뜬다.

7
왼쪽, 오른쪽을 계속 같은 방법으로 반복한다. 이때 코와 단의 균형이 맞도록 1단, 2단씩 번갈아 뜬다.

8
완성한 모습.

④ 덮어씌워 잇기

1. 연결할 두 조직의 겉과 겉을 맞대고 앞, 뒤 각 한 코에 겉뜨기 방향으로 바늘을 넣는다.

2. 바늘에 실을 감는다.

3. 두 코 사이로 실을 뺀다.

4. 1~3번과 같이 앞, 뒤 각 한 코에 겉뜨기한다.

5. 왼쪽 바늘을 오른쪽 바늘의 오른쪽 코에 넣어 살짝 벌려 코가 잘 빠져나오게 한다.

6. 오른쪽 바늘의 오른쪽 코를 왼쪽 코 위를 거쳐 오른쪽 바늘 밖으로 빼내고, 그 코에서 왼쪽 바늘도 빼낸다(187쪽 겉뜨기로 코막음 2~3번 참조).

7. 4번을 반복한다.

8. 5~6번을 반복한다.

9. 같은 방법으로 끝까지 반복한다.

10. 완성한 모습.

10) 코줍기

① 목둘레 코줍기

1
코를 주을 부분의 첫코에 겉뜨기 방향으로 바늘을 넣는다.

2
바늘에 실을 감는다.

3
실을 빼낸다.

4
다음 코에 바늘을 넣고 겉뜨기로 실을 빼낸다. 같은 방법으로 계속 반복한다.

5
완성한 모습.

② 세로단 코줍기

1
코를 주을 부분 첫코에 겉뜨기 방향으로 바늘을 넣는다.

2
바늘에 실을 감는다.

3
실을 빼낸다.

4
다음 코의 반 코에 바늘을 넣는다.

5
겉뜨기로 실을 빼낸다. 같은 방법으로 계속 반복한다.

6
완성한 모습.

③ 진동아래 코줍기

1. 소매용으로 남겨 둔 코를 반으로 나누어 바늘 2개에 각각 걸어둔다.
2. 2번째 바늘과 진동아래 몸판의 감아코 한 자리 사이에 있는 코에 3번째 바늘을 넣는다.
3. 3번째 바늘을 넣은 코에 실을 감아 겉뜨기한다.

4. 겉뜨기 1코를 완성한 모습.
5. 감아코마다 바늘을 넣어 겉뜨기한다.
6. 소매 진동아래 코줍기를 완성한 모습.

11) 배색하기

① 가로줄무늬 배색

1. 첫코에 바늘을 넣는다.
2. 배색할 실을 바늘에 건다.
3. 매 코 배색 실로 겉뜨기한다.

4. 완성한 모습.

② 무늬 배색

배색할 코에 바늘을 넣고, 배색실(밤색)을 밑에서 위로 올리고, 바탕실(노란색)을 배색실 위로 지나게 하여 늘어뜨린다.

배색실로 뜬다.

배색실은 아래로 내리고, 바탕실을 아래에서 위로 올린다.

바탕실로 뜬 앞쪽 모습.

아래에 있던 배색실을 위로 올린다.

배색을 한 뒷모습.

12) 원형 뜨기

바늘 3개 중 첫 번째 바늘의 첫코에 겉뜨기 방향으로 4번째 바늘을 걸고 겉뜨기한다.

겉뜨기를 1코 한 모습. 계속해서 매 코 겉뜨기한다.

같은 방법으로 다음 바늘의 코도 겉뜨기한다.

13) 교차뜨기

① 3대3 왼코 위 교차뜨기

1
왼쪽 바늘의 3코에 꽈배기바늘을 넣는다.

2
3코를 뒤쪽으로 빼놓는다.

3
왼쪽 바늘의 안뜨기 1코에 꽈배기바늘을 넣는다.

4
1코를 뒤쪽으로 빼놓는다.

5
왼쪽 바늘의 첫코에 오른쪽 바늘을 넣는다.

6
겉뜨기로 3코를 뜬다.

7
빼놓은 안뜨기 1코에 오른쪽 바늘을 넣는다.

8
안뜨기로 뜬다.

9
빼놓은 3코의 첫코에 오른쪽 바늘을 넣는다.

10
겉뜨기로 3코를 뜬다.

11
완성한 모습.

② 2대2 왼코 위 교차뜨기  / 2대2 오른코 위 교차뜨기

1. 교차뜨기를 할 위치에서 꽈배기바늘을 화살표 방향으로 넣는다.

2. 꽈배기바늘로 옮긴 2코를 뒤쪽으로 빼놓는다.

3. 다음 코에 겉뜨기 방향으로 바늘을 넣는다.

4. 겉뜨기로 2코를 뜬다.

5. 겉뜨기한 모습.

6. 뒤로 빼놓았던 꽈배기바늘의 코에 겉뜨기 방향으로 바늘을 넣는다.

7. 꽈배기바늘에 있던 2코를 모두 겉뜨기한다. 완성한 모습.

*2대2 오른코 위 교차뜨기는 2코를 꽈배기바늘에 걸어 앞쪽으로 뺀 후, 다음 2코를 먼저 뜨고 앞으로 빼놓았던 꽈배기바늘의 2코를 뜨면 된다.

③ 2대1 오른코 위 교차뜨기 / 2대1 왼코 위 교차뜨기

1. 교차뜨기를 할 위치에서 꽈배기바늘을 화살표 방향으로 넣는다.

2. 꽈배기바늘로 옮긴 2코를 앞쪽으로 빼놓는다.

3. 다음 1코에 안뜨기 방향으로 바늘을 넣는다.

안뜨기로 1코를 뜬다.

앞으로 빼놓았던 꽈배기바늘의 2코를 모두 겉뜨기한다.

완성한 모습.
*2대1 왼코 위 교차뜨기는 안뜨기 1코를 꽈배기바늘에 걸어 뒤쪽으로 뺀 후, 다음 2코를 먼저 겉뜨기로 뜨고 뒤로 빼놓았던 꽈배기바늘의 1코를 안뜨기로 뜨면 된다.

④ 1대1 왼코 위 교차뜨기 / 1대1 오른코 위 교차뜨기

교차뜨기 할 코에 꽈배기바늘을 넣는다.

꽈배기바늘로 옮긴 1코를 뒤쪽으로 빼놓는다.

화살표 방향으로 겉뜨기한다.

겉뜨기한 모습.

꽈배기바늘에 빼놓았던 1코를 겉뜨기한다.

완성한 모습.
*1대1 오른코 위 교차뜨기는 꽈배기바늘의 1코를 앞쪽으로 뺀 후, 다음 1코를 먼저 뜨고 앞으로 빼놓았던 꽈배기바늘의 1코를 뜨면 된다.

14) 단춧고리 만들기

1

돗바늘에 실을 걸어 단춧고리를 만들 위치의 뒤에서 앞으로 빼낸다.

2

같은 돗바늘로 몸판의 실을 반 땀 뜬 다음 실을 바늘에 감는다.

3

돗바늘을 당겨서 실을 고정한다. 사슬 모양이 너무 작아지지 않게 적당히 당긴다.

4

사슬의 중앙에 돗바늘을 넣은 후 실을 바늘에 감는다.

5

돗바늘을 당겨서 실을 고정한다.

6

4~5번을 반복한다.

7

원하는 길이만큼의 사슬을 만든다.

8

몸판의 처음 시작 위치에 바늘을 넣는다.

9

안쪽에서 매듭지어 고정한다.

15) 단춧구멍 만들기

1

구멍을 만들 위치까지 뜬다.

2

뒤에 있던 실을 앞쪽으로 가져온다.

3

실이 앞쪽에 걸쳐 있는 상태로 다음 코에 겉뜨기 방향으로 바늘을 넣는다.

실을 바늘에 감는다.

겉뜨기한다.

완성한 모습.

16) 꼬아뜨기

(1코 고무뜨기 꼬아뜨기 기준) 겉뜨기 차례에서, 뒤쪽 반 코에 겉뜨기 방향으로 바늘을 넣는다.

바늘에 실을 감는다.

겉뜨기한다.

안뜨기 차례에서, 뒤쪽 반 코에 안뜨기 방향으로 바늘을 넣는다.

안뜨기한다.

완성한 모습.

17) 같은 실 연결하기

사진과 같이 1번 실을 위쪽으로 놓는다.

왼손 엄지와 검지로 풀리지 않게 잡는다.

2번 실로 실 잡은 손가락을 한 바퀴 감는다. 이때 실을 2번실 뒤쪽으로 넘긴다.

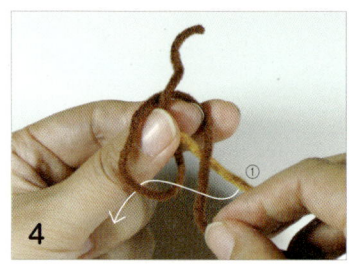
1번 실의 앞쪽으로 실을 놓는다. 화살표 방향으로 1번 실을 넣는다.

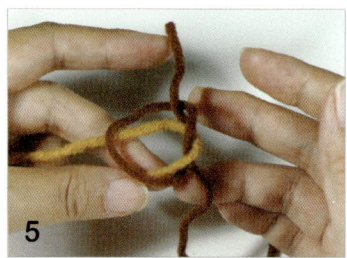
1번실 끝을 원 안으로 넣는다.

두 실의 끝을 잡아당겨 풀어지지 않게 한다.

완성한 모습.

18) 코와 단 세기

사진과 같이 코는 가로로, 단은 세로로 세면 된다.

19) 마커 사용

① 일반적인 마커 사용법

옷핀 형 마커. 단마다 줄임이나 늘림을 한 위치를 표시할 때 많이 사용한다.

② 마커를 바늘에 걸기

원형 모양 마커. 바늘에 걸어 코를 표시할 때 쓴다. 단춧구멍을 내거나 톱다운 방식으로 뜰 경우, 뒤 몸판, 소매, 앞 몸판의 늘림 위치를 표시하기 위해 흔히 사용한다.

4. 코바늘 뜨기 기법

1) 원형 코잡기

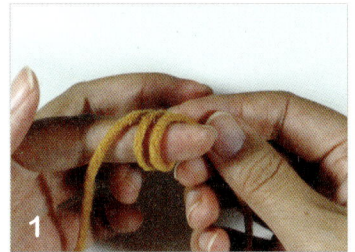

1
왼쪽 검지에 실을 2번 감는다.

2
만든 고리가 풀리지 않게 사진과 같이 잡는다.

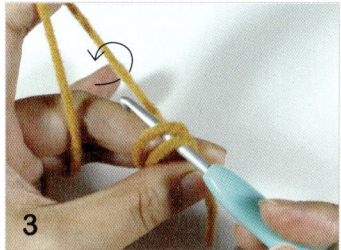

3
고리 안으로 코바늘을 넣어 화살표 방향으로 실을 감는다.

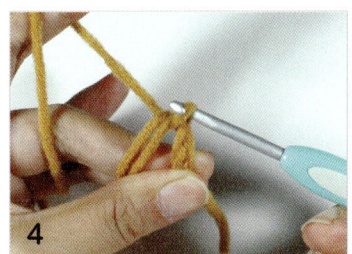

4
실을 고리 밖으로 끌어낸다.

5
다시 실을 감아 화살표 방향으로 빼낸다.

6
실을 빼낸 모습.

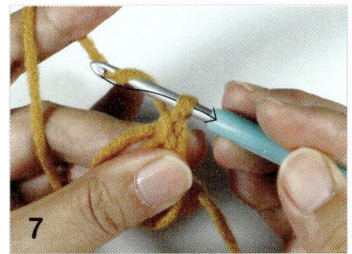

7
다시 바늘에 실을 감아 화살표 방향으로 빼낸다.

8
기둥코 1코가 완성된 모습.

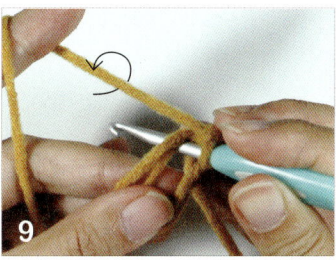

9
고리 안으로 바늘을 넣어 실을 화살표 방향으로 감는다.

10

감은 코를 빼낸 모습.

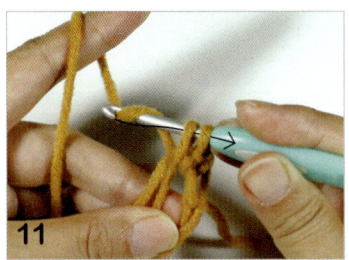

11

다시 실을 감아 화살표 방향으로 2코를 한꺼번에 통과해 빼낸다.

12

짧은뜨기 1코를 뜬 모습.

13

9~11까지 반복해서 시작하는 콧수만큼 뜬다.

14

실 끝(짧은 쪽)을 화살표 방향으로 당긴다.

15

실 끝을 잡아당기면 1번 실이 당긴다.

16

1번 실을 잡아서 당기면 2번 실이 줄어든다.

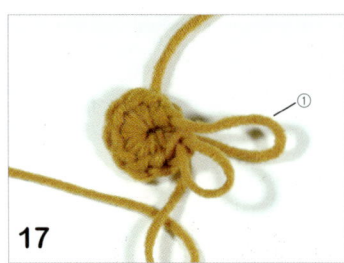

17

고리 원형이 작아지고, 1번 실만 남게 된다.

18

다시 처음의 실 끝(짧은 쪽)을 당기면 1번 실도 줄어든다.

19

중앙의 고리가 완전히 줄어 완성된 모습(오른쪽 동그란 고리는 코 부분).

2) 사슬뜨기 ◯

1 코바늘에 실을 감는다.

2 코 사이로 빼낸다.

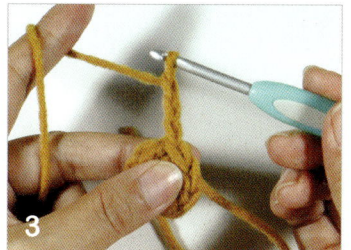
3 같은 방법으로 원하는 콧수만큼 반복한다.

3) 짧은뜨기 ✕

1 다음 코에 코바늘을 넣는다.

2 바늘에 실을 감는다.

3 코 사이로 실을 빼내면 2코가 된다.

4 바늘에 실을 감아 화살표 방향으로 빼낸다.

5 짧은뜨기 1코를 완성한 모습.

6 같은 방법으로 원하는 콧수만큼 반복한다.

4) 짧은뜨기 2코 늘려뜨기 ∨ / 짧은 이랑뜨기 2코 늘려뜨기 ∨

1

코에 바늘을 넣는다.

2

짧은뜨기를 한다. 화살표 방향으로 바늘을 넣는다.

3

바늘을 넣어 짧은뜨기를 한다.

4

1코에 짧은뜨기를 2코 하여, 짧은뜨기 2코 늘려뜨기를 한 모습.

5

짧은 이랑뜨기 2코 늘려뜨기를 한 모습. 1~4와 같은 방법으로 뜨는데, 뒤쪽 반 코에만 바늘을 넣어서 짧은뜨기 2코를 뜨는 점이 다르다.

5) 빼뜨기 •

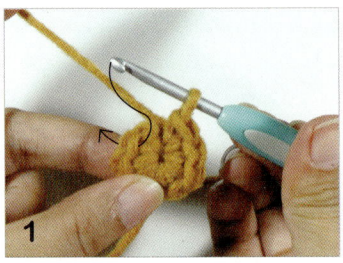

1

화살표 방향으로 바늘을 넣는다.

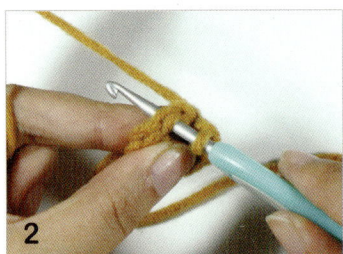

2

바늘 넣은 모습.

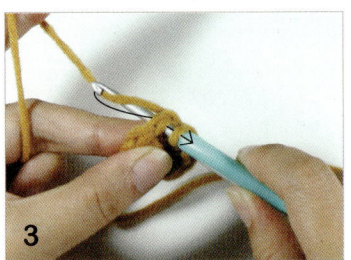

3

바늘에 실을 감은 후 화살표 방향으로 한꺼번에 빼낸다.

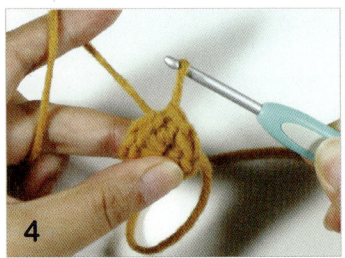

4

실을 빼내 빼뜨기를 완성한 모습.

6) 짧은 이랑뜨기 ✕

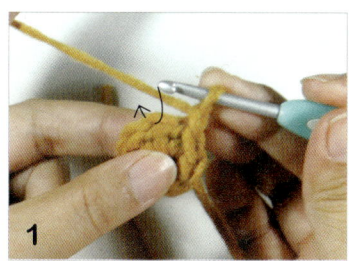

1. 화살표 방향으로 뒤쪽 반 코에 바늘을 넣는다.

2. 뒤쪽 반 코에 바늘을 넣은 모습.

3. 바늘에 실을 감는다.

4. 실을 빼내면 2코가 된다.

5. 바늘에 실을 감은 후 화살표 방향으로 빼낸다.

6. 짧은 이랑뜨기를 1코 뜬 모습.

7. 같은 방법으로 원하는 콧수만큼 반복한다.

7) 한길긴뜨기

1. 사진과 같이 바늘에 실을 감는다.

2. 실은 감은 상태로 다음 코에 바늘을 넣는다.

3. 바늘에 실을 감는다.

4. 실을 빼내면 3코가 된다.

5. 실을 감아서 화살표 방향으로 2코만 빼낸다.

6. 실을 빼내고 2코만 남은 모습.

7. 다시 실에 바늘을 감아서 화살표 방향으로 2코를 빼낸다.

8. 한길긴뜨기 1코를 완성한 모습.

9. 같은 방법으로 원하는 콧수만큼 반복한다.

8) 한길긴뜨기 2코 모아뜨기

1

화살표 방향으로 실을 감는다.

2

실을 감은 후 코에 바늘을 넣는다.

3

실을 감아 빼내면 3코가 된다.

4

실을 감아서 2코만 빼낸다.

5

실을 감아 화살표 방향으로 다음 코에 바늘을 넣는다.

6

바늘을 넣은 모습.

7

실을 감아 빼내면 4코가 된다. 실을 감아 화살표 방향으로 2코만 빼낸다.

8

2코만 빼내면 3코가 된다. 실을 감아 화살표 방향으로 3코를 한꺼번에 빼낸다.

9

완성한 모습.

9) 짧은뜨기 뒤걸어뜨기

1

화살표 방향으로 바늘을 넣는다.

2

뒤쪽에서 바늘을 넣은 모습. 다시 화살표 방향으로 바늘을 넣는다.

3

바늘을 넣은 모습.

4

바늘에 실을 감아 화살표 방향으로 빼낸다.

5

실을 빼내어 2코가 된 모습.

6

바늘에 실을 감아 화살표 방향으로 빼낸다.

7

실을 빼내어 완성한 모습.

8

같은 방법으로 원하는 콧수만큼 반복한다.

10) 짧은뜨기 앞걸어뜨기

1

화살표 방향으로 바늘을 넣는다.

2

바늘을 앞쪽에서 넣은 모습. 화살표 방향으로 바늘을 넣는다.

3

바늘을 뒤에서 앞쪽으로 넣은 모습.

4

바늘에 실을 감아 화살표 방향으로 빼낸다.

5

실을 빼내면 2코가 된다.

6

실을 감아 화살표 방향으로 빼낸다.

7

완성한 모습.

5. 도안 보는 법

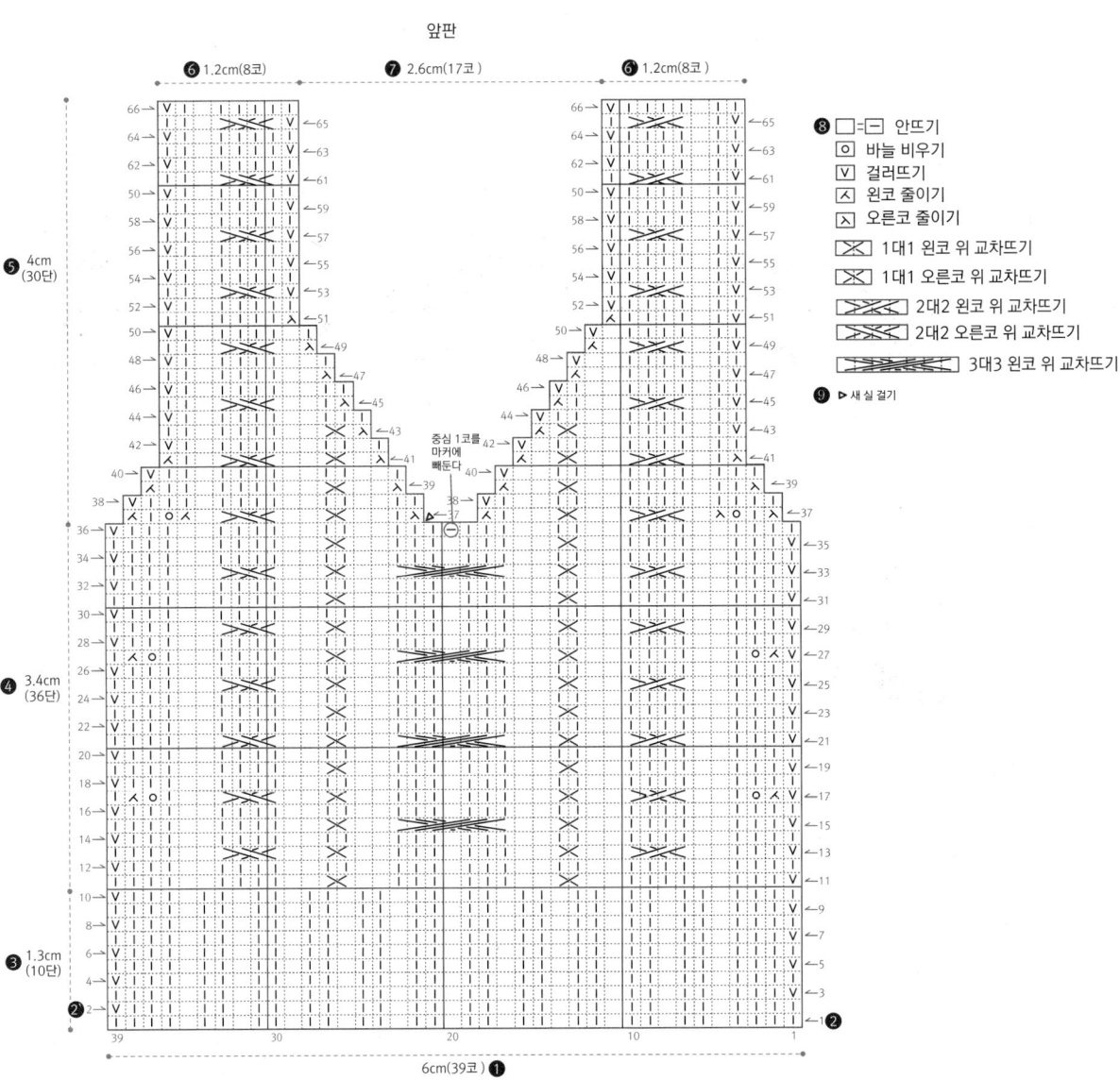

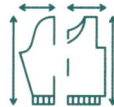

뜨는 방법 설명 보기

● 지면의 제약상, 뜨는 방법은 대부분 약자로 표기했다. 예를 들어 '3단 겉 1, 왼L 1(총 2코).'라고 적혀 있다면 '3단은 겉뜨기 1코, 왼코 늘리기 1회를 하여 총 콧수는 2코'라는 뜻이다. '30단 (겉1, 오D 1)×16, 겉 1(총 33코).'라고 적혀 있다면 '30단은 (겉뜨기 1코, 오른코 줄이기 1회)를 16차례 반복한 다음, 1코를 겉뜨기하여 총 콧수는 33코'라는 뜻이다. 약자의 원래 기법 명칭은 작품마다 '만드는 방법' 첫 페이지에 적어 놓았다.

● '총 콧수'는 주로 콧수에 변화가 있을 때만 표기해 놓았다. 만약 3단을 보는데 총 콧수가 적혀 있지 않다면, 위쪽으로 가장 가까운 단(1단이나 2단)에 적힌 총 콧수를 확인하면 된다.

차트 도안과 모눈 도안

❶ 처음 시작 코의 개수(39코)와 너비(6cm)를 표시.

❷, ❷` 뜨기의 진행 방향을 표시한다. 무늬의 경우, 겉으로 보이는 무늬를 기호로 표기하기 때문에, 겉쪽 면에서는 차트의 기호대로, 안쪽 면에서는 기호의 반대대로 떠야 한다. 예를 들어 안쪽 면에서 뜨는 단에 겉뜨기 기호가 표기되어 있다면 안뜨기로 뜬다.

❸ 밑단의 길이(1.3cm)와 단수(10단).

❹ 진동을 줄이기 전까지의 길이(3.4cm)와 단수(36단).

❺ 진동에서부터 어깨까지의 길이(4cm)와 단수(30단).

❻, ❻` 어깨의 너비(1.2cm)와 콧수(8코).

❼ 목둘레의 너비(2.6cm)와 콧수(17코). 목둘레 줄임 코까지 포함한 전체 콧수를 표시한다.

❽ 사용한 뜨개 기법과 기호.

❾ 조끼의 경우 오른쪽 어깨를 먼저 뜬 후 다시 새 실을 걸어 왼쪽 어깨를 완성한다. 이때 새로 시작하는 부분(왼쪽 어깨)에 '새 실 걸기'라고 표시해 놓는다.

● 도안이 커서 두 페이지에 걸친 경우, 빨간 선으로 겹치는 부분의 경계를 표시했다. 양 페이지의 빨간 선을 포개 두 도안을 연결하면 원래 도안이 된다.

| 몸판 |

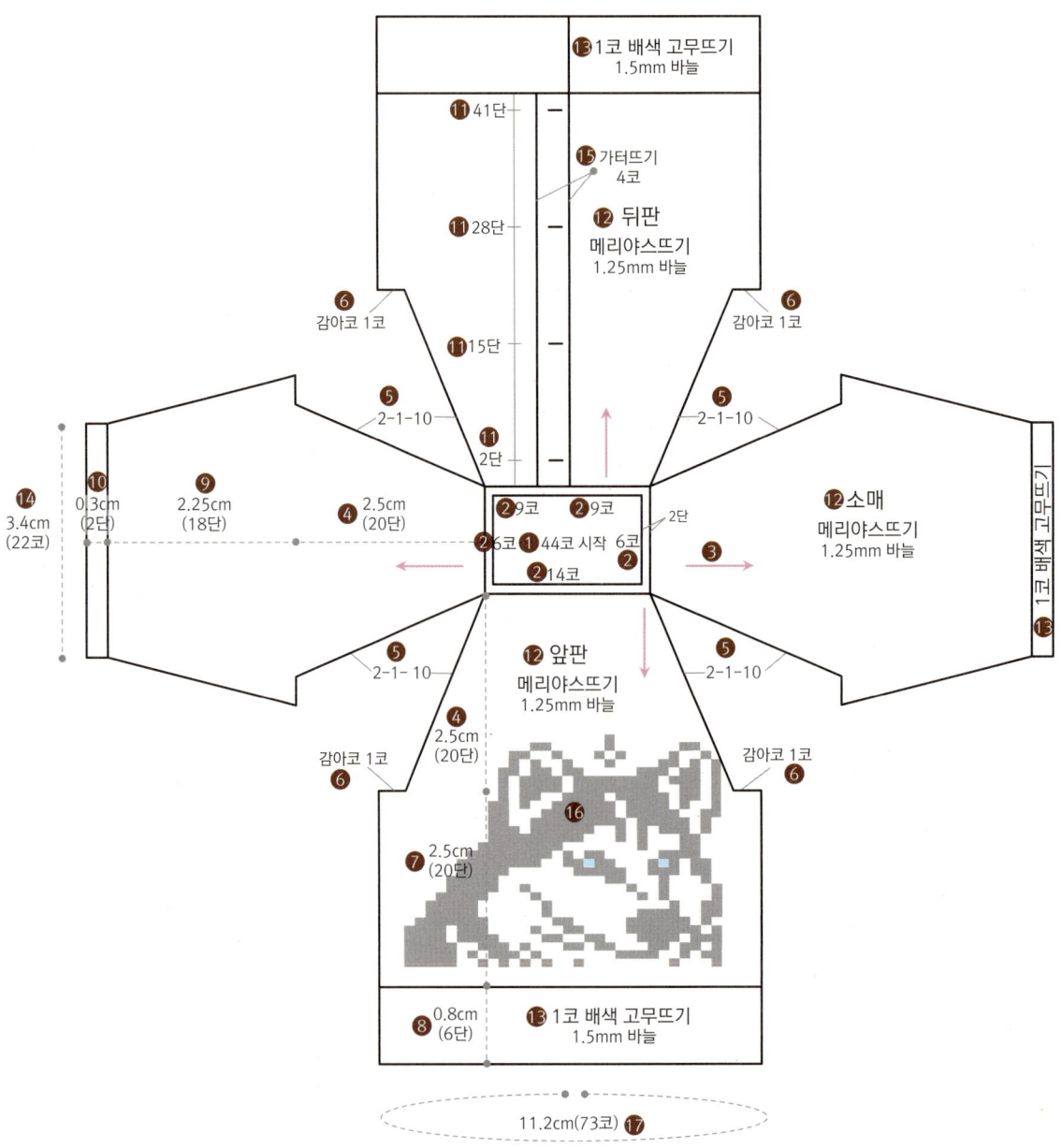

그림 도안

예시의 그림 도안은 톱다운 방식을 나타낸다. 톱다운은 목둘레에서 아래로 떠 내려가며 옷을 완성하는 방식이다. 먼저 목둘레에서 진동까지 뜬 후, 각 부분(몸판, 소매)을 나누고, 앞판과 뒤판을 하나로 이어 뜬다(위에서 아래로 가운데가 갈라진 원통형을 연상하면 이해가 쉽다). 즉 그림 도안은 평면으로 각각의 몸판이 펼쳐져 있는 모양이지만, 앞판과 뒤판을 한꺼번에 떠내려가는 형태다. 소매는 소매에서 다시 코를 잡아 원형뜨기 한다.

❶ 목둘레 시작코를 표시. 시작코는 44코이다.

❷ 오른쪽 뒤판(9코), 왼쪽 뒤판(9코), 소매(6+6코), 앞판(14코)의 콧수를 표기. 각 표시된 콧수 사이에 마커를 걸어서 뜨면 구분이 쉽다.

❸ 진행 방향을 표시하는 화살표. 목둘레부터 아래로 진행한다는 뜻이다.

❹ 진동의 길이(2.5cm)와 단수(20단).

❺ 늘림과 줄임을 나타내는 기호. 2-1-10은 순서대로 단-코-횟수로, '두 단을 뜨고 한 코 늘리기(줄이기)'를 열 번 하라는 뜻이다. 즉 20단에 걸쳐 두 단마다 한 코씩 10코가 늘어난다(줄어든다)는 뜻이다. 늘림(줄임)은 두 단을 뜨고 세 단째에 하면 된다. 늘리기인지 줄이기인지는 설명이나 도안의 모양을 보고 판단한다.

❻ 진동을 늘린 후 몸판, 소매를 나누면서 감아코를 만든다. 감아코 1코를 만들라는 표시(앞판 1코+뒤판 1코=총 2코).

❼ 몸판 진동 아래에서부터 밑단 전까지의 길이(2.5cm)와 단수(20단).

❽ 몸판 밑단의 길이(0.8cm)와 단수(6단).

❾ 소매 진동 아래에서부터 밑단 전까지의 길이(2.25cm)와 단수(18단).

❿ 소매 밑단의 길이(0.3cm)와 단수(2단).

⓫ 단춧구멍을 내는 단을 표시. 2, 15, 28, 41단에 단춧구멍을 낸다는 뜻이다.

⓬ 각 뜨개 부위의 명칭과 뜨기 방법, 사용 바늘의 굵기를 표시.

⓭ 밑단의 뜨기 방법과 사용바늘의 굵기를 표시.

⓮ 소매 끝의 너비(3.4cm)와 최종 콧수(22코)를 표시.

⓯ 단추 여밈 단의 뜨기 방법과 콧수(4코)를 표시.

⓰ 배색 무늬 표시. 모눈 도안을 참조하면 된다.

⓱ 몸판의 너비(11.2cm)와 최종 콧수(73코)를 표시.

● 도안의 용어 중 '1단평', '2단평' 등은 '1(2)단을 뜨던 조직대로 뜬다'는 뜻이다. 예를 들어 메리야스 조직의 그림 도안에서, 다음 단의 차례가 겉뜨기일 때 '2단평'이라고 되어 있다면 '겉뜨기 1단, 안뜨기 1단', 총 2단을 뜨라는 얘기다.

6. 인형 모델 소개

1. 리틀초(Little Cho)
제작자 엘렌&우디(Ellen & Woody)
SNS instagram.com/littlechodoll
키 24.5cm
바디 길이 18.5cm

2. 사라래
제작자 햇살아래
SNS blog.naver.com/yhjoyhj
헤드 사라래 헤드
바디 오비츠 24바디
키 24.5cm
바디 길이 20.5cm

3. 몽당이
헤드 제작자 어나더스페이스
SNS anththr11.blog.me
헤드 몽당이 헤드
바디 퓨어니모 XS바디
키 21.5cm
바디 길이 18cm

4. 아이로아 쥬디(사진), 엘리, 로아
제작자 아이로아
SNS instagram.com/iroadoll
키 21cm
바디 길이 19cm

5. 도란도란(DoranDoran) 사필도
제작자 아토마루(Atomaru)
SNS instagram.com/atomarudoll
헤드 페인팅 브루넷
키 21cm
바디 길이 17.5cm

6. 꽃지 살구(사진), 다래, 철쭉이
제작자 쪼로리아트
SNS instagram.com/jjorori_art
키 20.5cm
바디 길이 16.5cm

7. 비얀코
제작자 지맴팩토리
SNS instagram.com/zimam0_0
키 18.5cm
바디 길이 13.5cm

8. 카카롯(Cacarote)
제작자 카카롯
SNS instagram.com/cacarotedoll
헤드 페인팅 페퍼아티
키 21.5cm
바디 길이 17.5cm

9. 아이로아 모모
제작자 아이로아
SNS instagram.com/iroadoll
키 20cm
바디 길이 16.8cm

10. 쿠쿠클라라(KukuClara)
코지 2016 클라라(사진),
코지 2019 클라라, 스완 클라라
제작자 이브리(Yvely)
SNS instagram.com/kukuclara
키 21cm
바디 길이 17cm

11. 헤븐리키즈(Heavenly Kids)
제작자 체스카(Chesca)
SNS blog.naver.com/86franch
키 15.5cm
바디 길이 12.5cm

주요 베이스 의상 협찬
제작자 송미선(Sweet Pea)
SNS instagram.com/lodee_sweetpea